호모 인사피엔스

Homo Insapiens

실수하는
인간,

되풀이되는
재난

뜩

마케팅이란, 가정에서는 아내의 마음을 감동시키고, 회사에서는 상사의 마음을 감동시키고, 부하직원의 마음을 감동시키며, 그리고 소비자의 마음을 감동시키는 것이다. 이들을 감동시키면 관계도 즐거워지고, 일에서 폭발적인 큰 성취도 맛볼 수 있다. 비즈니스에서 가장 중요한 것은 사람이다. 그렇기 때문에 마케팅을 제대로 파악하기 위해서는 사람의 마음을 아는 지혜가 필요하다. 이 책은 인간의 실수에 관한 책이기도 하지만 사람의 마음을 아는 방법에 관한 책이다. 이 책을 다 읽고 나면 그동안 알지 못했던 인간의 속성을 좀 더 잘 이해하게 될 것이다.

— 조서환
현 아람휴비스 부회장, 전 KTF 부사장

김훈 저자는 인간공학을 바탕으로 안전을 연구하는 분입니다. 인간공학은 인간 능력, 인간 한계 그리고 신체구조와 관련된 인간의 특성을 연구하는 학문이며, 안전하고, 효율적이고 쾌적하고 편리한 제품과 작업 및 작업장을 설계하는 데 도움을 주는 학문입니다. 산업재해의 직접원인은 인간의 불안전한 행동과 물체의 불안전한 상태입니다. 대부분의 사고는 인간의 불안전한 행동과 물체의 불안전한 상태가 동시에 발생했을 때 사고가 발생합니다. 이러한 사고를 예방하기 위해서는 인간의 특성, 능력과 한계를 잘 파악하고 평가하여 사람들의 불안전한 행동을 관리하여야 합니다. 이 책은 인간보다는 기계와 장비의 안전관리에 중점을 두었던 시기에서 안전문화와 안전심리 등 인간중심의 안전관리로 전환되는 현재 시점에 시기 적절한 책입니다.

인간공학을 바탕으로 안전을 연구하는 안전전문가는 안전과 관련된 여러 인간특성에 대하여 연구를 하게 됩니다. 특히 호기심이 많은 김훈 저자와 같은 인간공학 전문가들은 안전을 뛰어넘어 인간과 관련된 다양한 주제에 관심을 갖고 연구합니다. 이 책은 인간과 문화, 심리, 의식, 특징 그리고 안전에 대한 주제를 담고 있어, 안전을 공부하는 사람들에게 도움이 될 뿐만 아니라, 인간의 특성에 관심을 가지고 있는 일반인도 인간을 이해하는 데 많은 도움이 될 것으로 판단합니다. 인간공학과 안전분야의 바쁜 활동에도 불구하고 꾸준한 집필 과정을 통하여 인간공학과 안전분야의 도움이 될만 책이 세상에 나오게 된 것을 기쁘게 생각합니다. 이 책을 통하여 좀 더 많은 토론이 이루어지고, 토론의 결과를 바탕으로 계속 보완하여 이 분야에서 의미가 있는 책으로 발전해 나가길 바랍니다.

— 김유창
대한인간공학회 회장, 한국인간공학기술사회 회장,
동의대학교 공과대학 교수

이 책은 '실수하는 인간'에서 '해결하는 인간'으로 가는 여정을 안내하는 관문이자 허브이다. 이 책은 인적오류라는 정복하기 어려운 산의 정상에 올라 전체를 조망할 수 있는 기회를 제공할 것이다. 이를 위해 저자가 오랜 동안 준비해온 전문적인 안내는 일종의 인적오류의 허브(hub)가 될 것이라는 기대가 들었다. 그러한점에서 이 책은 안전이라는 산을 오르는 분들은 물론 인적오류라는 높은 산을 사랑하여 꾸준히 본격적인 탐험에 나서는 분들에 큰 도움이 될 것이다.

누군가 더 이상 '실수하는 인간'에만 머물 수 없다고 결단하여 인적오류를 '해결하는 인간'이라는 신적 영역에 분연히 참여하고자 도전하려 한다면, 삽 한자루로 동분서주하기 보다는 포크레인 같은 이 책을 활용하라고 권하고 싶다. (모든 일은 장비'빨'이다!) 전 세계 모든 사람들에게 난제로 여겨지지만 피할 수 없는 인적오류에 도전하는 분들이 많아지기를 바란다. 만일 누군가 본격적으로 인적오류의 실제적인 여정에 나선다면 본서는 인적오류라는 히말라야 고봉에 도전하는 분들을 돕는 최고의 셀파 역할 혹은 미지의 서부대륙 개척에 나서는 길을 안내하던 낙스빌과 같은 곳이 되어 줄 것이다.

— 이용희

HE 3.0 주창자, 인적오류연구회 SIGHERA 회장,
인간공학회 대형시스템분과 이사,
한국원자력연구원 한국형원전 인간공학설계자

사고와 재난은 객관적인 위험을 주관적으로 평가하는 과정에서 발생한다. 안전한 상황을 안전하게 인식하고, 위험한 상황을 위험하게 인식해야 함에도 불구하고 인간의 위험지각의 불완전성과 인지적 착오로 인해 위험에 적절히 대응하지 못한 결과이다. 우리는 때로 위험을 비이성적으로 과대평가하기도 한다. 이렇게 되면 위험을 줄이기 위해 한정된 자원을 끊임없이 낭비하는 오류를 범할 수도 있다. 그래서 인간이라는 존재에 대한 이해와 성찰이 필요하다. 인간은 한없이 성스러우면서도 야수와 같이 잔인하며, 한없이 자비로우면서도 탐욕스럽고, 지극히 합리적이면서도 비합리적인, 이해할 수 없는 이중성을 가진 존재이다. 이러한 인간의 속성을 이해하지 않고서는 안전한 세상을 만들기는 어렵다. 이 책은 그러한 인간이 만들어내는 실수에 관한 책이다.

1장에서는 인간이 만들어낸 문화를 다룬다. 문화란 주어진 환경에서 인간이 가장 잘 적응해 가기 위한 모든 생활양식이다. 문화는 집단 속에서 개인을 통제하는 제어수단으로 사회에 속한 모든 개인은 생존을 위해 자신의 생활양식을 집단에 맞추려고 하고, 개인의 행동 속에서 사회적 증거를 찾으려고 한다. 사람마다 생각하는 방식이 다르듯, 각 국가나 사회마다 문화도 다르다. 따라서 한 사회의 안전의식은 그들의 문화의 결과라고 할 수 있다. 사람들이 모여서 사회를 만들고, 각 사회가 모여서 국가를 만든다. 그래서 한 국가가 생각하는 의식의 수준은 그 사회를 구성하는 구성원의 수준을 결코 넘어설 수 없다. 한국인들은 세계 어느 민족보다 주체적이고 미래지향적이지만 세계 민족보다 남들의 눈치를 많이 보는 관계주의적 특성 또한 강하다.

2장에서는 인간의 인지적 편향cognitive bias 을 다룬다. 편향bias 은 한쪽으로 치우치는 기울어짐, 경사 등을 뜻하는 고대 프랑스어 Biais에서 유래했다. 이성적인 인간이라면 논리적 사고와 추론을 통해 사물을 합리적이고 객관적으로 바라보아야 하지만 인간의 비합리적이고 주관적인 특성 때문에 사물을 있는 그대로 받아들이지 못하고 사물을 왜곡한다. 아리스토텔레스는 인간을 합리적인 동물이라 했지만, 현대 심리학이 밝혀낸 인간은 자신을 합리화하는 존재일 뿐이다. 대니얼 카너먼Daniel Kahneman 과 아모스 트버스키Amos Tversky 는 비합리적으로 사고하는 인간을 연구하여 노벨경제학상을 받았다.

3장에서는 심리학적 관점에서 인간의 의식구조를 살펴본다. 심리학psychology 이란 인간의 의식을 다루는 학문이다. 칸트에 의하면 인간은 태어나는 순간부터 의식을 갖고 태어난다. 하지만 우리가 의식을 과학적으로 연구하게 된 것은 불과 30년밖에 되지 않았다. 과학이라는 것이 증거와 논리를 기반으로 한 체계적이고 이론적인 지식인 점을 고려할 때 초기 심리학은 이러한 과학의 잣대를 충족시키지 못했다. 하지만 심리학은 프로이트를 통해 대중화되었고, 인간의 사고와 정보처리를 탐구하는 인지심리학이 등장하면서 눈부시게 발전했다. 인지심리학은 인간의 의식구조를 정보처리접근법을 통해 설명하는데 인간의 인지과정은 정보처리 과정에서 매우 다양한 형태의 오류에 노출된다.

4장에서는 인간의 심리작용이 만들어내는 다양한 현상들을 살펴본다. 노벨 경제학상을 받은 인지심리학자 허버트 사이먼Herbert Simon 은 인간의 제한된 합리성을 이야기한다. 현대인은 과거와 달리 엄청난 정보의 홍수 속에서 살고 있기 때문에 짧은 시간 내에 수많은 결정을 내려야 한다. 수많은 데이터를 짧은시간에 논리적으로 분석할 수 있는 컴퓨터와 달리, 인간은 정보처리용량은 제한되어 있다. 그래서 필요한 것이 휴리스틱Heuristic 이다. 휴리스틱 능력은 매우 유용하고 효과적인 도구이지만 이로 인해 수많은 오류를 범하게 된다. 이 때문에 같은 사물을 보고도 서로 다른 평가를 내리고, 축적된 경험에 따라 같은 사건을 다르게 해석한다. 가장 착각을 일으키기 쉬운 감각은 시각이다. 시각뿐만 아니라 청각도 착각을 일으킨다.

5장에서는 우리가 가지고 있는 심리적 편향성과 인지적 한계를 극복하고 과연 안전한 세상을 만들 수 있는지를 살펴본다. 위험이라는 것은 항상 기회를 동반하기 때문에 위험에 대한 의식이 바뀌지 않은 한 현재의 위험 수준을 감소시키기는 매우 어렵다. 위험을 줄이기 위해 개발된 첨단 안전장치가 오히려 위험을 증가시키는 요인으로 작용하기도 하고, 안전을 추구하면 할수록 오히려 위험도가 높아지는 기이한 현상이 발생하기도 한다. 이러한 비합리적인 현상을 감소시키기 위해서는 자신이 갖고 있는 위험의 수준을 스스로 인식하여 객관화 시켜야 한다. 기존에 알고 있던 안전관리방법론에서 벗어나 새로운 형태의 패러다임의 전환이 필요하다.

목차

추천사   4

프롤로그   7

1장

문화를 만들어내는 인간

인간의 문화   16

세계의 문화   28

고맥락 문화   33

소통의 문화   40

조직의 문화   44

정부의 소통   49

원칙의 문화   57

망각의 문화   65

상충의 문화   73

복종의 문화   80

2장
편향적 사고를 하는 인간

내 그럴 줄 알았어!(사후확신편향)   90

어떻게든 되겠지?(낙관적편향)   99

설마 그렇게 되겠어?(확증편향)   105

모든 문제는 사람에게 있다?(귀인편향)   112

지금 뭔가를 해야만 해!(행동편향)   122

그런 일은 발생하지 않아!(정상화편향)   130

위험 없는 세상이 가능한가?(제로리스크편향)   136

똑똑한 원숭이?(현재편향)   142

구관이 명관이야!(현상유지편향)   147

나는 뛰어난 사람이야!(평균이상편향)   154

3장
인간 의식의 수수께끼

의식의 기원   162

의식과 무의식(무의식의 힘)   170

뇌가 일하는 법(뇌의 정보처리 방법)   179

뇌의 병렬처리(멀티태스킹)   190

전체를 만들어내는 뇌(게슈탈트 법칙)   202

없는 감각을 만들어 내는 뇌(간츠펠트 효과)   212

의식 유도의 법칙(사람을 조종하는 방법)   219

일관성을 좋아하는 뇌(인지부조화이론)   229

전혀 합리적이지 않은 인간(전망이론)   236

뇌가 아닌 몸의 기억(가르시아 효과)   244

몸이 기억하는 정신적 상처(트라우마)   251

4장

인간 사용설명서

뇌의 사용설명서 - 휴리스틱　　　　　　　　　　　260

환영적 자신감 - 더닝 크루거 효과　　　　　　　　272

뇌를 속이는 감각기관 - 맥거크 효과　　　　　　　277

동물들이 보는 세상 - 초감각지각　　　　　　　　284

방범용 푸른 가로등 - 프르킨에 효과　　　　　　　292

세상을 보는 마음의 창 - 프레임　　　　　　　　　297

선택에 걸리는 시간 - 힉스하이만 효과　　　　　　303

생체 리듬이란 - 교대근무의 비밀　　　　　　　　308

보랏빛 소 - 폰 레스토프 효과　　　　　　　　　　319

뇌가 세상을 보는 방식 - 큐비즘　　　　　　　　　324

5장

인간이 만들어가는 안전한 세상

안전장치가 만능이 아니다 - 위험항상성이론　　　334

위험과 안전의 보상심리 - 위험보상이론　　　　　340

무질서한 세상 - 엔트로피의 법칙　　　　　　　　347

국가의 성장요건 - 최소량의 법칙　　　　　　　　354

위험에 맞서온 역사 - 위험의 양면성　　　　　　　360

재해의 전조현상 - 하인리히 법칙　　　　　　　　368

필연적 사고 - 정상사고이론　　　　　　　　　　372

안전을 위한 브레이크 - 악마의 대변인　　　　　　379

안전에 대한 인식의 변화 - safety 2　　　　　　　389

인간의 실수를 줄이는 유일한 방법 - 행동유도성　　400

인간 실수로부터 배우지 못하는 이유 - 조직학습이론　411

에필로그　　　　　　　　　　　　　　　　　　416

참고문헌　　　　　　　　　　　　　　　　　　418

1장

문화를
만들어내는

인간

인간의 문화

기후가 문화를 만든다

문화란 어떤 사회집단의 특정한 생활양식을 말하는 것으로 그 시대를 살아가던 사람들이 그 환경에서 가장 잘 적응하기 위해 만들어 낸 모든 것이다. 문화는 인류가 농사를 짓기 시작하면서부터 생겨났다고 한다. 문화Culture 어원은 밭을 간다는 뜻인 Cultivar와 '농사 짓다'라는 뜻인 Agricultura의 합성어다. 농사는 풍토에 의해 크게 영향을 받는다. 풍토Climate 란 본래 기후와 토지를 의미하지만 그 사회의 '사회적 분위기'로 해석되기도 한다. 사람들은 자신의 행동양식을 자신들 세대뿐만 아니라 그다음 세대에게까지도 물려준다. 그러한 과정들을 통해 문화는 사람들의 마음속에 뿌리를 내리며 그 사람들의 행동에 영향을 주어 각 개인의 가치관을 형성하게 된다.

서양과 동양은 문화가 매우 다르다. 여기에 당근, 토끼, 개가 있다. 이것을 두 개씩 묶어보자. 동양인들은 거의 대부분이 당근과 토끼를 묶지만 서양인들은 개와 토끼를 묶는다. 그 이유는 동양인들은 토끼가 당근을 좋아하는 관계를 중시하는 반면, 서양인들은 개와 토끼가 모두 포유류라는 존재를 중시하기 때문이다. 또한 동양인과 서양인에게 나를 중심으로 한 주변의 지인들 간이 관계를 그려보라고 하면 동양인의 경우 나를 중심으로 주변의 사람들을 그려보라고 하면 원의 크기가 비슷하지만, 서양인들은 동양인보다 더 크다. 서양인은 주변인들을 잘 인식하려하지 않는 나 중심적 사고를 하기 때문이다. 만약 내가 아는 친구와 모르는 사람이 잘못을 하여 처벌을 받아야 하는 상황이라면 동양인이라면 대부분이 친구에게는 관대할 것이지만, 서양인들은 별 차이가 없다. 개인에 따라 경우의 차이가 있겠지만 이들은 관계주의를 깊게 생각하지 않기 때문에 대부분이 냉정한 잣대를 사용한다.

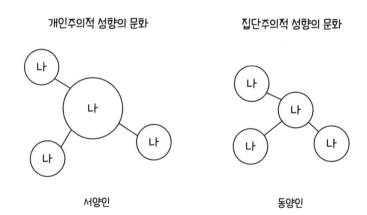

개인주의적 성향의 문화   집단주의적 성향의 문화

서양인   동양인

아래의 그림 중 가운데 있는 Dax를 A와 B 중 더 유사한 것과 묶어보자. 동양인들은 B를 묶지만, 서양인들은 A를 묶는다. 동양인이 Dax를 B와 묶는 이유는 본질이 같기 때문이고 서양인들이 A와 묶는 이유는 기능이 같기 때문이다. 기능과 역할중심의 서양과 본질과 관계중심의 동양의 차이를 결정지은 것은 기후였다.

유럽에는 대부분의 건물들이 석조건물인 반면 동양은 목조건물이 대부분이다. 그 결과 한국에는 전쟁을 통해 목조주택들이 모두 불타 없어져 유럽처럼 수백 년 이상 된 건물들을 볼 수 없다. 그렇다면 왜 우리나라에는 목조주택이 많을까. 유럽은 밀을 주식으로 하는데 왜 우리는 쌀을 주식으로 할까.

이러한 이유는 기후 때문이다. 인류 역사의 모든 변곡점은 모두 기후에 의해서 발생했다. 잉카의 멸망은 스페인인들이 가져온 천연두 때문이었다고 하나, 기후학자들의 분석에 의하면 잉카제국을 멸망시킨 것은 엘니뇨 현상으로 인한 가뭄이었다. 인류가 수렵과 채집생활에서 땅에 정착하기 시작한 농경문화가 시작되었는데 사람이 한 지역에 정착하여 살기 위해서는 그 지역의 기후와 토질에 적응해야 한다.

비가 거의 오지 않는 지역에서는 벼농사를 지을 수가 없다. 연간 강수량이 1,500mm 정도 되는 지역은 벼농사가 적합하고 그 이하가 되는 지역은 밀농사가 적합하다. 건축기술이 발달하지 않았던 고대에서는 연간 강수량이 1,500mm정도 되는 지역에서 석조건물을 지으면 (지반이 약해) 여름철에 모두 무너져 내린다. 이러한 기후적인 영향으로 연간강수량이 적은 유럽은 석조건물과 밀농사가 발달했고, 동양은 목조건물과 벼농사가 발달한 것이다.

서양인이 주식으로 하는 밀은 건조한 곳에서도 잘 자라고, 혼자서도 농사를 지을 수 있지만, 동양인이 주식으로 하는 쌀은 건조한 곳에서는 잘 자라지 않고, 노동력이 많이 들기 때문에 혼자서는 농사를 지을 수가 없다. 그래서 서양은 개인주의가 동양은 집단주의가 발달했다. 이처럼 문화란 그 지역과 환경에 따라 다르며 풍토에 지대한 영향을 받는다. 문화란 그 지역의 기후와 토지의 영향을 크게 받고 그 지역에서 자라고 살아가는 사람들의 문화를 형성한다. 풍토climate 란 무엇인가 기후와 토지이다. 사회적풍토라 하면 그 사회의 분위기를 뜻한다. 이처럼 문화란 그 지역의 풍토의 영향을 크게 받고 그 지역에서 자라는 작물이 사람의 마음에 영향을 끼친다.

문화가 조직을 키운다.

기업의 안전문화가 조성되기 위해서는 안전풍토의 구축이 필요하다. 안전풍토는 조직에서 요구하는 위험의 인식과 이에 따른 행동을 의미하는 것으로 안전과 관련된 조직의 정책, 절차, 실천에 대한 조직구성원의 공유된 지각을 말한다. 한 조직의 안전풍토는 조직원의 태도, 의사소통 등으로 나타난다. 조직심리학자 도브 조하르Dov Zohar는 안전풍토를 조직의 안전정책, 절차, 관행에 대해 작업자들이 공유하는 견고한 지각으로 정의한다. 안전풍토의 수준이 높은 조직은 높은 수준의 조직몰입이 있다. 조하르에 의하면 조직의 안전풍토는 조직요소와 개인요소의 결합이다. 조직원들의 안전동기부여의 결여는 불안전한 행동으로 표출되어 오류를 일으키고, 이것이 재해를 유발한다.

조직적 요소

경영진의 몰입 경영진은 조직을 리드하기 때문에 안전의 최우선 핵심요소이다. 제임스 리즌은 경영진의 몰입을 안전자원과 경영동기로 구분했는데 안전자원은 조직 내 안전담당자의 지위, 안전예산, 안전부서의 인원, 안전교육의 투자가 해당되고, 경영동기는 조직의 생산효율성과 안전의 완전성에 대한 균형감각이다. 즉 생산성과 효율성만을 강조하는 조직에서 완전성을 달성하기 어렵다.

의사소통 안전문화구축에 있어서 감독자와 조직원의 사이의 활발한 의사소통은 매우 중요하다. 관리감독자가 안전에 관련하여 제안하는 빈도와 경영진이 그 제안을 수락하는 빈도는 양자 간의 활발한 의사소통을 기반으로 한다. 제임스 리즌은 의사소통이 활발하지 못하면 아차사고의 보고가 이루어지지 않고 불안전한 상황에 지속된다고 보고, 조직의 보고문화는 활발한 의사소통여부에 달려 있다고 주장했다.

리더십 조직의 안전풍토 조성에 있어서 직접적인 영향을 주는 요소이다. 변혁적 리더십은 조직의 안전풍토를 조성하기 위해 반드시 필요한 요소이다. 변혁적 리더십은 리더가 구성원들에게 비전을 제시하여 부하들이 스스로 충성과 신뢰, 존경 등의 감정을 일으켜 태도와 가치관의 변화를 통해 성과를 이끌어내는 리더십이다.

노동조합 근로자들의 이해와 요구를 대변하는 교섭단체로 작업의 위험요소를 줄이는 안전 확보는 노동조합의 중요한 이슈 중 하나이다. 노동조합은 조직과 그 구성원의 안전 동기에 큰 영향을 주고 안전준수에 영향을 미쳐 궁극적으로 사고를 줄이는 구조모형이 된다.

하도급업체 산업구조의 다변화와 복잡성으로 인해 거대조직에서 하도급업체는 필수부가결한 존재이다. 이러한 복잡한 관계 속에서 원청회사는 신뢰할 수 있는 안전 파트너가 필요하고 하도급업체는 원청회사의 안전성과에 직접적 영향을 끼치는 중요한 존재가 되었다. 그래서 원청은 하청업체가 노동자를 위한 안전조치를 제대로 이행하는지, 사고가 잦은 정비 · 유지 · 보수작업에 있어 안전수칙을 제대로 준수하는지 등을 확인하는 것이 매우 중요하다. 특히, 석유/화학산업, 대형 플랜트산업과 같이 하도급 계약관리가 많은 경우 원청의 안전풍토관리는 하도급 근로자의 안전 지각에 영향을 받지 않을 수 없다.

개인적 요소

성격 개인의 안전 행동은 그 사람의 성격이 영향을 준다. 이 성격은 흔히 5가지 특성요소(OCEAN)로 분류한다. 이러한 성격적 요소들은 안전 행동에 큰 영향을 준다.

- 개방성(Openness to experience): 상상력과 호기심, 모험심이 있어 보수성에 반대하는 성향
- 성실설(Conscientiousness): 목표를 성취하기 위해 성실하게 노력하는 성향
- 외향성(Extraversion): 다른 사람과의 사교에 적극적이고 활력이 있는 성향
- 친화성(Agreeableness): 타인에게 적대적이지 않고 협조적인 성향
- 과민성(Neuroticism): 우울함, 불안감, 분노 등과 같은 불쾌한 정서를 쉽게 느끼는 성향

안전지식 안전풍토 관련 또 다른 개인 요소는 '지식'이다. 안전은 안전절차의 이해, 개인보호구의 사용법, 그리고 안전작업절차 등의 지식을 통해 완성된다. 지식이 없으면 안전의식이 성숙되지 않고, 안전의식이 없으면 행동하지 않는다.

태도 태도는 사람들이 생각하는 인지적 요소, 느끼는 정서적 요소, 행동하는 행동적 요소에 기초가 된다. 행동의 특성상 현실적으로 자신의 의지만으로는 합리적인 행동을 할 수 없다. 사람의 태도는 주관적인 규범과 지각된 행동통제가 상호작용하여 결정된다. 태도를 한 사람의 주관적인 성향에만 의존할 수 없다는 뜻이다.

위험인식 개인의 안전행동에 영향을 주는 또 다른 요소는 개인의 위

험 인식이다. 개인의 위험인식에 영향을 미치는 요소는 통제의 부재, 위험의 관리 가능성, 위험에 대한 친숙성, 위험경험, 위험을 감수하는 자발성, 작업 환경의 질, 사회적 지지, 경영자의 안전약속, 위험과 이득의 균형, 직무 만족, 안전 대책에 대한 만족도, 특정 두려움 등이 모두 해당된다. 조직 구성원의 위험인식의 증가는 향후 사고예방 효과의 증가로 이어진다. 사람들은 위험도가 높다고 판단하면 스스로 안전한 행동을 하려는 성향이 높다.

안전문화가 조직을 성장시킨다.

안전이란 허용한도를 초과하는 위험이 발생할 염려가 없는 상태이다. 여기서 허용한도는 조직이 정하는 것으로 조직의 안전문화 수준에 달려있다. 안전문화Safety Culture 는 이러한 안전에 관하여 근로자들이 공유하는 태도나 신념, 인식, 가치관이라 할 수 있다. 조직문화는 조직 구성원들이 안전문화 향상을 위한 조직의 노력을 어떻게 받아들이는지에 영향을 주는데 직원들의 복지와 안녕을 중요하게 여기는 조직에서는 안전을 중요한 가치로 인식한다.

안전문화는 도입기, 도약기, 성숙기 등의 단계를 거쳐 발전하는데 현재 우리나라의 안전문화수준은 도약기다. 도약기는 법규정과 제도 마련 등 산재예방을 강제하는 방식으로는 산재를 더 이상 감소시킬 수 없는 시점이다.

현대의 산업구조는 법과 제도만으로 따라갈 수 없을 정도로

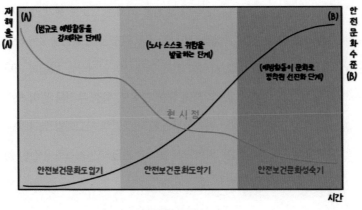

재해율 (A)

(A)
(법규로 예방활동을 강제하는 단계)

(노사 스스로 위험을 발굴하는 단계)

(B)
안전문화수준 (B)

(예방활동이 문화로 정착된 선진화 단계)

현시점

안전보건문화도입기

안전보건문화도약기

안전보건문화성숙기

시간

안전문화의 발전 단계

계속하여 변하고 있다. 다단계 도급, 플랫폼 산업의 등장, 특수형태 노동자의 등장, 외국인 노동자의 증가 등으로 인해 산업구조가 재편되어 가고 있는 상황이다. 4차 산업혁명, 신기술·신규화학물질 사용 등으로 인해 산업현장의 변화가 가속화되어 가고 있어 예전에는 없던 위험들이 새로 생겨나고 있고, 위험도 분화되어 사업장 내의 여러 유해·위험요인들이 다양화되고 있다. 하지만 사업주는 여전히 안전보건관리를 투자보다는 비용의 개념으로 인식하고 있다.

근로자의 안전과 보건을 확보하기 위해서는 산업안전분야 전반에 걸쳐 선진화된 활동이 필요한데 이러한 활동들은 크게 안전제도, 안전의식, 안전인프라로 나눌 수 있다. 안전제도는 안전한 활동을 이끌어내고 인프라를 구축할 수 있도록 유도하는 법과 제도이다. 안전인프라는 위험한 상태를 제거한 시설물과 안전 활동을 가능하게 하는 사회적 시스템 등이다. 안전의식이란 안전제일의 가치관이 개인의 생활이나 조직의 활동 속에 체질화된 상태라고 할 수 있다. 안전문화가 성숙기에 접어들려면 안전제도에서 안전 인프라, 안전의식의 향상으로 발전해 가야 한다.

세계 경제대국 10위라는 위상에 걸맞지 않게 우리나라의 안전문화가 성숙되지 않았던 이유는 우리나라의 산업화의 배경에 있다. 지난 50년간 우리나라는 돌진적이고 급진적인 근대화를 이루었다. 안전보다는 성장이 급했고, 정신적 성장보다 경제적 성장이 중요했다. 그 결과 몸집은 커졌지만 머리는 커지지 못했다. 또한 우리나라는 집단주의적 관계성을 중시하는 동양적 문화의 영향으로 '우리'라는 인식이 강해 가족확장성, 심정중심주의, 온정주의 등으로 인해 공과 사의 구별이 명확하지 못했다. 가족과 혈족집단의 공동사회Gemeinschaft에서 계약과 조정과 협약의 사회인 이익사회Gesellschaft로 이전이 늦은 것이다.

빈약한 안전경험도 문제이다. 가정과 사회에서 아이들은 어릴 적부터 체계적인 안전교육을 시키지 않는다. 이러한 안전경험의 부재로 인해 안전의식이 성장하지 못했다. 마지막으로 우리나라의 안전문화의 문제는 정책의 부재이다. 안전행동을 유도하는 사회적 환경의 개선, 올바른 안전행동 유발할 수 있는 정책적 접근이 부족했다. 그렇다면 안전문화를 위해 무엇이 필요할까?

제임스 리즌은 안전문화를 구축하기 위해서는 4가지 문화가 필요하다고 보았다. 첫째가 보고문화이다. 보고문화는 구성원이 위험이나 아차사고에 대해 보고할 준비가 되어 있는 조직 분위기를 일컫는다. 보고 활동의 질과 양을 결정하는 5가지 요소는 다음과 같다.

1. 안전사고를 보고하였을 때 정당하지 않은 징계가 있어서는 안 된다.
2. 보고에 대한 비밀유지와 더불어, 보고자를 식별할 수 없도록 해야 한다.
3. 자료 획득과 분석을 담당하는 부서와 징계나 제재를 담당하는 부서를 분리 운영해야 한다.
4. 보고사항에 대하여 신속하고 유연하며, 접근할 수 있고, 이해할 수 있도록 피드백이 이루어져야 한다.
5. 쉽게 보고할 수 있도록 해야 한다.

둘째는 공정문화이다. 공정문화가 구축된 조직은 조직 내 신뢰분위기를 형성하여 필요한 정보 제공 및 보상이 원활이 이루어진다. 또한 허용하는 행동과 그렇지 않은 행동을 명확하게 구분하여 행동에 지침을 제공한다. 이때 모든 사고나 불안전한 행동을 처벌하는 것은 잘못이지만 모두를 처벌하지 않는 것도 잘못이다. 악의적 행위, 태만 등에 의한 불안전한 행동은 처벌의 대상으로 하되 고의성 없는 사고는 처벌하면 안 된다.

셋째는 유연 문화이다. 신뢰가 높은 조직은 위험 상황에 직면하더라도 스스로 본래 상태로 되돌아올 수 있는 능력_{회복탄력성}을 갖추고 있다. 회복탄력성은 유연문화 속에서 구축된다. 유연문화는 평소에는 전통적/수직적 조직 구조를 유지하지만, 위기 시에는 수평적/직능적 구조로 변환할 것을 요구한다. 위기 상황에서는 위기관리 기능을 계층구조의 상위에 있는 사람이 아닌 현장을 가장 잘 알고 있는 현장관리자에게 권한을 위임한다. 대표적으로 미국 FEMA의 현장지휘권이 있다. 이를 위해 일선 감독자의 경험과 능력 그리고 이들에 대한 신뢰가 있어야 한다.

넷째는 학습문화이다. 학습 문화는 관찰, 창조, 행동 등의 세 가지 차원이 함께 이루어져야 한다. 학습은 사고를 통해 잘못된 것을 확인하고 수정하게 하는데 사고를 통해 배운다는 것은 말처럼 쉽지 않다. 한국의 근대 재난사가 우리에게 주는 교훈은 우리가 역사를 통해 배운 바가 별로 없다는 것이다. 우리가 사고를 통해 배우지 못하는 이유는 과거를 잘 관찰하지 못해 기억하지 못하거나 잘못된 교훈을 얻어 새로운 변혁과 개혁과 같은 창조적인 행위가 없었기 때문이다. 진보는 변화에 있는 것이 아니라, 과거를 잘 기억하는 것에 있는데 우리는 과거를 너무나 빨리 잊어버린다.

세계의 문화

문화에 붙이는 해시태그

각 국가마다 문화는 기후와 토지에 따라 매우 다양하기 때문에 하나의 잣대로 수치화시키기는 매우 어렵다. 하지만 이러한 다양한 문화를 정량화 시켜 세계 비교문화심리에 큰 기여를 한 사람이 IBM에서 일하던 헤이르트 홉스테드Geert Hofstede 이다. 다국적 기업인 IBM 인사부서에서 근무했던 그는 1984년에 문화차원이론cultural dimensions theory을 발표했다. 문화차원이론은 세계적으로 큰 반향을 일으켰고, 그의 이론은 세계의 석학들의 저서에도 수차례 인용될 정도로 큰 인기를 끌었다.

그는 직원들의 상급자에 대한 보고 성향에 주목했다. 각 나라마다 하급자들이 상급자들에게 보고를 할 때 눈치를 보지 않고 직접 의사전달을 할 수 있는 정도가 달랐다. 그는 1967년부터 1973년까지 IBM 전 세계 70여개국 현지법인 직원들을 대상으로 117,000명의 직원을 대상으로 조사하고 분석했다.

그 조사결과를 바탕으로 53개 국가 문화를 크게 4가지로 범주로 분류하여 각 지수를 도출해내었고 나중에 장기지향성을 추가하여 5개의 모형을 만들었다. 한참 후인 2010년에는 미카엘 민코프Michael Minkov 가 세계 가치관 조사 데이터를 분석한 것을 반영하여 여섯 번째 차원인 방종과 절제indulgence versus self-restraint 를 추가하였다.

1. 권력간격지수(PDI, power distance index)

우리나라 사람들은 권력에 대한 복종심이 높을까 낮을까? 보통 집단성이 높을수록 권력에 대한 복종심도 높은 경향이 있다. 전 세계에서 권력거리지수가 가장 높은 국가는 러시아와 중국이다. 지수가 높으면 권력의 불평등을 거부감 없이 받아들인다. 이스라엘은 세계에서 권력간격지수가 가장 낮은 나라이다. 이스라엘은 어른을 비롯해 상급자를 존중해 주는 문화가 거의 없다. 심지어 위계질서가 높아야 할 군대조차도 그러하다. 위계질서가 강한 조직은 소통의 부재를 만들고 소통의 부재는 사고를 낳는다. 1987년 8월 6일에 발생한 대한항공 801편 괌 추락사고는 강력한 위계질서가 존재하는 조직의 문화적 한계를 극복하지 못해 발생한 사고였다.

2. 개인지수(IDV, individualism vs. collectivism)

개인지수는 동서양의 문화를 가르는 중요한 지표로 개인의 자유와 선택을 더 중요시 하느냐, 집단의 목표를 더 중요시하느냐를 판가름한다. 한국은 당연히 개인성보다는 집단성이 높아, 나 중심이 아니라 집단중심이다. 동양이 가족중심이라면 서양은 개인 중심주의다. 이름을 쓸 때 우리는 가족과 이름순으로 쓰는데 반해 이들은 이름을 먼저 쓰고 주소도 마찬가지로 내가 살고 있는 동네가 중요하고, 국가는 맨 나중이다. 서양인은 아이들에게 자신을 특별한 존재로 느끼도록 가르치지만, 동양은 남들과 갈등과 마찰 없이 더불어 사는 법을 먼저 가르친다.

개인지수는 권력거리지수와 반비례관계이다. 권력거리지수가 낮은 이스라엘은 개인지수가 가장 높다. 우리는 가족이 내가 속한 집단이 나를 보호해준다고 생각한다. 그래서 모든 것에 우리를 붙인다. 우리나라, 우리 집, 우리 아내다. 개인지수가 낮은 나라에서는 조직의 의견에 반하는 발언이나 행동을 하기가 쉽지 않다. 안전한 행동을 하고 싶어도 조직의 분위기가 그렇지 않으면 쫓아가는 수밖에 없다.

3. 불확실성 회피 지수(UAI, uncertainty avoidance index)

불확실성을 좋아하는 나라는 거의 없다. 특히 한국, 이스라엘, 발칸반도의 국가들처럼 전쟁을 겪은 나라일수록 그러한 경향이 높다. 반면에 북유럽 국가들을 비롯하여 영국, 중국 등이 나라들은 불확실성을 즐겨, 두려워하지 않으며 규칙은 작을수록 좋다고 생각한다. 영국은 불문법의 나라답게 아예 주민등록증이 없다. 주소를 이전해도 이전신고를 하지 않는다. 이들은 평생 관공서에 태어날 때, 결혼할 때, 죽을 때

딱 3번 간다고 한다.

반면에 한국, 독일, 일본, 스페인과 같은 나라들은 불확실성을 싫어하고 모험을 두려워하여 자꾸만 법과 규칙을 만들려고 한다. 한국인들은 확실한 것만 좋아해서 눈에 보이지 않는 것은 중요하게 여기지 않는다. 이것이 불법 다운로드 세계1위라는 불명예를 낳기도 했다. 일제강점기와 한국전쟁을 겪으면서 한국은 눈에 보이지 않는 문화와 가치보다는 유형의 물질을 더 중시하는 가치관이 더욱 견고해졌다.

4. 남성지수(MAS, masculinity vs. femininity)

남성지수가 높은 국가는 도전과 성취를 좋아하고, 야망과 권력에 관심이 높다. 사회구성원들은 성공이나, 재산, 권력획득 등을 주로 추구한다. 반면에 여성지수가 높은 국가는 삶의 안정과 평안, 삶의 질 친밀한 관계 등을 중시한다. 한국은 여성주의 국가에 해당한다. 전 세계에서 가장 남성지수가 높은 국가는 전 세계를 대상으로 전쟁을 일으켰던 일본이다.

5. 장기지향지수(LTO, long term orientation vs. short term orientation)

한국의 문화는 장기지향적이다. 장기지향적 문화는 저축 등, 장기적인 성과를 이루려는 성향과 미래에 더 많은 중요성을 부여하는 미래지향적 가치를 추구하는 반면, 단기지향적인 문화는 과거의 가치를 더 중시한다. 한국은 한복과 한옥으로 대표되는 과거의 전통과 문화는 거의 잊어버렸지만 미래를 위해 기꺼이 현재를 희생할 준비는 되어 있다. 한국인들은 지금 내가 고통받고 힘들고, 어두운 시간을 보내고 나면 나중에 성공해서 좋은 날이 찾아올 것이라는 생각 속에 살아왔기 때문에 서구가 300년 걸리는 근대화를 불과 30년 만에 해내었다.

6. 방종과 절제(IND, indulgence vs. self-restraint)

사회가 구성원들에게 즐거움과 관련된 자연적인 욕망을 충족시키는 것에 상대적으로 자유롭게 허용하는 경향이 높은 정도와 엄격한 사회 규범에 따라 욕망이 절제되도록 통제하는 경향이 강한 가치관을 말한다. 2010년에 세계 가치관 조사결과를 토대로 미카엘 민코프가 추가했다. 한국은 규범이 많고 경쟁적인 문화, 경직성이 높은 구속문화권에 속하며 미국은 자유롭게 즐기는 것을 허용하는 문화로 이완성이 훨씬 높은 문화이다.

문화는 내가 원해서 얻은 것이 아니며 바꾸기도 쉽지 않다. 내가 속한 문화를 벗어나거나 다른 문화권으로 진입할 수는 있겠지만 역시 쉬운 일은 아니다. 내가 속한 문화를 바꾸기 원한다면 내가 속한 문화를 더 잘 이해해야 한다. 소중한 것은 지키고 나쁜 것은 버림으로써 문화의 진보와 성장을 이끌어야 한다.

고맥락 문화

로마인의 자비

서양의 중세시대 그림을 이해하기 위해서는 맥락을 알아야 한다. 네덜란드의 암스테르담에 있는 라이크스 미술관Rijks Museum에는 두 손을 결박당한 노인이 젊은 여자의 젖가슴을 빨고 있는 루벤스가 그린 로마인의 자비Roman Charity라는 그림이 있다. 루벤스는 언뜻 보기에 매우 외설적인 그림을 그렸을까? 옛날 로마에 시몬이라는 노인이 있었는데, 중죄를 저질러 사형선고를 받았다. 이 노인에게는 페로라는 딸이 있었는데 페로는 마침 출산 직후라서 아버지를 면회할 때마다 간수들 몰래 아버지에게 젖을 먹였다. 이러한 딸의 행동은 왕까지 전달되었고 페로의 효성에 감동한 왕은 시몬을 석방시켰다고 한다.

이처럼 이 그림을 이해하려면 그림의 소재가 된 이야기의 맥락을 알아야 한다. 유럽의 로마와 중세를 거쳐 르네상스 시대까지의 모든 그림들이 모두 그러한다. 맥락context 이라는 뜻은 text를 서로 연결co 해 놓은 것으로 단어의 전후와 앞뒤를 살펴보고 판단하는 것을 뜻한다. 그래서 맥락은 사물의 서로 잇닿아 있는 관계나 연관성을 말한다. 미국의 인류학자 에드워드 홀E.T.Hall 에 의하면 민족과 국가마다 고맥락high-context 문화와 저맥락low-context 문화가 존재한다. 서양이 저맥락문화 사회라면 동양은 고맥락문화 사회에 속한다.

서구문화가 합리주의적 사고를 바탕으로 하며 개인주의적 정서가 주를 이루고 있다면, 동양 문화는 추상적인 사고를 바탕으로 집단주의적 정서가 주를 이루고 있다. 이 추상성에서 고맥락 문화가 형성된다. 저 맥락 문화에서는 상대가 나의 의중을 파악하고 있지 못하다는 것에 기초하여 메시지를 분명하게 전달하기 위해 직접적인 언어소통을 중시한다. 따라서 사실에 근거한 메시지를 상대방에게 명확하고 정확하게 전달하는 것을 중요하게 생각한다.

이러한 사회에서는 드러나는 행동이나 명시적인 말, 계약서, 공식적인 시스템이 훨씬 더 중요하다. 반면, 한국과 같은 고맥락 문화권에서는 간접적인 메시지에 의미를 부여하고, 비언어적 의사소통을 선호한다. 고맥락 문화권의 사람들은 몸짓이나 얼굴의 표정, 음성 톤의 변화 등 직접 말로하지 않는 의사소통에 능숙하다.

서양인에게는 집을 찾아온 손님에게 식사를 대접하는 경우 "밥 더 드릴까요?" 하고 물을 때 "아니요, 괜찮습니다." 하고 대답하면 진짜 괜찮은거다. 괜찮다는데 자꾸 권하면 오히려 상대방을 불편하게 만들수 있다. 하지만 동양인에게 괜찮다는 대답은 괜찮은 것이 아니다. 아니 실제로 무엇을 원하는지 알 수 없을 때가 많다. 체면을 차리며 상대가 알아서 배려해 줄 것을 기대한다. 그렇지 않고 너무 직접적으로 자신의 의사를 표현하는 것은 웬지 가벼워 보인다고 생각한다. 배가 고픈데도 간신히 체면을 차리고 있는 상태에서 상대가 내 진심을 몰라주면 섭섭해 한다.

한국인들은 대화를 할 때도 먼저 상대의 안부를 묻고, 자신의 근황을 설명한 후에 본론으로 들어간다. 하지만 서양인들은 본론부터 꺼내고 나중에 상대의 안부를 묻거나 자신의 근황을 이야기한다. 동양에서는 인간관계에 있어서도 장기적인 인간관계를 맺는 반면, 서양문화에서는 일을 위해 일시적 인간관계가 형성된다. 의사소통방식에 있어서도 동양인들은 비언어적 표현을 많이 사용하며, 모호한 메시지를 즐겨 사용하기 때문에 많은 문제를 야기하기도 한다. 고맥락 문화권에서 의사소통방식은 명확하게 기호화된 메시지가 없고, 대부분이 물리적 상황이나 사람들속에 내면화되어 있다. 하지만 저맥락 문화권에서는 많은 정보들이 명확하게 기호화되어 있으며, 메시지도 상대가 알아듣기 쉽고 간결하다.

한국의 문화 맥락

동양인 남자와 서양인 여자가 이야기를 하고 있다.

동양인　내일 내가 시간되면 가보던지 할께

서양인　무슨 말이야 간다는 거야, 안 간다는 거야?

동양인　아니 상황을 보면서 알아서 한다는 거야!

서양인　가면 가고, 아니면 아닌 거지.

　　　　그리고 간다면 언제 간다고 이야기를 해야지, 도대체 네 말을

　　　　알아들을 수가 없어!

　우리의 고맥락문화를 대표하는 단어가 바로 단어 '거시기'이다. 원래 전라도 사투리였던 것이 이제는 표준어가 된 것으로 일상생활에서 많이 사용하고 있다. 그런데 이 거시기라는 단어는 상황과 맥락에 따라서 그 의미가 모두 달라진다.

　거시기혀! (사랑해)

　오메 거시기혀! (널 죽도록 미워해)

　오메 거시기혀! (널 죽도록 사랑해)

　시방 쪼깨 거시기헌디! (좀 마음에 들지 않은데)

　거시기헐래? (죽을래)

　거시기를 포털사이트 사전에서 검색하면 "이름이 얼른 생각나지 않아 바로 말하기 곤란한 사람 또는 사물을 가리키는 대명사"로 나와 있다. 하지만 우리는 이 단어를 동사, 형용사, 관형사, 부사, 감탄사 등 다양한 품사로 모두 사용한다. 한국말은 끝까지 들어봐야 안다고 할 만큼 한국인들의 언어습관은 핵심적인 메시지를

가장 나중에 말하며 주어와 목적어를 잘 생략하는 경우가 많다. 서양인들이 한국말을 배울 때 "얘네는 왜 이렇게 말을 애매하게 말하고 불분명하지"라고 하는 반응을 보이는 반면 한국인이 영어를 배울 때에는 "얘들은 뭘 이렇게 시시콜콜하게 다 일일이 따져가면서 말하지"라고 이야기한다. 고맥락 문화권 나라들은 한국을 비롯하여 일본, 중국, 아랍, 남유럽, 라틴 아메리카 등이며, 저맥락 문화는 미국, 영국, 독일, 네덜란드 등의 순이다.

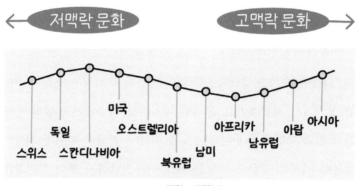

세계의 고맥락 저맥락국가

대한항공 801편 괌 추락사고

말콤 그래드웰의 《아웃라이어》에는, 1997년 8월에 발생했던 대한항공 괌 추락사고가 언급된다. 그 사고로 탑승자 254명 중 228명이 사망했다. 이 책에서 그는 한국의 고맥락 문화에 대한 문제점을 지적한다. 사고원인은 조종사의 피로 누적, 기상악화, 기술적 원인 등이었지만 말콤 글래드웰은 한국인의 지나치게 수직적이고 관료적인 조직문화가 대형참사를 가져왔다고 말한다. 사실 동서양을 막론하고 항공계는 위계질서가 매우 강한 것은 사실이지만 이 수직적 위계질서와 고맥락문화가 합쳐졌을 때 문제점은 매우 크다.

당시 사고 비행기는 칠흑같이 어두운 밤에 착륙을 시도하고 있었고, 게다가 폭우가 쏟아져 내려 하늘에는 아무것도 보이지 않았다. 설상가상으로 공항에는 비행기를 안내하는 착륙유도장치 glide scope 까지 고장난 상태로 조종사는 육안으로 착륙을 시도해야 하는 상황이었다. 기장이 무리한 착륙을 시도하자 대지와 충돌된 다는 대지접근 경보장치가 울리기 시작했고, 부기장도 접근실패를 기장에게 알렸지만 기장은 착륙을 강행했다.

나중에 수거한 블랙박스를 확인한 결과 부기장은 충돌에 직면한 상황에서 직접적이고, 분명한 메시지를 기장에게 전달하지 못하고 완곡 어법을 사용한 것으로 밝혀졌다. 착륙을 강행한 기장의 잘못이 컸지만 강하고 분명한 메시지를 전달하지 못한 부기장의 잘못도 매우 컸다. 사고 이후 대한항공은 조직 내 경직된 군대문화를 유화시키기 위해 군 출신의 조종사보다 민간인 출신의 조종사를 채용하기 시작했다. 하지만 조직문화라는 것이 하루 아침에 바뀌는 것이 아니어서 이후에도 비슷한 유형의 항공사고들이 계속하여 발생하였다. 괌 추락사고는 한국 특유의 고맥락 문화뿐만이 아니라, 군 출신의 위계질서가 강한 조종사들로 구성된 조직문화의 권력간격지수와도 관련이 높았다.

지리적으로 고립되어 있는 한국의 특성도 한국의 고맥락문화에 일조를 했지만 짧은 기간 동안에 압축성장을 이룬 한국 사회에

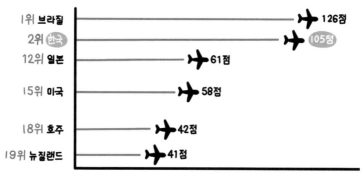

전세계 19개국 조종사의 권력거리지수

서 세대 간의 격차는 이 고맥락 문화의 문제점을 더욱 심화시켰다. 회식자리에 가면 꼭 술에 취해 "내 마음 알지?" 하는 묻는 상사가 있다. 하지만 대부분의 사람들이 그의 마음을 전혀 알지 못한다. "말하지 않으면 귀신도 모른다"고, 말하지 않으면 절대로 알 수 없는 법이다. 내가 알고 있다고 다른 사람도 알고 있을 것이라고 지레짐작하지 않아야 한다. 안전 정보 전달은 짧고 분명해야 한다. 괌 추락사고 당시의 부기장이 이를 정확하게 지켰더라면 228명은 지금도 생존해 있었을 것이다. 이제는 우리의 의사소통도 방식도 정확하고 분명하게 바뀌어야 한다. 불분명한 의사소통이 낳는 사고가 너무나 많기 때문이다.

소통의 문화

한국인의 의사소통

옛날 나의 외숙부는 가죽원단을 수입하여 밍크코트를 만드는 공장을 운영했다. 가죽을 다루는 곳이다 보니 공장에는 쥐가 많았다. 어느 날 외숙부는 쥐를 잡기 위해 건빵에 쥐약을 묻히고 쥐들이 잘 먹도록 연탄난로에 건빵을 굽고 있었다. 그 모습을 어느 한 직원이 묘한 표정으로 바라보고 있었다. 외숙부는 걱정이 되어 이것은 쥐약을 묻힌 거니 절대로 먹지 말라고 했다. 그 직원은 씩 웃으면서 알았어요 라고 대답했는데 잠시 자리를 비운 사이 그 직원이 그 건빵을 먹고 바닥에 뒹굴고 있는 모습을 발견한 것이다. 먹을 것이 귀한 시절이니 그럴 만도 했다. 외숙부는 그 직원을 들쳐업고 병원으로 뛰었는데 진짜 똥줄이 타는 것을 느꼈다고 한다. 다행히 그는 큰 문제없이 퇴원할 수 있었다. 회사의 대표가 평소에 농담도 잘하고 짓궂었기 때문에 그 직원은 그것을 농담으로 받아들인 것이다. 이른바 위험소통risk communication 의 실패였다. 이처럼 한 조직의 의사소통 방식은 그 조직의 대표와 그 대표가 만들어내는 조직문화에 영향을 받는다.

소통의 문제

한 조직의 위계가 너무 약한 것도 문제이지만 강한 것도 문제이다. 한국의 사회의 위계문화는 곳곳에 남아 있다. 특히 건설회사의 경우 제조업보다 그 정도가 더 높은데 이는 산업화의 과정에서 한 중심에 서 있던 이유이기도 하다. 제조업은 작업자체가 어느 정도 정형화가 되어 있는 반면에 건설업은 수시로 설비가 설치되고 철거되며 작업환경도 수시로 바뀌기 때문에 타 업종보다 보다 많은 위험들에 노출되어 있다. 위험이 곳곳에 산재해 있는 환경에서 사회구성원들의 의사소통은 매우 중요하다. 하지만 강력한 위계 문화가 존재하는 대규모 조직은 의사소통이 경직되기 쉽다. 권한이 중앙집권화되어 있기 때문에 권한의 분산과 분배가 효과적으로 이루어지지 않으며 하부의 정보가 상부로 신속하게 전달되지도 않는다.

원청업체와 하청업체와의 관계에 있어서도 마찬가지이다. 원청업체는 하청업체와 원활한 의사소통을 통해 현장에 존재하는 위험들을 발견하고 통제하며 처리해야 함에도 불구하고 수직화된 조직의 구조상 원활한 소통과 전달이 이루어지기 어렵다. 각 조직 간의 위험정보의 공유가 원활하지 않으며 시간에 쫓기는 빠듯한 공기로 속도가 중요할 뿐 안전은 뒷전으로 밀리기 일쑤이다. 의사소통의 불통은 나중에 더 큰 사고를 초래하는 원인이 된다. 조직에 있어서 의사소통이 중요한 것은 불필요한 갈등과, 시간 그리고 돈을 낭비하지 않을 수 있기 때문이기도 하지만 더 중요한 것은 위험관리측면에서도 필수적인 요소이기 때문이다.

위험의 소통 원칙

이러한 불통의 문제는 사람마다 위험을 알리는 의사소통 방식이 다르다는 데 원인이 있다. 세상은 본질적으로 주관적인 환경이기 때문에 위험에 대한 주관적인 판단이 아닌 객관적인 판단과 의사소통이 필요한 것이다. 그러기 위해서는 우리는 위험의 소통방식을 바꾸어야 한다. 좀 더 정확한 위험소통risk communication이 가능하기 위해서는 몇 가지 원칙을 지켜야 한다.

1. 위험소통 시에는 사람마다 모두 사물에 대한 인식과 인지과정이 다르기 때문에 위험을 주관적으로 평가하지 말고 객관적으로 묘사하여 설명해야 한다.
2. 사람마다 모두 자신의 주관이 있다. 따라서 상대의 생각을 바꾸려 하지 말고 문제에 초점을 맞추어야 한다.
3. 상대방을 조정해야겠다는 생각보다는 솔직하게 소통해야 한다.

4. 윗사람의 입장에서 대화하기 보다는 동등한 입장에서 대화해야 한다.

5. 문제의 답을 알고 있다는 생각보다는 배우겠다는 입장에서 대화에 임해야 한다.

사업장에 안전문화를 정착시키기 위한 방법 중 가장 효과적인 방법은 위험소통이다. 안전 선진국인 영국이 산업재해 감소를 위해 처음으로 노력한 것은 기술적. 공학적 대책이었다. 즉 설비를 안전하게 만들고, 안전장치를 붙여 위험점을 없애는 일이었다. 어느 정도 성과는 있으나 산재율 감소가 기대에는 미치지 못했다. 그 다음 시도한 방식이 시스템적인 조치였다. 하지만 조직내부의 시스템은 외부의 환경변화에 능동적으로 대처하지 못한다. 외부 환경이 급속도로 변해가는 속도를 내부 시스템이 따라갈 수 없기 때문이다. 이것이 가능하기 위해서는 조직원들이 자발적으로 위험을 인지하고 대책을 마련하고 행동할 수 있는 조직문화가 형성되어 있어야 한다. 사실 이 작업은 상당한 시간을 필요로 했다. 사람의 의식은 한 순간에 갑자기 바뀌지 않기 때문이다.

일본의 도요타 자동차도 안전문화를 정착시키는데 10년이 걸렸다고 한다. 우리나라는 얼마나 걸릴까? 그것은 직원을 통솔하고 감독하여 작업의 전반적인 업무를 총괄하는 최고경영자의 의지에 달려 있다.

조직의 문화

내적동기의 중요성

미국의 최대운송업체인 페덱스의 설립 초창기의 일이다. 로키산맥에 엄청난 눈보라가 몰아쳐 산 정상의 설치된 무선중계국의 케이블이 끊어져 페덱스의 항공운송업무가 마비되는 일이 발생하였다. 통신업체는 이를 다시 복구하기 위해서는 5일 이상 걸린다고 했다. 그러자 페덱스의 통신담당직원 할은 자신의 신용카드를 이용해 헬기를 전세 냈고, 눈 덮힌 산에 착륙이 여의치 않자 직접 뛰어내려 허리까지 빠지는 눈을 헤치고 케이블을 연결시켰다. 창립자 프레드릭 스미스Frederick Wallace Smith는 당시 그 잊을 수 없는 일을 회상하며 직원을 칭찬했다.

통신담당자 할의 이 같은 열정은 어디에서 나오는 것일까? 그의 열정은 직원을 최우선으로 대하는 페덱스의 기업문화에서 나온다. 오늘날 페덱스가 세계최고의 기업으로 성장할 수 있었던 배경은 창업주 프레드릭 스미스의 그러한 경영철학 때문이었다. 국가든 기업이든 항상 그 조직의 성패는 그 조직을 구성하고 있는 조직원들의 자발성에 달려있다. 그렇기 때문에 최고경영자는 기업이 성장하기 위해서는 직원들로 하여금 일에 대한 내적동기와 자발성을 유도하는 것이 중요하다.

대부분의 경영자들은 정서적, 경제적 압박이 성과를 만든다고 생각한다. 토마스 칼라일도 압박이 없으면 훌륭한 결실을 맺을 수 없다고 했고, 냉혹한 경영자로 알려진 잭 월치는 직원을 모질게 대하는 방법을 취함으로써 회사를 회생시켰다. 하지만 이것은 인간의 내면적인 심리를 잘 이해하지 못하는 방법이다. 경영자들은 채찍을 가하면 뭔가가 바뀌는 것처럼 생각하지만 채찍은 인간의 본능적인 욕구를 억누르고 자발적 의지를 약화시킬 뿐이며 직원의 생각과 행동을 근본적으로 바꾸지는 못한다.

그렇다면 성과급, 인센티브와 같은 보상은 어떠한가 물질적 보상이 과연 조직원들의 자발적 동기를 끌어올리는 동기부여로 작용할 수 있을까? 아침마다 남들보다 일찍 출근하여 사무실을 정돈하고 청소하는 직원을 본 사장이 그 직원에게 잘했다고 금전적인 보상을 하면 그 직원이 좋아할까? 사람마다 여러 가지 이견이 있을 수 있겠지만 물질적 보상은 조직원들의 내적동기를 유발하는 것이 아니라 오히려 약화시키는 원인으로 작용한다.

자율성, 기업이 성장하는 방법

한 기업의 문화는 서로 다른 상황과 환경에서 성장해온 각각의 조직원들을 하나로 묶는 끈과 같다. 인간에게 있어 자율성은 매우 중요하기 때문에 직원의 모든 것을 통제하려들고 간섭하는 자극적인 명령은 더 좋지 못한 결과를 초래할 수밖에 없다. 따라서 조직의 리더는 직원들을 조정하려 하지 말고 스스로 움직이게 만들어야 한다. 조직을 명령형 지휘체계가 아닌 임무형 지휘체계로 만들어야 하며 권한을 나누어주어야 한다.

2차 세계대전에서 독일은 히틀러의 오판 때문에 패망했지만 독일장교들은 유능했다. 독일군의 임무형 전술은 미군의 120%, 소련의 200%의 전투력을 발휘하여 단 6주 만에 서유럽 휩쓸 정도로 뛰어났다. 임무형 전술이란 상급 부대가 하급 부대를 철저하게 통제하고 예하 지휘관들에게 아무런 재량권을 부여하지 않는 전통적인 명령형 전술과 달리 상급 부대는 하급 부대에 달성해야할 목표만 제시하면서 수단과 방법에 대해서는 예하 지휘관들에게 최대한의 재량권을 부여하는 전술이다.

오늘날의 기업의 조직은 자발적인 의사로 구성되고 운영되는 비영리기관이나, 공유된 사상이나 이념, 종교적 가치와 신념을 가진 조직에 비교한다면 기업은 이해하기 어려울 정도로 무기력하다. 게다가 그러한 자발적인 조직은 무보수이거나 오히려 자기 돈을 써가며 일을 한다. 이것이 가능한 이유는 그 구성원의 일에 대한 자발성에 있다.

일은 일종의 재미이자 놀이이다. 인간에게 일은 즐거움이자, 인생의 의미이며 자신을 성장하게 만드는 원동력으로 인간은 결코 일을 떠나서는 행복해질 수 없다. 우리가 일을 통해 얻고자 하는 것의 대부분은 사실 돈과는 관련이 없는 경우가 더 많다. 언씽킹Unthinking의 저자 해리 백위드Harry Beckwith는 "돈은 트로피이고 일은 게임이다"라고 했다.

서울대 심리학과의 최인철 교수에 따르면 인간을 행복하게 만드는 3요소는 자유, 관계, 일이다 그중에서 가장 중요한 것이 '일'이다. 유희의 인간인 호모 루덴스Homo Ludens는 일터에서든 어디에서든 놀 궁리로 가득하다. 그런데 오늘날 현대사회에서는 자신의 일에서 행복이나 성취감을 느끼는 사람이 점점 줄고 있다. 이는 비단 우리나라뿐만 아니라 미국에서도 발견되는 공통된 현상이다. 지금 내가 하고 있는 일이 내게 어떤 의미인지 답을 알지 못하고, 그렇기 때문에 일이 재미없다고 느껴진다. 일터에서도 일을 노는 것과 같이 할 수 있다면 그 회사는 엄청난 성취를 이룰 것이다. 오늘날 구글, 아마존, 페이스북, 애플과 같이 성공한 회사들의 공통점은 일터를 놀이터로 만들었다는 점이다.

CEO가 회사는 성과를 내는 곳이기 때문에 원래 일은 재미없는 것이라고 생각하고, 성과를 내기 위해서는 직원들을 압박해야 하고, 불만족과 불편함이 성과를 높인다고 생각하면 큰 오산이다. 경영진이나 상사의 간섭과 압력을 많이 받는 직원들은 결코 좋은 성과를 내지 못할 뿐만 아니라 일에 대한 부정적인 반응을 보이게 되고, 결국은 일에 대한 흥미를 잃게 만든다.

직장생활은 장기전이기 때문에 압박감은 직원들에게 결코 도움이 되지 않는다. 직원들이 자발적으로 일을 할 수 있게 만들고 대가가 주어지지 않더라도 스스로 일을 하고 싶다거나 재미있다고 느낄 수 있게 만들어야 한다. 아이들이 컴퓨터게임에 쉽게 빠지는 이유는 실력이 좋아지면 좋아질수록 다음 레벨로 성장할 수 있기 때문이다. 회사의 인사정책을 게임과 같이 만들 수 있다면 그 조직은 성공하는 조직이 된다.

　　오늘날 대부분의 기업들의 CEO들은 직원들이 안전규정들을 준수하지 않고 위반하는 것이 골칫거리라고 생각한다. 하지만 그러한 위반들에는 다 이유가 있다. 자신은 그것이 맞다고 생각하는데 외부에서 강압적인 압력이 들어오니, 자율성에 대한 반발심리가 작용하는 것이다. 이럴 때에는 그 안전관련 규정을 직원스스로가 자율적으로 만들어 보라고 해야 한다. 자발적으로 만든 안전규정은 스스로가 지키려고 노력하기 마련이다. 직원에 대한 자발적인 동기부여에 성공한 기업은 페덱스와 같은 세계적인 기업이 될 것이다.

정부의 소통

광우병 파동

이명박 정부가 시작된 지 불과 100일 후인 2008년 5월 한국은 대규모 촛불시위로 큰 홍역을 치러야 했다. 2008년 5월부터 시작한 시위는 8월까지 이어지며 서울 광화문 시청 앞에 수십만 명이 운집하여 연일 정부를 규탄하는 집회를 열었다. 정부는 대국민 사과를 하며 청와대 수석 교체하고 개각 등을 시행하여 이 국면을 해결하려고 노력했지만 국민의 분노는 좀처럼 가라앉지 않았다. 최초의 시위 이유는 미국산 쇠고기 수입 재개 협상 때문이었지만 100일 이상 집회가 계속되면서 쟁점이 교육 문제, 대운하, 공기업 민영화 심지어 정권퇴진 등으로까지 확대되었다. 이 촛불집회는 엉뚱하게 노무현 전 대통령을 죽음으로 몰고 가는 계기가 되었다. 하지만 광우병 사태는 정부와 국민 간의 의사소통의 문제였다.

정부는 광우병에 걸린 소와 미국에서 수입하는 소는 종이 다르며, 또한 광우병은 변형 프리온이 있는 뇌64%, 척수25.6%, 등배신경절3.8% 등의 특정위험물질SRM로 인한 것으로 이러한 부위를 빼고 수입하기 때문에 광우병에 걸릴 확률은 매우 낮으며, 광우병에 걸린 소를 먹는다고 다 인간광우병에 걸리는 것은 아니다고 설명했지만 국민들은 생명과 건강에 관계된 문제는 확률로 따질 수 없다며 반발했다.

이명박 전 대통령은 퇴임 후 2015년에 낸 회고록《대통령의 시간》에서 새 정부는 터무니없는 괴담에서 시작한 광우병 정국으로 출발부터 하나의 큰 장벽을 만났다고 회고했다. 그러나 광우병 사태가 언론의 선정적인 보도와 이에 대한 정부의 불신으로 인해 범국민적 저항운동으로 변하고, 무분별한 군중심리로 인한 집단적 히스테리로 변질되었다고 폄하할 것이 아니라. 정부 입장에서는 위험소통의 문제를 진지하게 고민했어야 했다.

광우병에 대해 언론이 과장해서 보도한 것은 사실이지만 당시 세계보건기구WHO도 광우병이 전 세계로 확산할 우려가 있고 21세기에 가장 위험한 질병이 될 수 있다고 경고했고 광우병에 대한 치료방법도 없었다. 인간 광우병의 발생확률은 매우 낮았지만 엄연히 사망자가 발생했고, 같은 사고가 재현되지 않으리라는 보장도 없는 분명 실체를 가지고 있는 위험이었다.

당시 한국정부가 잘못했던 점은 미국과의 통상마찰을 고려한 나머지 한국정부가 검역중단 등의 조치를 취하지 않고, 쇠고기 수

입위생조건 재개정 등을 통해 여론을 무마시키기에만 급급했던 것이다. 국민들의 분노는 미국에서 광우병이 발생하더라도 미국산 쇠고기를 수입 금지할 수 없는 한국정부의 검역주권의 부재로 인한 것이었다. 당시 한국정부는 국민을 상태로 보편적 국제규범조차 지키지 않았다. 세계보건기구WHO, 국제식품규격위원회코덱스, WTO 등 국제기구에는 국민의 생명, 건강, 안전 관련 정보를 국민과 소통하라는 규정이 있다. 이를 위험소통Risk communication 이라 한다.

위험소통은 정보의 일방적 전파가 아니라 정부와 국민을 포함한 모든 이해 관계자들사이에서 적시에 의견과 정보가 교환되고, 이것이 정책 결정에 반영되는 것을 의미한다. WHO가 이 가이드라인을 만든 때가 1995년이다. 그러나 정부는 이를 무시했다. 미국에서 광우병이 다시 발생한다고 해도 수입을 금지할 수 없게 했다는 내용도 제대로 밝히지 않았다. 이러한 서투른 대응은 국민들을 분노케 했고 사태를 점점 수습이 불가능할 정도로 확대시켰다.

독일의 사회학자 울리히 벡은 2008년 한국을 방문했을 때 한국은 아주 특별하게 위험한 사회라고 진단했다. 한국처럼 아주 특별한 위험사회를 살고 있고 나라에서 국민들의 가장 중요한 화두는 위험인식이다. 유니스트UNIST의 정지범 교수는 한국인의 위험인식에는 몇 가지 특징이 있다고 주장한다.

우선 가장 두드러진 특징 중 하나가 새로운 위험에는 민감하고 익숙한 위험에는 관대하다. 우리는 자주 경험할 수 있는 교통사고 위험이나 풍수해 위험에 대해서는 둔감하지만, 처음 경험하는 광우병, 메르스, 코로나, 지진 등에는 극도로 민감하다. 익숙한 위험이 사실은 더 위험하지만 그렇게 인식하지 않는다. 또한 보통 사람들은 통제가능한 위험은 과소평가하고, 불가능한 위험은 과대평가한다. 우리나라에서 사망자가 가장 많은 위험은 교통사고이지만 너무나 익숙하여 더 이상 조심하지 않는다. 외국에서는 북한 핵위험과 미사일 사태를 심각하게 받아들이지만 한국인에게 북한의 핵과 미사일은 이미 너무도 익숙한 위험이 되어 더 이상 두려워하거나 놀라지도 않는다.

둘째는 한국인의 위험인식은 매우 격렬하고 빠르다는 점이다. 이 격렬함과 분노는 광우병 사태에서 시작하여 세월호 사고에서 폭발했다. 세월호 사고로 시작된 정부에 대한 실망은 대통령 탄핵으로 이어졌고, 박근혜 정부의 몰락을 가져왔다. 박근혜 정부의 붕괴는 한 사회의 위험의 문제가 사회 전체의 문제로 증폭되는 사회적 증폭social amplification of risk의 결과였다. 세월호 사고는 일개의 선박사고가 아니라, 구조 당국의 무능, 정권의 부정부패까지 연결되면서 사회 전체로 확대되었다.

셋째는 위험에 대한 정치적 편향성의 문제이다. 어느 사회이건 간에 대형사고와 재난에 대해 그 원인과 책임을 둘러싸고 논쟁이 있을 수밖에 없는데 한국인들은 이러한 정치적 편향성이 매우 강하다. 광우병 사태 당시 친정권 성향의 사람들은 광우병에 둔감한 편이었고 반정권 성향의 사람들은 매우 민감한 편이었다. 특히 다당제가 아닌 양당제국가인 한국에서는 이러한 성향이 매우 두드러진다. 양당제와 다당제 어느 것이 좋다고 볼수는 없지만 다당제의 장점이 훨씬 많다. 흑 아니면 백이라는 이분법적인 논리는 인간을 단순하게 만들고 더 보다 나은 대안과 발전을 저해케 하기 때문이다.

넷째는 한국사회는 재난 발생과정의 전체적인 메커니즘을 분석보다는 희생양을 찾기 위한 책임 소재 규명에만 집중한다. 사고가 발생하면 누구에게 책임이 있는지 따지는 것은 당연한 것이지만, 현대사회에서 재난의 발생에 대한 책임이 한 사람에게만 있는 경우란 거의 없다.

다섯째는 국가에 대한 재난의 책임을 과도하게 부과한다. 재난에 자발적인 예방과 대처방안을 강구하기보다는 정부의 정책에만 기대 정부에 책임을 전가시킨다. 국민 스스로가 재난에 대하여 방재 노력이나 예방에 노력하기 보다는 국가의 지원에 과도하게 의존하는 경향은 자발적인 시민의식의 형성을 방해하는 요인이다. 2005년 뉴올리언스를 초토화시킨 카트리나 사태에서 미국 정부는 무능했지만, 전국에서 찾아온 자원봉사들의 자발적 시민의식은 훌륭했다. 국민들의 의식수준이 높아야 재난에 제대로 대처하지 못한 정부를 단죄할 수 있다. 그 결과 정부와 엘리트들이 구축해온 시스템의 결함을 보여주고 그로 인해 자신이 행사해온 권력의 정당성이 도전받게 되는 계기가 된다.

전문가와 일반인의 위험인식

전문가들이 이야기 하는 객관적 위험과 달리 일반국민들이 느끼는 주관적인 위험은 사람이 감정에 근거해 피부로 느끼는 위험이다.

전문가들은 객관적이고 과학적인 분석 결과를 국민들에게 잘 교육하고 홍보하면 주관적인 위험이 소멸될 것이라고 생각하지만 사실은 그렇지 않다. 대중의 위험 인식은 그저 기술적이고 객관적인 것이 아니라 불확실성의 시대를 살고 있는 인간에게 요구되는 일종의 생존본능과 같다. 정부와 일반 시민들과의 위험인식의 문제는 분명 차이가 있다.

전문가들은 어떠한 위험의 크기를 사고의 발생확률과 그로 인한 심각도로 본다. 즉 전문가는 Risk = Frequency 빈도 × Severity 심도로 평가한다. 하지만, 일반인들이 체감하는 위험의 크기를 정서적으로 받아들인다. 즉 끔찍한 결과, 알려지지 않은 위험, 위험에 노출된 사람의 수 등으로 평가하려한다. 일반인들은 위험의 크기를 위험요소에 분노가 더해진 Risk = Hazard 위험요인 × Outrage 분노 으로 평가한다.

위험인식은 감정과 이성사이에 연결되어 행동으로 이어진다. 위험요인 Hazard 이 있다 해도 국민의 분노가 없다면 위험은 Zero가 된다. 그래서 현대와 같은 위험사회에서 정부가 가장 신경 써야 할 부분은 국민과의 의사소통 및 신뢰이다. 광우병 사태 당시 정부에 대한 국민의 신뢰수준은 바닥이었다. 당시 정부에 대한 국민의 신뢰도가 높았다면 그러한 사태로까지는 번지지 않았을 것이다.

미국 스탠퍼드 대학교 교수인 프란시스 후쿠야마는 한 국가의 경쟁력은 한 사회가 고유하게 가지고 있는 신뢰의 수준에 의해 결정된다고 한다. 객관적으로 보면 현대사회는 과거에 비해 생명을 위협하는 위험이 크게 줄어들었다. 그럼에도 불구하고 사람들은 현대사회가 더 큰 위험에 직면에 있다고 느끼고 있다. 그 이유는 위험의 비자발성 때문이다. 국민이 정부를 신뢰한다면 자발적으로 위험을 감수하려고 할 것이다. 그러기 때문에 정부는 국민이 분노하지 않도록 온 힘을 기울여야 한다.

위험소통은 일방적인 교육이나 홍보가 아니라 쌍방의 대화이다. 이러한 쌍방의 대화는 몇 가지 핵심적인 사항이 전제되어야 한다. 전문가는 신념의 도그마에서 벗어나 과학기술이나 지식에 불확실한 부분이 있다는 점을 인정해야 하고, 정치인과 관료는 정치권력을 더 공유하겠다는 데에 동의해야 한다. 이를 통해 양자 간에 신뢰가 구축되면 전문가와 일반국민들 간에도 더 투명한 정보전달과 효과적인 의사소통이 가능해진다.

광우병 사태 당시 정부는 국민과의 신뢰회복에 노력하지 않고, 쇠고기 수입 협상과 관련된 정보를 처음부터 숨기고, 기준에 대해서 수차례 말을 바꿈으로써 국민의 불신을 초래했다. 광우병 사태는 객관적인 위험성에 관한 문제이기보다 국민의 정부에 대한 신뢰와 사회적 합의에 관한 문제였다. 어떠한 위험을 평가하는 방식에는 과학적 지식만이 아니라 위험을 느끼는 사람들의 사회적이고 심리적인 요소가 함께 포함되어야 하는데 일방적으로 가르치고 교화시키려는 방식만을 취했기 때문에 국민의 불신만을 초래했다.

만약 당시 정부가 광우병에 대해 좀 더 신중하고, 국민들의 요구를 수용하고 보다 전향적인 태도를 취했더라면 그로 인해 발생해야만 했던 사회적 비용과 비극적인 일들을 겪지 않았을 것이다. 정부는 권위주의적인 정부가 아니라 국민과의 소통에 더 노력하는 정부가 되어야 한다. 현재 국민들의 의식수준은 이미 선진국의 대열에 합류했다. 정치 또한 그러해야만 한다. 개인이건 국가건 간에 모든 갈등과 다툼의 원인은 불신이다. 광우병 사태와 같은 큰 홍역을 치렀던 한국사회가 한 발자국 더 진일보하기 위해서는 국민에 대한 정부의 소통이 바뀌어야 한다.

원칙의 문화

원칙을 지키는 사람들

한비자 34편 외저설에는 초나라 이야기가 나온다. 하루는 초나라 왕이 태자를 궁으로 불렀다. 당시 초나라 법에 의하면 내궁 안까지 말 수레를 타고 들어갈 수가 없게 되어 있었다. 그런데 그날은 큰 비가 내려 뜰 안이 물에 잠겼기 때문에 태자는 어쩔 수 없이 안뜰 까지 수레를 몰고 들어가려고 했다.

그때 정리라는 문지기가 앞을 가로막았다. "수레를 내궁까지 몰고 들어갈 수 없습니다." 화가 난 태자가 문지기에게 호통쳤다. "네 놈이 분수를 모르고 죽고싶은 게로구나." 하지만 문지기는 눈 하나 깜짝하지 않고 되받아쳤다. "지금 태자의 행동은 위법입니 다." 도끼눈을 뜬 태자가 되받아쳤다. "부왕께서 빨리 들어오라고 분부하셨기 때문에 고인 물이 없어질 때까지 기다릴 수가 없다."
태자가 말에 채찍을 먹이며 그대로 몰고 들어가려했다. 그러자 문지기는 창으로 말머리를 내리쳐 길을 막고 도끼를 휘둘러 수레를 부숴버렸다. 진흙탕에 내동댕이쳐진 태자는 부아가 치밀어 부왕에게 달려가 사실을 고하고 문지기에게 극형을 내릴 것을 청했다.

아들의 말을 들은 왕은 "태자가 곧 이 나라의 왕이 될 자인데 불구하고 문지기는 훗날의 자신의 이익을 구하려하지 않았다. 상대가 누구인지에 상관없이 왕궁의 법도를 엄하게 지켰다. 이는 상을 주어야 할 일이지 벌을 줄 일이 아니다." 라고 하며 문지기에게 큰 상을 내리고, 두 계급을 특진시켜 관리로 임명했다.

한비자가 활동하던 시대보다 좀 더 앞선 시기에 노나라에는 도척盜拓이라는 도적이 유명했다. 그는 약 9,000명에 이르는 졸개를 거느린 도둑 두목으로 그 규모가 거의 군대 수준이었기 때문에 관에서도 그들을 함부로 건드릴 수가 없었다. 이 도적떼는 시도 때도 없이 민가와 관가를 덮쳐 재물을 약탈하는 것은 물론이고 살인과 강간을 일삼았고, 산 사람의 간을 꺼내 날로 먹는다는 이야기가 있을 만큼 잔악한 무리였다.

그러던 어느 날 부하 하나가 도척에게 도둑질에도 도道가 있습니까? 하고 물었다. 도척은 이렇게 대답했다. 도가 없는 곳이 어디 있느냐! 방안에 무엇이 있는지 잘 알아맞히는 것이 성聖이요, 몰래 들어갈 때 제일 먼저 들어가는 것이 용勇이요, 나올 때는 맨 뒤에 나오는 것이 의義이요, 될지 안될지를 아는 것이 지智이며, 분배를 공평하게 하는 것이 인仁이다. 이 다섯가지를 모두 갖추지 못하면 큰 도둑이라 할 수 없다. 이것을 도척의 도道라 한다. 도둑의 세계에서 지켜야 할 규칙이다.

즉 하찮은 도적떼의 무리도 원리원칙이라는 게 있다. 원리란 사물의 근본이 되는 이치이고, 원칙이란 일관되게 지켜야 하는 기본적인 규칙이나 법칙을 말한다. 한국은 수직적 위계관계가 강하다. 따라서 이 원리원칙이 제대로 지켜지지 않는 경우가 많다. 지금은 과거에 비해 좀 정도가 덜하지만 "내가 누군지 알아?"하고 막말과 갑질을 하는 사람들이 여전히 많다. 사회의 규모가 커지고, 복잡해지며, 다양화되어 가면 갈수록 이 원리원칙은 더 필요하다. 원리원칙이 사회를 질서 있게 유지하고 존속케 하는 수단이 되기 때문이다.

많이 들어본 이야기 중에 서양인들은 개인주의적인 성향이 강하고, 동양인들은 집단주의적 성향이 강하다고 이야기 한다. 한국 사람도 집단주의적 성향을 가졌기 때문에 이렇게 행동을 하며 주체적이지 못하다고 말한다. 하지만 이는 일본사람들에 대한 말이다. 한국인들에게 이러한 평가는 잘 맞지 않다.

일본인들은 자신이 속한 조직에서 자신을 한 구성품으로 생각하여 자신이 맡은 역할을 충실히 하려고 노력한다. 집단주의 핵심은 집단속에 들어간 한 개인은 그 집단속에 부품이 되어야 하고 조직의 목적을 위해서 개인의 목적을 기꺼이 희생할 수 있어야 한다. 일본에 가서 놀라는 것 중에 하나가 목욕탕에 가면 여자종업원이 거리낌 없이 남자 탈의실로 들어와서 일을 한다. 처음 보면 당황하지만, 남탕뿐만이 아니라 여탕에도 남자종업원들이 거리낌 없이

들어간다. 이것이 가능한 이유는 일본인들은 이들을 이성으로 보지 않고, 자신의 역할을 다하는 조직의 구성원으로 보기 때문이다. 일본은 수백 년 된 가업을 이어가는 경우가 많다. 이들은 자신의 주체성보다 선대에서 물려받은 것을 다음 세대로 전달해주는 중간자의 역할을 자청한다.

한국인의 주체성

원리원칙이 잘 지켜지지 않는 이유 중에 하나가 한국인만의 주체성 때문이다. 주체성이란 어떤 일을 할 때 남들이 뭐라고 하든 간에 자기의 의지에 의해서 뭔가를 해내려고 하는 성향을 말한다. 주체성이 강한 사람은 자신의 존재감과 영향력을 확인하고 확대하려는 경향이 높다. 서양인들이 동양인들보고 주체성이 낮다고 평가한 것은 일본사람들을 대상으로 조사한 결과이다.

일본사람들의 주체성이 낮으니 동양인들은 모두 주체성이 낮을 것이라고 치부해버린 결과였다. 사실 일본인과 중국인들에게는 내가 해낼 수 있다는 주인공 의식이 한국인들보다 현저하게 떨어진다. 한국인은 자기의 주장을 강하게 어필하고, 주체적으로 생각하고 의사결정을 하는 것을 좋아한다. 그렇기 때문에 무시당하는 것을 매우 싫어한다. 한국에서 발생하는 대부분의 강력사건의 원인은 상대가 나를 무시했다는 것으로 한국인들은 자신의 존재감이 부정당할 때 분노한다. 한국인들은 일본인에 비해 비교도 할 수 없을 정도로 주체성이 높다.

한국 사람들은 자신이 조직에서 부품이 아니라 그 이상이 되어야 한다고 생각한다. 무슨 장비나, 기계든 한국에 들어오면 한국인들은 그 것을 매뉴얼대로 쓰지 않는다. 모든 기계는 안전하게 쓰기 위해 안전 마진을 두고 있다. 즉 최대 용량의 80% 정도만 사용할 수 있게 만든다. 하지만 한국 사람들은 그 기계를 거의 100% 용량 그 이상을 사용하려고 한다. 무슨 증상이 있어 병원에 가서 의사가 약을 주면서 '증세가 없어지더라고 끝까지 복용을 해야 한다'고 말을 해도 스스로 판단해 괜찮다고 생각을 하면 그 순간부터 먹지 않는다.

일제강점기와 한국전쟁을 거치면서 한 국가의 모든 시스템이 붕괴되었던 대한민국이 30년 만에 세계 10대 경제대국이 될 수 있었던 원동력도 한국인의 주체성 때문이었다. 내가 주인공이 될 수 있다는 생각이 지금의 대한민국을 만들었다.

한국전쟁 이후 아무것도 없는 폐허 속에서는 모든 것이 처음이었다. 오히려 아무것도 없었기 때문에 우리가 주체성을 발휘하는 것이 매우 쉬웠다. 당시에는 가르쳐 주는 사람도 없었고, 설계도도 없고, 매뉴얼도 없었다. 모든 것이 처음이었기 때문에 어떠한 일을 함에 있어 자동적으로 주체성이 주어졌다. 자네에게 모든 권한을 임명할 테니 알아서 잘 처리해 보게. 일본처럼 수직적인 위계 관계가 강한 국가에서 조직의 구성원은 위에서 시키는 일만 하기 때문에 불가능한 이야기다. 하지만 우리의 선진들은 그렇게 이것도 해보고 저것도 해보고 무수히 많은 시행착오를 거쳐 오늘날의 대한민국을 만들었다. 그것이 우리의 전 세대가 이룩한 일이었다.

안전의 원리원칙의 문제

원리원칙이 잘 지켜지지 않는 분야 중 하나가 안전분야이다. 현대 우리나라의 산재율은 OECD국가 중 최상위권에 속한다. 어느 한 연구소에서 산업체 종사자를 대상으로 다음과 같이 설문조사를 했다. A는 어느 공장의 안전관리자이다. 그는 지인인 B가 안전모와 보안경을 쓰지 않고 작업장에 들어온 것을 보고 이를 문제삼아 해당부서에 통보했다. 그 바람에 B가 인사상의 불이익을 받았다. A가 융통성이 없고 야박하다고 생각하는가 아니면 할 일을 했다고 생각하는가? 하고 물었더니 많은 사람들이 제 할 일을 했다고 대답했다.

그 다음 이들에게 다시 물었다. "그럼 A가 향후 직장동료들과 변함없이 잘 지낼 것이다라고 생각하는가?" 이 질문에는 많은 사람들이 그렇지 못할 거라고 대답했다. 그 사람들은 A가 너무 원리원칙만을 고집하여 인간관계가 소원해질 것으로 생각한 것이다. 설문자들에게 다시 세번째 질문을 했다. 이번에는 A가 아니라 당신이 안전관리자이고 B는 당신의 절친이다. B가 당신의 친한 친구인데 당신은 여전히 이 친구를 고발하여 인사상에 불이익을 줄 수 있는가? 이 질문에는 거의 대부분의 사람들이 눈을 감아주겠다고 대답했다. 한국인에게 원리원칙은 있지만 그것은 자신감 없는 원리원칙일 뿐이고, 지인과 같이 자기 주변사람들이 관련될 경우 표리부동함으로 변질된다. 이러한 현상은 우리 사회의 관계주의 문화에서 기인한다.

사람에 따라서 정도의 차이가 있겠지만 서양인들에게 이러한 질문을 하면 그들은 공은 공이고, 사는 사라고 대답을 한다. 그가 내 친구임은 틀림없지만 그것은 단지 나의 일일 뿐이다. 이것을 가지고 고민할 필요가 없다는 것이다. 일본인들은 한술 더 뜬다. 그들은 매우 강한 집단주의적 특징을 갖고 있기에 한 개인이 조직에 누가 되는 일을 한다는 것은 생각할 수가 없다. 일본인에게는 할복이라는 문화가 있다. 좁은 섬나라에서 그 많은 사람들이 조직을 이루고 살기 위해서는 서로 뭉쳐야 하고 집단에 속한 개인은 자신의 개인적인 의견보다 조직의 한 구성원으로써의 자신의 역할에 더 충실하다. 그래서 그들에게 할복이란 조직에게 해를 끼친 한 구성원의 죄를 묻는 문화였다.

한국은 일본과는 다르다. 서구인들이 보기에 한국은 집단주의적 문화라고 이야기 하지만 한국은 관계주의 문화이다. 내가 집단주의에 속한 안전관리자라면 내 친구뿐만이 아니라 나 자신도 집단주의 속에 내 역할에 충실해야 하만 한다. 그렇기 때문에 친구뿐만이 아니라 조직의 규율을 어기면 나 자신까지도 벌을 주어야 한다. 하지만 집단보다는 다른 사람들과의 관계성을 더 중요하게 여기는 한국에서 나의 친구뿐만이 아니라, 나의 지인을 고발하여 그에게 불이익을 주는 행위를 그들의 사회적 관계를 배신하는 행위라고 생각한다. 설령 내가 그렇게 할만한 용기가 있더라도 그와의 사회적 인간관계를 끊을 각오를 해야 한다.

1910년 일제강점기 한국의 인구는 1700만명 정도였다. 2022년 지금 한반도의 인구는 남한 5,100만 명, 북한 인구 2,500만 명으로 총 7600만 명으로 추정된다. 약 100년이 넘는 기간 동안 인구가 무려 4.5배나 증가했다. 사회도 인구증가와 함께 복잡해지고 다양해졌다. 이런 사회에서 원리원칙, 매뉴얼, 가이드는 매우 중요하다.

고객센터에서 감정노동에 시달리는 직원들에게 매뉴얼이 없기 때문에, 말도 안되는 고객들의 요구에도 불구하고 전화를 먼저 끊을 수 없는 상황이 발생한다. 다들 열심히 하는데 내가 어디까지 해야 하고 어디서 그만두어야 할지 가이드가 없으니 사람들이 지쳐쓰러진다. 그렇기 때문에 원리원칙과 실행가이드가 없는 조직은 일하기가 매우 힘들다.

우리나라의 산재율이 좀처럼 감소하지 않는 이유는 그동안 한국 사람들의 주체성이 너무 강해 스스로 알아서 하도록 내버려 두었기 때문이다. 명확한 원칙과 규범을 정하고 그 규정대로 조직을 이끌어가야 한다. 도적의 집단에도 원리원칙이 존재하듯 한 기업과, 국가의 경우는 더할 나위 없다. 관계성을 중시하는 한국사회에서 우리는 아직도 웬만한 부조리에 대해 너무 관대하다. 아직도 전환기 시대의 관념에서 벗어나지 못하고 있는 것이다. 이것이 현재 우리사회의 국민들이 안고 있은 문제점라고 할 수 있다.

망각의 문화

반복되는 해양 사고

1970년 12월 15일 제주도 서귀포에서 출항한 남영호가 침몰했다. 이 사고로 326명이 사망했는데 이 중 300명의 시신은 끝내 찾지도 못했다. 남영호는 1970년 12월 14일 오후 5시경 제주 서귀항에서 승객과 선원 210명과 함께 연말 성수기 판매를 위한 감귤을 싣고 출항했다. 남영호의 3개의 화물창고가 모두 감귤 상자로 채워지자 선적이 금지된 앞 화물창고 덮개 위에 감귤 400여 상자를 더 쌓았고 중간 갑판 위에도 감귤 500여 상자를 더 실어 서귀포항을 출항할 때부터 이미 선체의 중심이 15도쯤 기울어 있었다. 이후 남영호는 제주 성산항에 도착했고, 승객 128명과 화물을 추가로 실었다.

당시 남영호는 정원이 321명 이었음에도 불구하고 승객 318명과 선원 20명 등 338명을 태워 정원을 초과한 상태였다. 거기에다 화물은 무려 540톤이나 실어서 적재 허용량을 4배 이상 초과했다. 남영호가 출항한 12월 14일은 나흘 전부터 이어진 폭풍주의보가 막 해제된 날이었다. 항구에 발이 묶여 있던 이들은 너도나도 배에 짐을 싣고자 했다. 본격적인 감귤 철을 맞아 육지에 내다팔려는 귤만 1만942상자였다. 채소도 화물차 3대 분량이 실렸다.

연말을 맞아 부산으로 친척 등을 만나러 가는 인파도 몰렸다. 훗날 검찰은 이날 남영호가 실은 짐이 500t에 이를 것으로 추정했다. 허가된 적재량 130t을 3배나 넘긴 수치였다. 생존자들에 따르면 남영호는 서귀포를 출발할 때부터 배가 좌측으로 약간 기울어져 있었다. 그런데도 중간 기항지인 성산항에서 또다시 사람과 화물을 태운 것이다. 일부 승객이 불안해하자 선원들은 "항해를 하면 괜찮다"라며 이들을 안심시켰다.

1993년 10월 10일에는 전라북도 부안군 위도에서 출항한 서해 페리호가 침몰했다. 이 사고로 362명의 승객 중 292명이 사망했다. 선박 출항 당시 기상여건은 매우 좋지 않았다. 사고 당일 기상청에서도 '파도가 높고 강풍이 불며 돌풍이 예상되므로 항해 선박의 주의를 요한다'는 방송을 내보냈다. 출항 당시 풍속 14m/s로 부는 북서풍 때문에 높이가 무려 2~3m에 이르는 파도가 치는 상황이어서 여객선이 출항해서는 안 되는 날씨였다.

위도가 낚시의 명소로 떠오르면서 전국 각지에서 위도로 낚시꾼들이 몰려들었다. 주말에만 몇 백명씩 찾아오다보니 하루에 1회만 운행하는 페리호로는 그 많은 승객을 감당할 수 없는 지경에 이르렀다. 사고 몇 달 전부터 관광객과 위도 주민들은 운항 횟수를 증편해달라고 정부에 요구했지만 정부는 보조금 받는 영세업체라며 증편 허가를 거부했다.

　주말만이라도 증편해 달라는 요청도 거부되었다. 결국 페리호의 정원은 221명이었지만 141명이나 초과 승선하여 총 승객은 362명이 되었다. 승객이외에도 당시는 김장철이라 위도주민들은 멸치액젓을 내다 팔기 위해 페리호에는 수 톤의 멸치액젓까지 실려 있었다. 당시 페리호의 선장은 기상이 좋지 않아 출항을 하지 않으려 했다. 하지만 관광객들은 나쁜 기상으로 인해 며칠 동안 발이 묶여있었고, 더 이상 휴가를 내서 출근을 미룰 수는 없었고 출항을 재촉했다.

　마지막으로 2014년 4월 16일에는 전라남도 진도군 관매도 부근 해상에서 인천을 출항하여 제주로 가던 한 여객선이 침몰해 승객 476명 중 304명이 사망하는 사고가 발생했다. 사망자 중 나이 어린 고등학교 학생만 248명이었다. 전 국민은 분노했고, 이 사건으로 박근혜 정부는 붕괴되었다. 세월호 사고는 남영호 사고에 이어 대한민국의 해난사고들 중 두 번째로 많은 사상자를 낸 사고였다.

　사고 여객선은 일본에서는 운항이 금지된 노후선박을 한국의 한 선사에서 중고로 구입하여 선미쪽에 증축·개조 작업을 거친 후 2013년 3월부터 인천-제주 항로로 투입한 것이었다. 증축을 통해 선실 2~3개가 늘었고, 총 정원이 116명으로 증가하여 총정원이 956명으로 늘어났다. 합동수사본부는 2014년 10월 여객선 침몰원인에 대해 화물과적, 고박불량, 무리한 선체증축, 조타수의 운전미숙이라고 발표했다.

이 3가지 사고를 자세히 살펴보면 놀랍게도 똑같은 실수가 되풀이 되고 있는 것을 알 수 있다. 이처럼 같은 이유의 선박 침몰로 수백 명씩 죽게 되는데도 왜 사고를 통해 배우는 것이 없을까? 이 이유는 인간이 실수를 통해 무엇인가를 배운다는 것이 말 만큼이나 쉽지 않음을 보여준다. 역사는 되풀이 된다고 한다. 그 이유는 인간이 가지고 있는 속성 때문이다.

올더스 헉슬리는 "역사가 우리에게 주는 가장 큰 교훈은, 인간이 역사를 통해 배운 바가 별로 없다는 것이다"라고 했다. 게오르그 헤겔도 "역사가 우리에게 가르치는 것은, 역사로부터 아무것도 배우지 않았거나, 역사에서 배운 원칙에 따라 결코 행동하지 않았거나"라고 말한다. 버나드 쇼도 "우리가 역사에서 배울 수 있는 것은 인간은 결코 역사에서 아무것도 배 울수 없다는 것이다"라고 비슷한 말을 했다. 이러한 역사관에서 볼 때 인류의 진보는 변화에 있는 것이 아니라, 우리가 과거를 얼마나 잘 기억할 수 있는 가에 달려 있는 것 같다.

여기서 궁금한 것이 있다. 그렇다면 인류는 왜 역사로부터 아무것도 배우지 못하는 것일까? 가장 큰 원인은 인간의 망각이다.

에빙하우스의 망각 곡선

독일 심리학자 헤르만 에빙하우스Hermann Ebbinghaus는 HKW, FKN 등의 무의미한 문자 수천 개를 암기하기 위해 몇 년 동안을 노력했다. 의미 없는 문자들이 나열된 목록을 만들어놓고 밤낮을 가리지 않고 몇 년에 걸쳐 암기하고 또 암기했다. 피로와 두통이 몰려왔지만, 고통이 수그러지면 다시 암기하기를 반복했다. 하지만 그가 외웠던 문자들의 절반 이상이 불과 한 시간 만에 그의 기억에서 사라졌다.

그는 의미 없는 문자들이 기억에서 빨리 사라진다는 사실을 깨달았다. 9551592191019532008과 같은 숫자를 암기하기란 쉽지 않다. 하지만 암기할 수 있는 쉬운 방법이 있다. 각 숫자마다 의미를 부여하는 것이다. 955는 우리집 전화번호 국번, 1592년임진왜란, 1910한일합병, 1953종전, 2008금융위기 이렇게 의미를 부여해 가면서 암기하면 기억이 쉬워진다. 인간은 의미가 없는 것을 기억하지 못한다.

인간은 망각의 동물이다. 흔히 금붕어의 기억력은 3초라고 이야기한다. 낚시에 걸린 물고기가 요행히 바늘에서 빠져나온 후 다시 3초가 채 안 되어서 다시 미끼를 물기 때문이다. 그러나 이것은 잘못 알려진 사실이다. 과학자들에 의하면 금붕어의 기억력은 3개월에서 6개월까지 지속된다고 한다. 하지만 인간이야말로 금붕어보다 못한 망각의 동물이다. 에빙하우스의 연구에 의하면 인간은 학습 후 10분 후부터 망각이 시작되고, 하루만 지나면 배운 것의 70%를 잊는다.

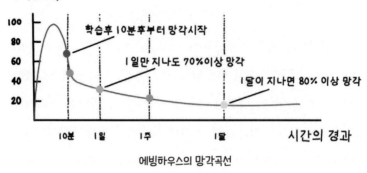

기억량(%)

- 학습후 10분후부터 망각시작
- 1일만 지나도 70%이상 망각
- 1달이 지나면 80% 이상 망각

100
80
60
40
20

10분   1일   1주   1달   시간의 경과

에빙하우스의 망각곡선

인간의 한계

자신은 수많은 실수나 실패를 통해 교훈을 배웠다고 생각해도 사실 인간의 자기 성찰에는 한계가 있다. 인간의 본성은 자신이 저지른 잘못을 자세히 들여다보고 반성하는 것에 익숙치 않다. 내 실수를 인정하는 것은 고통스럽고, 내 자존심에 상처를 주고, 나의 우월감을 추락시키기 때문이다. 남들이 나를 책망하는 것을 견디지 못하는 것만큼이나 나 자신이 나를 책망하는 것을 결코 견딜 수 없다.

사실 자신의 실수를 인정하고 나 자신을 객관화시켜 본다는 것은 매우 괴로운 일이다. 그래서 나를 탓하기 보다는 환경 탓, 남의 탓, 순간적인 오판 등의 이유를 들어서 자신을 위로하려고 한다. 그렇게 되면 겉으로만 내 실수를 반추하는 시늉만 했지 자신의 실수를 냉정하게 바라보고 분석할 수 없게 된다. 자신의 진정한 내면과 얼굴을 마주할 용기가 없기 때문이다. 그렇게 얼마간의 시간이 흐르면 우리는 또 과거와 했던 실수를 반복하게 된다.

우리가 같은 실수를 되풀이하게 되는 또 이유는 욕망 때문이다. 돈에 대한 욕망, 권력에 대한 욕망이 나의 모든 행동을 지배하게 만든다. 산업현장에서 일어나는 재해들의 대부분은 돈에 대한 욕망 때문이다. 톨스토이는 이러한 인간의 욕망에 대하여 "욕망은 처음에 문을 열어 달라고 간청하다가 어느덧 손님이 되고 곧 마음의 주인이 된다"고 했다. 이것이 개인에게 일어나는 현상들이다. 아인슈타인은 "똑같은 일을 반복하면서 다른 결과를 기대하는 것은 미친 짓이다"라고 했다.

이러한 전철을 되풀이 하지 않기 위해서는 감정에 휘둘리지 않는 이성적 판단과 더불어, 실수로부터 배우는 학습의 방법을 바꾸어야 한다. 문제를 시스템의 한 부분으로만 인식하고 보완하려고 하는 것이 아니라, 문제를 잉태하게 된 근본적인 원인과 기본전제를 파악하고, 시스템 전체를 제3자의 시각에서 조망하고 원점에서 재검토하는 과정이 필요하다. 이러한 방법은 부분적인 이성적 사고의 맹점을 보완하여 다양한 측면에서 문제들의 연관성과 관계들을 피드백하고 수정하게 만들어 준다. 이는 입력과 출력을 비교하여 스스로 수정하는 피드백feedback 장치와도 같다. 피드백 장치는 결과값에 따라서 입력값을 수정하여 시스템 전체를 하나의 유기체처럼 작동하게 만든다.

기억의 반추

누구나 실수는 할 수 있다. 문제는 기억이다. 세계2차대전이 끝난 지 100년도 넘었지만 독일이 베를린에 유대인 학살 추모공원을 만들어 그 넋을 위로하는 이유는 그 일을 잊지 않고 기억하기 위해서이다. 하지만 우리는 너무 쉽게 과거의 일들을 잊는 것 같다. 가슴 아픈 기억은 빨리 잊어버리는 것이 좋겠지만, 같은 실수를 반복하지 않으려면 기억해야 한다. 기억과 개선과 피드백 이 세 가지가 우리가 늘 같은 실수를 하지 않도록 만드는 유일한 방법이다.

상충의 문화

위험을 감지할 수 없는 레이더

레이더Radar, radio detection and ranging 는 전파를 사용하여 목표물의 거리, 방향, 각도 및 속도를 측정하는 감지 시스템이다. 항공기, 선박, 우주선, 미사일, 자동차, 기상 구조물 등 움직이는 물체를 탐지하는 데 매우 유용한 기기이다. 전쟁에서 적 비행기의 위치를 알아내기도 하며, 사람이 들어가지 못하는 심해까지 레이더를 쏘아 그 수심을 알아내기도 한다. 2차 대전 중 영국 항공부의 과학자였던 로버트 왓슨은 영국 정부로부터 독일에서 전쟁무기로 개발 중이라는 살인광선의 실현이 실제 가능한지를 확인해 달라는 요청을 받았다. 이에 로버트 왓슨은 연구결과 살인광선의 개발가능성은 매우 낮으며 차라리 살인광선보다는 전파를 연구해 레이더를 만드는 것이 더 유용하다는 의견을 내놓았다. 그로부터 얼마 후 로버트 왓슨은 독일 모르게 레이더를 개발에 성공한다.

1940년 8월 13일 영국의 레이더 개발 사실을 모르는 히틀러는 영국의 런던을 초토화시키기 위해 융커스 폭격기와 이를 호위하는 메서슈미트 전투기 수 백대를 영국상공에 띄었다. 수백 대의 독일 폭격기가 영국 상공에 도달하여 전격적으로 공습을 하려는 순간, 높은 곳에서 매복해 있던 영국의 스핏파이어와 허리케인 전투기가 급강하며 독일기를 향해 기관총을 퍼부었다. 이 헬파이어 전투로 영국을 점령하려던 히틀러의 계획은 수포로 돌아갔다.

신호탐지이론(Signal Detection Theory)

레이더의 개발은 전쟁의 판도를 바꾸어 놓은 기술이었지만 레이더를 오판독하는 레이더 병의 실수는 큰 골칫거리였다. 레이더의 해상도가 좋지 않아 관측병이 적기인지 새인지 구별이 잘 되지 않았기 때문이다. 이 때문에 새를 적기로 착각하여 공습경보를 울리기도 했고, 반대로 적기를 새로 착각하여 큰 피해를 입기도 했다. 레이더 병에게 일어날 수 있는 일은 네 가지였다. 적기를 적기로 판별하는 적중Hit, 적기를 새로 판별하는 누락Miss, 새를 새로 판별하는 올바른 기각Correct rejection, 새를 적기로 판별하는 오경보 False alarm 이다. 이 문제를 해결하기 위해 전문가들은 신호의 강도와 레이더 병의 행동을 그래프로 만들었다.

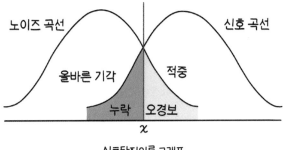

신호탐지이론 그래프

그래프에서 왼쪽 곡선은 새의 신호강도, 오른쪽 곡선은 적기의 신호강도이다. 가운데 기준선인 X는 관측병의 뇌가 신호를 감지하는 기준선이다. 상사가 관측병에게 적기를 놓치지 말라고 호통을 치면 관측병의 기준선은 왼쪽으로 이동한다. 이렇게 되면 적기를 놓치는 일은 줄어들지만 새를 적기로 착각하는 오경보는 증가한다. 반대로 상사가 새를 적기로 착각하여 자꾸 자신을 귀찮게 하지 말라고 하면 기준선은 오른쪽으로 이동한다. 이렇게 되면 오경보는 줄어들지만 적기를 놓치는 경우가 증가한다.

이 문제를 어떻게 해결해야 할까? 가장 좋은 해결책은 두 곡선을 최대한 멀리 떨어뜨려 겹치는 부분을 줄이는 방법이다. 하지만 이 방법은 기술적으로 구현하기도 힘들고 비용도 많이 든다. 다른 방법은 상황에 따라서 기준선을 이동시키는 것이다. 오경보가 많아지면 기준선을 오른쪽으로 이동시키고, 적기를 놓치는 누락이 많아지면 기준선을 왼쪽으로 이동시키는 것이다. 이렇게 탄생한 신호탐지이론Signal Detection Theory은 과학뿐만 아니라, 심리학, 인지공학, 안전공학은 물론이고, 의학과 법학의 분야까지 확대되었다.

무죄 추정의 원칙

신호탐지이론은 사법부에도 적용된다. 법 절차에는 무죄 추정의 원칙과 합리적 의심의 기준이 있다. 유죄로 확정되기 전까지는 모든 사람은 무죄로 가정해야 한다는 원칙이다. 아무리 판사라도 누가 진범인지는 알 수가 없다. 실제로 진범이 누군지 모를 때 피의자가 진범인지 아닌지 아는 사람은 피의자뿐이다. 큰 사회적 물의를 일으킨 범죄로 모든 국민들이 지켜보고 있는 강력범죄 사건에서 판사는 심각한 고민에 빠지게 된다. 피의자가 진범인데도 처벌하지 않는 무처벌 오류를 피하려면 판사는 유죄를 많이 내리면 된다. 하지만 이러면 처벌오류가 증가한다. 그렇다고 처벌오류가 싫어서 무죄를 많이 내리게 되면 진범인데도 불구하고 풀려나는 경우가 발생한다. 판사가 한 쪽을 선택하면 다른 한쪽은 포기해야 하는 것이다.

어느 하나를 얻으면 다른 하나는 잃을 수밖에 없는 상충관계 Trade off 이다. 하지만 한국 사람들은 이것을 잘 이해하지 못한다. 둘 다 모두 추구하는 게 가능하다고 생각한다. 일반인에게 이러한 판사의 고민을 물으면 둘 다 중요하기 때문에 하나도 포기해서는 안 된다고 이야기 한다. 그렇기 때문에 사법부의 판단은 항상 국민이 보기에는 이해가 되지 않는다.

리커트 척도(Likert scale)

서양인에게 있어 상충관계 Trade off 의 관계는 전혀 이상한 것이 아니다. 서양인들은 어려서부터 이분법적인 사고를 하는 문화 속에서 살아왔기 때문이다. 서양인의 사고관이 직선적이고, 단순한 사고이다. 하지만 동양인의 사고는 순환적이고 복합적이다. 이러한 차이 때문에 서로의 문화적인 간극이 발생한다. 각종 설문조사에 널리 사용되고 있는 리커트 척도Likert scale 라는 것이 있다. 이것을 가지고 서양인과 동양인을 대상으로 설문조사를 하면 서양인의 경우 선호도가 극단으로 갈리는 경향이 있지만 동양인에게는 항상 가운데로 몰린다. 이러한 특성도 동양인과 서양인의 문화적인 차이라고 할 수 있다.

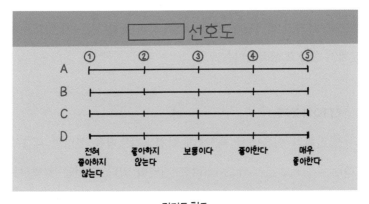

리커트 척도

위험을 바라보는 시각도 서양인과 동양인은 다르다. 영어의 Risk는 라틴어 Risicare에서 파생된 말이다. 이 단어의 뜻은 암초와 절벽주위를 항해하는 것을 뜻한다. 배가 암초나 절벽 주위를 항해할 경우 자칫 잘못하기라도 하면 좌초되거나 파도에 휩쓸어 절벽에 부딪혀 몰살하고 만다. 그럼에도 불구하고 이들은 항해를 한다.

그 항해가 위기이기도 하지만 또 다른 큰 기회가 되기 때문이다. 그러기 때문에 이들에게 모험은 그리 유별난 특수한 상황이 아니다.

〈소울서퍼〉라는 영화를 보면 주인공인 베서니 해밀턴은 서핑을 하다가 상어를 만나 왼팔을 잃게 된다. 그럼에도 불구하고 그는 다시 서핑을 하기 위해 바다로 나갔다. 서핑은 원래 위험한 스포츠다. 자신이 운이 없어서 상어를 만나기는 했지만 그랬다고 해서 서핑의 위험도가 올라간 것은 아니다. 서핑을 즐기기 위해 그 전에도 감수했고, 앞으로도 감수할 것이다. 그렇게 생각하면 이들에겐 억울할 것이 없다. 그것이 그들이 생각하는 세계관이다. 내가 위험을 감수한 만큼 나쁜 일이 벌어지고, 그렇지 않으면 그 만큼의 혜택을 받는다. 하지만 한국인은 이것을 이해하지 못한다. 두 가지 모두를 잘해야 한다고 생각한다.

ETTO의 문제

안전관리 이론에서 제3세대 안전관리모형을 설명할 때 ET-TO Efficiency Thoroughness Trade Off 라는 개념이 있다. 안전을 위해서는 생산성과 효율성을 희생시켜야 하고, 생산성과 효율성을 위해서는 완전성안전성을 희생시켜야 한다. 이 둘의 관계는 신호탐지이론과 같이 언제나 한쪽을 선택하면 한쪽을 버려야 하는 상충관계Trade Off 이다. 사업주가 기업을 경영함에 있어 효율성과 완전성을 모두 가져갈 수는 없다. 효율성과 생산성을 극대화시키기 위해서는 안전에 대한 완전성을 희생해야 한다. 반대로 안전에 대한 완전성을 향상시키기 위해서는 효율성과 생산성의 감소를 용인해야 한다.

사실 이것은 비용이 아니라 투자이다. 하지만 한국 사람들은 이것을 투자라고 생각하지 않는다.

　한국의 기업들도 변해야 한다. 2022년 중대재해기업처벌법이 시행된 이후 경제인 총연합회는 중처법 완화를 주장한다. 하지만 시대가 변하고 있다. 사업주는 여전히 안전관리자에게 비용과 인적자원의 투입은 최소화하면서도 산재를 줄일 수 있는 방법, 생산성을 극대화하면서도 산재사고가 발생하지 않을 방법을 연구하라고 안전관리자에게 주문한다. 하지만 안전관리자가 신이 아닌 이상 이러한 주문은 불가능하다. 전 세계적으로 안전보건은 산업분야뿐만 아니라 전 사회적으로 핵심 이슈가 되었다. 이 때문에 ISO45001인증까지 생겨났다. 기업의 CEO들은 이 상충관계를 인정해야 한다. 그렇지 않고 생산성과 완전성 이 둘을 모두 가져가려 하면 둘 다 놓칠 수밖에 없을 것이다.

복종의 문화

밀그램의 실험(Milgram experiment)

예일 대학교의 스탠리 밀그램Stanley Milgram 심리학과 교수는 1961년 역사상 가장 유명한 심리학 실험을 진행한다. 그는 "징벌에 의한 학습 효과"라는 이름으로 실험을 가장하고 20대에서 50대 남성 40명을 모집했다. 이들을 교사와 학생으로 나누고, 2명씩 한 팀을 이루게 하여 학생이 단어를 외우지 못하면 교사가 전기충격을 가하게 했다. 사실 학생역할의 피실험자는 배우였고, 전기충격장치도 가짜였다. 학생역할을 맡은 배우들은 고통스러운 척 연기했다.

전기 충격기에는 15V부터 시작해 450V까지 15V씩 증가하도록 총 30개의 스위치가 달려있었다. 대부분의 사람들이 학생이 처음으로 고통스러운 소리를 냈을 때 즉각 실험을 포기할 거라고 생각했으며 3% 정도가 인체에 치명적인 300V 정도까지 올릴 것이라 예상했고, 450V까지 전압을 올리는 것은 전체 피실험자 비율 중 0.1% 정도에 불과할 것이라고 예상했다. 과연 교사역할을 맡은 참가자는 무방비 상태에 놓인 인간에게 얼마만큼의 고통을 가할까? 밀그렘은 처음부터 교사들은 대부분이 엄청난 스트레스를 받을 것이며, 실험 감독자에게 당장 실험을 중단해야 한다고 강력히 요구할 것이라고 예상했다.

이윽고 실험이 진행되었는데 결과는 매우 충격적이었다. 학생들은 비명을 지르며 풀어달라고 애원을 했는데도 참가자의 65%가 450V까지 전압을 올렸다. 한 참가자는 자신이 누군가를 죽이고 있다고 생각하면서도 차를 마시고 담소를 나눌 때와 같은 어조로 여유 있게 이야기 했다. 사람들은 밀그렘의 실험에 참가한 사람들을 가학적이고 비정상적인 사람들이라고 믿고 싶어했다.

이후 밀그렘의 실험상의 오류를 찾아내기 위해 세계 곳곳에서 비슷한 실험이 진행되었다. 하지만 늘 실험의 결과는 동일했다. 대부분의 실험 참가자들은 지극히 정상적인 평범한 사람들이었다. 밀그렘은 이 행동의 원인은 그들이 잔악해서가 아니라 그저 매우 독특한 상황에 놓여있을 뿐이었다고 생각했다. 누구라도 그러한 환경에 노출되면 그러한 행동을 할 수 있을 거라는 것이다. 참가자들은 이 실험이 매우 잔인하고 비도적적이라는 생각을 했으면서도 그 실험에서 빠져나오지 못했다. 그들은 다음과 같은 방어기제를 만들어 자신의 행위를 합리화 했다.

첫째는 책임의식이었다. 참가자들은 자신의 역할이 실험을 성공시키는 것이라고 생각하여 참가자들의 안녕보다 실험의 성공이 더 중요하다고 생각했다. 둘째는 책임전가였다. 이 실험의 대한 윤리적인 책임은 내가 아니라 실험을 주관한 감독관이며, 난 그저 명령에 따랐을 뿐이라는 것이다. 윤리적인 책임이나 양심은 감독관이 고민해야할 문제이지 내 고민거리가 아니다. 셋째는 대의명분이었다. 큰 뜻을 위해서라면 어쩔 수 없다. 전쟁의 대의명분이 이데올로기라면 이 실험의 대의명분은 과학이다. 넷째는 참가자들에 대한 멸시였다. 쉬운 단어도 못 외우는 놈들은 지진아고 멍청한 놈들이므로 벌을 받아도 싸다는 인식이었다.

집단속에서 인간

인간은 혼자 있을 때는 전혀 하지 않는 잔인한 행동을 집단에 속해 있을 때에는 서슴지 않고 행한다. 그 이유는 집단 속에서 따돌림을 받지 않기 위해서이다. 이들에게 괴로운 것은 양심의 가책보다 혼자 외톨이가 된다는 두려움이다. 집단 속에서 모든 인간은 위계서열이 정해지며, 권위에 매우 취약한 모습을 보인다. 사람이 태어나서 20년 동안 받는 교육이라는 것은 양심에 따라 행동하는 윤리적, 도덕적 인간이 되는 법을 배우는 것이 아니라, 권위의 명령에 복종하는 인간이 되는 법을 배우는 것이다. 따라서 남을 해쳐서는 안된다는 도덕적 의지는 위계를 이루는 사회 계층 안에서 완전히 사라지게 된다.

개별적인 인간은 자신이 하는 모든 일에 자신이 책임을 져야 하며, 자발적으로 사고해야 한다. 그러나 집단에 속한 인간은 자신의 책임을 누군가에게 떠넘겨버린다. 그때부터 인간은 자신이기를 포기하고 다른 누군가의 대리인으로 살아가게 된다. 안락하고 편안한 삶을 위해 스스로 자유를 포기하고 복종의 삶을 선택하는 것이다. 1차대전 패전이후 독일인들은 스스로 자유를 버리고 히틀러에게 복종했다. 나찌에 반대해 스스로 외톨이가 되기보다 군중에 편승하여 스스로 복종과 억압의 굴레 속에 자신을 던져버렸다.

당시 독일은 전통적인 가족제도의 붕괴와 군주제 폐지로 인한 사회제도의 붕괴, 한 해 동안 물가 상승률이 300%를 넘는 하이퍼인플레이션과 독일 국민들이 지불해야 할 천문학적인 전쟁배상금으로 인해 생존자체를 위협받는 상황이었다. 히틀러는 그러한 국민의 불안 심리를 이용했다. 열등감에 깊이 빠져 있던 독일인들에게 다른 종족보다 월등히 우월한 아리아인의 혈통을 강조하여 위대한 제국을 세우며 기생충 같은 유태인을 때려잡자며 국민들을 선동했다.

악의 평범성

밀그램의 실험은 한나 아렌트에게서 깊은 영향을 받은 결과였다. 한나 아렌트는 예루살렘에서 이루어진 아이히만의 재판과정을 지켜보고《예루살렘의 아이히만》이라는 책을 썼다. 그녀는 수백만 명의 유대인을 학살한 아이히만은 정신병자가 아니었으며, 히틀러가 지시한 일을 명분을 빌려 아무런 비판적 사고 없이 실행에 옮긴 충직한 관료였을 뿐이라고 이야기 한다. 인간은 선천적으로 잔인하지 않다. 하지만 집단속에서 권위자의 명령으로 충분히 잔인해

진다. 이는 아이히만뿐만이 아니라 우리들 모두에게도 해당된다. 아무리 평범한 사람일지라도 특별한 상황에서는 별다른 죄책감 없이 끔찍한 일을 저지른다.

특히 군대라는 조직이 그러한 성향이 매우 강하다. 군인은 명령에 살고 명령에 죽는다. 군인은 명령이 하달되면 무조건 복종해야 한다. 군대에 들어갔을 때 훈련병들이 제식훈련을 가장 먼저 받는 이유는 개인적인 감정을 배제한 복종하는 기계로 만들기 위해서이다. 앞으로가 라고하면 가고, 왼 쪽으로 가라고 하면 왼 쪽으로, 오른쪽으로 가라고 하면 오른쪽으로 가야 한다. 군사훈련의 표면상의 목적은 민족과 국가를 지키기 위한 군사기술을 배우기 위함이지만, 진짜 목적은 인간의 개성과 이기심을 하나도 남김없이 없애버리고 오로지 명령에만 복종하는 조직 내 부속품을 만들기 위함이다.

이스라엘은 위아래가 없는 나라이다. 심지어 복종이 생명이 군대조직에서도 그러하다. 상관의 명령에 왜? 라고 할 수 있는 나라는 이스라엘뿐이다. 일개병사가 장군과 이야기 할 때도 뻣뻣한 태도는 다반사며, 상관의 명령이 부적절할 때 당당히 반대하고 공개적인 장소에서도 상관을 공공연하게 비판하기도 한다. 이러한 전통에서 로시가돌Roshgadol 문화가 나온다. 로시가돌이란 큰 머리라는 뜻으로 말단 병사일지라도 책임감을 가지고 자기가 맡은 일 이상으로 해내는 정신을 말한다. 이스라엘 군대 세계 최강인 이유가 이것 때문이다. 말단 병사에서부터 장성에 이르기 까지 모두가 머리를 맞대어 가장 최적의 해결책을 찾아낸다.

역사를 살펴볼때 잘못된 리더에 잘못된 명령에 과감하게 노 No라고 이야기하는 팔로우도 많았다. 빨치산 토벌을 위해 지리산의 화엄사를 소각하라는 상부의 명령을 거부한 차일혁, 루브르 박물관과 노트르담 대성당을 폭파하라는 히틀러의 명령을 거부한 폰 콜티츠Von choltitz, 이들이 있었기에 인류의 문화유산이 현재까지 보존될 수 있었다. 이것이 가능하려면 인간에게 자기주관과 자기철학이 있어야 한다. 상사의 부당한 명령에 대해 옳고 그름을 판단할 수 있는 판단력, 양심의 소리를 들을 수 있는 도덕성, 긴 인간의 역사를 꿰뚫어 볼 줄 아는 역사의식이 있어야 한다.

잘못된 리더의 명령

밀그램은 권위에 부당함을 지적하는 것과 권위에 부당함을 거부하는 것은 다르다고 이야기 한다. 밀그램의 실험에서 대분의 사람들이 실험의 부당함을 느꼈다. 하지만 그 실험을 거부한 사람은 아무도 없었다. 대부분의 사람들은 주변의 상황에 굴복한다. 상급자가 부당하고 잘못된 결정을 내린다고 할지라도 이에 문제를 제기하는 사람은 거의 없다. 안전관련 법칙과 위반에 대해서도 마찬가지이다. 상급자의 권위가 크면 클수록 그가 내린 지시에 문제가 많더라도 이에 문제를 제기하는 사람은 아무도 없다.

어떠한 상황에서도 자신의 신념을 고수하는 사람은 극소수에 불과하다. 밀그램은 인류의 문화가 권위에 복종하는 법만 가르쳤을 뿐 권위에 불복하는 법은 가르치지 못했다고 생각했다. 개인이 속한 조직을 지금보다 더 높은 수준으로 향상시키고 싶다면 리더나 조직의 방침을 맹목적으로 따라가서는 안된다. 지혜로운 사람은 고립을 두려워하지 아니하고 무리를 아늑해하지 않는다. 남들이 뭐라 하건 간에 외압에 의해 내 신조를 굽히려고도 하지 않는다. 남들이 자신에 대해 수군거리는 소리에 자신의 마음을 빼앗기지도 않는다. 상관의 인정을 받는 유일한 방법은 그를 거역하는 것이다. 현명한 리더는 그러한 사람을 중용한다. 우리는 이 사실을 깨달아야 한다.

2장

편향적
사고를 하는

인간

내 그럴 줄 알았어!
(사후확신편향)

미래예측

우리가 속해 있는 현대라는 사회시스템은 매우 복잡하고, 다양한 여러 가지 요소들로 이루어져 있다. 과거에는 많은 미래학자라는 사람들이 앞으로의 사회를 예측하는 책들을 쓰곤 했다. 허먼 칸, 대니얼 벨, 존 나이스비트, 시어도어 로스자크, 짐 데이토, 레이 커즈와일 같은 사람들은 유명한 미래학자였다. 하지만 이들 대부분이 기술적 낙관론에 빠지거나, 복합한 현대사회의 시스템이 구현해내는 복잡계의 세계를 인지하지 못했다. 대표적인 미래학자 레이 커즈와일은 1999년에 10년 후 이루어질 기술적 진보 12가지를 발표했지만 그의 예측대로 실현된 것은 오직 한 가지뿐이었다.

2008년 글로벌 금융위기를 정확하게 예측하였다고 하여 유명세를 탔던 누리엘 루비니 뉴욕대 교수는 2020년에 코로나 19로 인해 세계경기는 큰 위기를 맞이할 것이라고 예측했다. 세계증시는 40%이상 폭락하고 "V자도, U자도, L자도 아닌 I자형으로 수직 낙하할 것이고, 주식시장은 붕괴되어 전 세계가 대공황의 늪에 빠질 것"이라고 전망했다. 하지만 2019년 12월말 2097 포인트로 마감했던 국내 코스피 지수는 2873.47포인트로 사상최고가로 마감했고, 미국 다우지수와 S&P 500지수도 30,606.48과 24.03포인트로 사상 최고치를 경신했다. 경제학자들은 위기를 예측하는 선견지명보다는 후견지명에 더 뛰어난 능력을 보였다.

2001년 9월 11일에 발생한 WTC 테러사건도 마찬가지였다. 2001년 7월 10일 CIA는 알카에다가 미국을 겨냥한 엄청난 공격을 계획 중일지도 모른다는 첩보를 입수했다. CIA 국장인 조지 테닛은 곤돌리자 라이스 국무부 장관에게 보고했지만 대통령까지는 보고하지는 않았다. 훗날 이 사실이 밝혀지자 워싱턴 포스트 편집국장은 그렇게 중대한 첩보는 조지부시 대통령에게 직접보고를 했어야 했다고 그를 맹비난했다. 하지만 7월 10일 그 당시에는 그 정보가 미국의 역사를 뒤바꿀만한 중대한 첩보라는 것을 알지고 못했고, 알 수도 없었다.

우리가 미래를 예측할 수 없는 이유는 현대사회가 이미 복잡계로 들어섰기 때문이다. 복잡계에서는 시스템을 구성하는 수많은 요소들 중에 어느 하나만이라도 비선형적인 변화를 일으키면 결과가 완전히 달라진다. 그럼에도 불구하고 우리가 이미 벌어진 일에 대해 이미 예견한 일이었다고 착각하는 이유는 인간의 사후확신편향 때문이다. 사후확신편향이란, 어떤 사건이나 일에 대하여 결과를 확인하고, 마치 사전에 결과를 예측할 수 있었던 것처럼 생각하는 심리이다.

미네르바의 부엉이

인간은 미래를 알고 싶어 한다. 호모사피엔스가 인간이 지구를 지배하는 유일한 종이 된 것은 미래를 생각하고 계획하는 능력 때문이다. 헤겔의 법철학에는 "미네르바의 부엉이는 황혼이 저물어야그 날개를 편다"는 구절이 있다. 로마의 미네르바는 그리스의 아테나 여신이다. 아테나는 지혜와 군사 전술을 관장하는 신으로 부엉이는 밤에도 깨어서 볼 수 있기 때문에 예로부터 아테나의 상징으로 여겨졌다. 미네르바의 부엉이가 황혼이 저물어야 날개를 편다는 의미는 앞날을 미리 예측하는 것이 아니라, 모든 사회적인 현상과 사건들은 그 사태의 끝 무렵이 되어서야 정확하게 그 실체를 알수 있게 된다는 뜻이다.

"내 그럴 줄 알았어! 내 그놈이 결국 사고 칠 줄 알았어!" 우리는 쉽게 이런 말들을 하지만 곰곰이 생각해 보면 당시에는 전혀 예측하지 못한 일이었다. 사람들은 당시에는 전혀 예측하지 못한 일을 결과를 보고 나서야 실은 자기가 진작 그런 결과를 확실히 예견하고 있었다고 이야기한다. 누구나 지나온 일, 지나온 사건에 대해서 명확히 인과관계를 밝히기 쉽다. 하지만 수많은 불확실한 정보를 가지고 의사결정을 했어야 하는 과거의 그 시점에서는 앞으로의 일들이 어떻게 흘러갈지 전혀 알 수 없기 때문에 매우 어려운 결정을 내렸어야만 했다. 이 어리석은 사후확신편향의 이유는 인간의 인지력의 한계 및 기억의 왜곡현상 때문이다.

인간의 인지능력과 기억용량은 유한하고 놀라울 정도로 한정적이다. 인간의 기억 또한 매우 가변적이다. 그래서 법정에서는 목격자의 진술의 신빙성에 대해서는 판결에 큰 비중을 두지 않는다. 인간의 기억은 정보취득, 정보저장, 정보인출단계를 거쳐 저장되고 인출되는데 이 모든 단계에서 왜곡이 발생한다. 정보취득단계에서는 노출시간과 빈도, 스트레스와 선택적 인지, 주의집중과 돌출적 요소 등에 의해 오류가 발생하며, 정보저장단계에서는 시간의 경과, 리허설의 정도 등에 따라 오류가 생긴다.

그리고 정보인출단계에서는 불쾌하고 고통스러운 기억의 의도적 억압, 저장된 정보에 대한 인출단서의 부족, 언어적 한계와 상황적 영향 등이 오류를 발생시킨다. 그 결과 과거에 접했던 사건들의 기억은 온전하지 않으며, 나중에 접수되는 새로운 정보들에 의해 사실과 다르게 왜곡되거나 변형되기 쉽다. 그럼에도 불구하고 우리는 그 과정에서 사후에 알게 된 정보를 기존에 가지고 있던 정보라고 확신하게 된다.

사후확신편향과 그 원인

그렇다면 사후확신편향은 왜 생기는 것일까? 사후확신 편향의 원인을 인간의 인지와 동기적 요인에 의해 설명할 수 있다. 인지적 요인은 사건의 결과에 대해 알게 될 경우 사건 발생 뒤에 얻어진 정보를 사건 발생 이전의 정보인 것처럼 착각하게 되고, 이러한 오정보로 인해 사실은 일어나지 않은 허위기억이 만들어지기 때문이다. 그 결과 우리의 뇌는 원래의 정보가 아닌 정보를 기억하게 되고, 잘못된 기억을 실제 기억으로 대체한다. 또 하나 동기적 요인은 착각적 통제감 때문이다. 통제감이란 자신이 하는 행동을 스스로 결정해서 원하는 사건과 환경을 만들어 낼 수 있다는 인식으로 주변에서 발생하는 모든 사건의 원인과 결과를 이해하고 설명할 수 있기 때문에 미래를 예측할 수 있다는 생각을 말한다. 운마저도 통제하고 싶은 인간의 바램이 이러한 착각적 통제감을 만들어내는 것이다.

사람의 뇌는 자전적 사건들의 기억인 일화기억이 회상될 때 해마hippocampus가 활성화된다. 이때 그 기억은 새 정보에 의해 변화될 수 있다. 하지만 회상을 한 사람은 회상된 기억이 변경된 것이 아니라 원래의 기억이라고 착각한다. 이 새로운 기억은 정확한 정보로부터 만들어진 것이므로, 회상하는 사람은 원래 없었던 기억이 아니라 원래부터 내가 인식하고 있었던 기억이라고 오인하는 것이다. 또 사람들은 일반적으로 부정적인 결과가 발생하면 그로 인해 비난을 모면하고 싶어한다. 따라서 그들은 그 사건에서 자신의 잘못을 인정하고 비난을 받아들이기보다는 예상할 수 없었던 상황에서 어쩔 수 없이 말려들어 간 사람으로 자신을 해석하거나, 그것을 막기 위해 어떤 일도 할 수 없었던 불가항력적인 상황이었다고 자신을 합리화 시킨다.

우리의 착각적 통제감과는 달리 우리의 삶에서 일어나는 사건들의 대부분은 예측하거나 통제하기 어렵다. 바꿀 수 없었던 일들임에도 불구하고 자신들이 바꿀 수 있었다고 생각하기 쉽다. 이러한 책임감에서 벗어나 마음의 안정을 찾고 불확실성을 개선하기 위해 사후확신편향이 강하게 일어난다. 그 결과 사고를 정확하게 인식하고 책임지려 하기보다는 사건의 결과를 어쩔 수 없는 운명 탓으로 돌리려 한다. 이러한 기억의 억제는 개인으로 하여금 실제 일어난 일을 회상하지 못하게 함으로써 자신의 실패를 받아들이지 못하게 하고, 결과적으로 미래에 또 똑같은 실수를 하지 않도록 막는 것을 배울 수 없게 한다. 또한 이러한 편향은 자신의 판단에 대해 과신을 하게하고 다른 선택들을 고려하지 못하게 한다. 사후확신편향이 강한 사람들은 사실은 자신이 틀렸음에도 불구하고 자신을 정확히 기억하는 사람으로 착각하게 된다.

사실 우리가 과거의 실수를 반복하게 되는 주원인도 사후확신편향 때문이다. 과정의 건전성이 아니라 결과의 좋고 나쁨에 따라 결정의 질을 평가하도록 유도하기 때문에 의사결정자들의 평가에 악영향을 미친다. 이런 사람들은 자신의 실수에서 결코 배울 수 있는 것이 없다. 과거의 사실을 재구성할 수 있는 능력이 없으면

우리는 과거 사건들 때문에 곤란을 겪었던 정도를 과소평가하게
된다.

사후확신편향의 문제

사후확신편향은 다음과 같은 문제점을 갖고 있다.

1. 자기 자신의 예지능력에 대해 비현실적이고 비상식적인 과신을 갖
   게 한다. 그로 인해 어떤 사건의 결과에 대해 과학적이고 합리적인
   원인과 과정을 탐구하지 못하게 하고, 정확한 원인파악이 불가능하
   므로 대책 또한 정확하지 못하게 한다.
2. 세상에서 벌어지는 일들에 대해 결과에만 치우친 사고를 반복함으
   로써 감정적이고 비합리적인 가치관을 갖게 된다. 그 결과 매사에
   냉소적이며 수동적인 태도에 익숙하게 한다.
3. 발생한 사건에 대해 결과 중심적이고 성과 비판적인 평가만을 강조
   하는 풍토를 조성하여 의사결정자들을 위축되게 만든다. 이러한 환
   경은 그들로 하여금 과정의 합리성보다는 사람들에게 좋게 보이는
   결과를 낼 수 있는 선택지만 추구하게 한다.
4. 사회적 사건들에 대해 예측 가능성을 과대평가하도록 유도하여 편
   견이나 선입관이 개입되지 않은 이성적인 원인파악 과정에 지장과
   방해를 초래한다.
5. 정확한 원인파악을 할 수 없어 의사결정자들의 평가와 결정에 악영

향을 미친다. 그 결과 과정의 건전성이 아니라 결과의 좋고 나쁨에 따라 결정의 질을 평가하도록 하게 한다.

6. 결정 당시에는 합리적이라고 오판하게 했던 원인들의 이유를 분석하고 개선하기 위한 시도를 불가능하게 만든다. 그 결과 보완책과 대책을 세울 수가 없게 된다.

7. 과거의 사실을 재구성할 수 있는 능력이 없으면 과거 사건들 때문에 놀랐던 정도를 과소평가하게 된다. 그 결과 같은 사고가 계속하여 반복된다.

인간은 모두들 다른 사람들이 자신을 훌륭한 예언가라고 믿게 만들고 싶어 하는 욕구가 있다. 그것이 우리는 오만하게 만들고 그릇된 판단을 내리도록 인도한다. 사람들은 제각각 자신만의 가설을 세우고 이미 일어난 결과에 그럴듯하게 끼워 맞춘 후, 순전히 개인적인 의견을 근거로 잘못된 결론을 내린다. 사후확신편향에 대항하는 것은 쉬운 일이 아니다. 내가 이미 사후확신편향에 대해 알고 있다하더라도 훈련과 연습을 하지 않는다면 종종 그 함정에 빠질 수밖에 없다.

사후확신편향의 문제에서 빠져나오기

우리가 사후확신편향의 늪에서 빠져나오기 위해서는 나 자신을 좀 더 객관적으로 잘 살필 줄 알아야 한다. 나의 기억을 왜곡시키는 오정보, 반 사실적인 결과들을 분명하게 파악할 줄 알아야 한다. 그래야 실제 결과에 덜 집착하고 사건 이전의 대안적인 판단의 흐름들을 더 정확히 볼 수 있는 시각을 가질 수 있다. 이를 위해서 우리는 자신을 객관화시키는 능력을 키워야 한다. 자신이 정녕 미래를 전망할 수 있는 탁월한 능력이 있다고 자청하는 사람들은 자신의 전망을 뒷받침할 자료와 뉴스기사를 첨부하여 예측일지를 써보고, 자신이 예측한 시점이 되면 그 일지를 실제 상황과 비교해보면서 자신의 오류를 파악해야 한다. 이러한 훈련을 반복하면 사후확신편향에 빠지지 않는 객관적인 평가자가 되어 미래를 예측하는 능력도 향상될 수 있다.

어떻게든 되겠지?
(낙관적편향)

낙관주의적 성향

우리는 살아가면서 좋은 일뿐만 아니라 뜻하지 않는 좋지 않은 일과도 마주하게 된다. 이것을 두고 "나는 왜 일이 이렇게 안 풀리지 왜 재수 없는 일들만 생기지, 내 인생은 왜 이렇게 꼬이기만 하지" 하며 한탄할 수도 있다. 하지만 행복은 불행한 외투를 거치고 우리의 삶에 걸어 들어오기도 한다. 우리가 행복해 질 수 있느냐 없느냐의 문제는 불행 속에서 행복의 그림자를 볼 수 있느냐 없느냐에 달려있기 때문에 사람은 항상 낙관적인 자세를 유지하는 것이 유리하다.

사람이 인생을 살아가면서 뜻하지 않은 비극적인 일은 항상 일어나지만 대부분의 사람들이 자신에게 불행한 일이 발생할 확률은 매우 낮고 안 좋은 일은 다른 사람에게만 일어날 것으로 생각한다. 현대인뿐만 아니라 오래전에 살았던 우리의 조상들도 이러한 편향적인 생각은 마찬가지였다. 일반적으로 대부분의 사람들은 자신의 미래가 밝다고 생각하는 경향이 강한데, 이는 여러 번의 실험을 통해 증명된 사실이다.

2011년에 런던 유니버시티 칼리지의 뇌신경학자인 탈리 샤롯 Tali sharot 은 한 가지 실험을 하였다. 그녀는 실험에 참가한 사람들에게 자신에게 암에 걸릴 확률을 물어보았다. 대부분의 사람들, 이른바 낙관주의자들은 평균보다 한참 낮게 예측을 하여 10%라고 하였다. 하지만 비관주의자들은 45%라고 답하였다. 그리고 나서 사람들이 암에 걸릴 평균 확률은 30%라고 정확한 수치를 알려주고 같은 질문을 반복했다. 그러자 반응은 뜻밖이었다. 낙관주의자들은 정확한 평균을 알고서도 자신의 예측을 바꾸지 않은 반면, 비관주의자들은 평균에 근접하는 수치로 마음을 바꾸었다. 이러한 현상이 발생하는 이유는 긍정적 환상 때문이다.

긍정적 환상이란 주변에서 일어나는 불행한 일들이 나에게는 일어나지 않을 것이라는 착각을 말한다. 이러한 낙관적 편향은 동양인보다 서양인에게 심하게 나타난다. 개인주의가 강한 서양인들은 집단의 평가는 중요하지 않고, 자기 자신에 대해 대체적으로 긍정적으로 평가하는 반면, 집단주의가 강한 동양인들은 자신에 대한 평가에 집단의 영향을 많이 받아 집단의 조화를 해치지 않고 싶고, 나 자신 또한 남보다 더 나을 것이 없다고 생각하기 때문이다.

인간의 낙관적 편향은 인간의 진화의 본성으로 우리의 뇌는 긍정적인 소식에 더 집착하도록 길들여져 있다. 인간의 뇌는 부정적인 결과를 염려할 때도 있지만 전체적으로 대부분의 것을 긍정적으로 생각하며 미래 또한 낙관적인 시각으로 바라본다. 따라서 우리가 자각하지 못하더라도 우리는 미래에 대해 낙관적 편향을 갖고 있고 이러한 긍정적인 생각이 나뿐만 아니라 사회에도 이익이 되기 때문에 사회적 영향도 크게 받는다.

예를 들어보자 낙관주의자들은 더 건강하여 더 오래 살고, 미래의 계획도 더 잘 세운다. 그들은 어려운 일을 만나도 자신을 탓하지 않고 금방 일어난다. 자신의 목표를 향해 더 노력하기 때문에 비관론자들보다 더 성공하며 행복한 삶을 산다. 사회도 마찬가지이다. 부정적인 사람보다 긍정적인 사람을 선호한다. 늘 조직에 대해 쓴 소리만 하고 부정적인 말만 하는 사람은 그 사람이 바른 말만 하더라도 그를 좀처럼 좋아하기는 힘들다. 성경에 나오는 선지자들이 배척을 받는 이유도 이와 같다. 그 결과 인간은 항상 긍정적인 사고와 생각만 갖도록 진화되어 왔다.

생존에 도움이 되는 불안

인간의 두려움을 담당하는 기관은 아미그달라Amygdala 로 불리는 뇌의 편도체이다. 아미그달라는 아몬드의 라틴어 이름으로 아몬드와 같이 생겼다고 하여 붙여진 이름이다. 아미그달라는 인간의 공포와 불안감을 담당하기 때문에 아미그달라가 없다면 인간은 항상 불안감 없는 행복한 삶을 살 수 있을 것이라고 생각하지만, 그 것은 인간의 생존확률을 급격히 떨어뜨리는 위험한 일이다. 미국 에 클뤼버 부시 증후군Kluver-Bucy syndrome, 뇌의 편도체 손상으로 공포와 억제 기능을 상실하여 위험한 행동을 하는 증상으로 성기능 장애와 식생활 장애를 동반한다 이 라는 병을 앓고 있는 여성이 있었다. 원인모를 이유로 편도체에 칼 슘이 침착되었고, 이로 인해 편도체의 기능이 상실되었다. 그녀는 어느 날 밤늦게 공원에서 산책을 하다가 강도를 만나 크게 다쳤다. 하지만 위험에 대한 학습이 되지 못해 다음날 에도 밤늦게 또 공원 에 나가는 일이 벌어졌다. 이처럼 편도체의 기능이 상실되면 인간 의 생존확률은 급격히 떨어질 수밖에 없다.

따라서 낙관과 불안이라는 감정은 항상 조화를 이루어야 한 다. 낙관주의가 무조건 우리에게 유리한 것은 아니며 지나친 낙관 주의는 오히려 해가 되고 우리를 더 큰 위험에 빠지게 만들 수도 있다. 엄밀히 말해 낙관주의는 어쩌면 인간의 인지적인 착각에 불 과할지도 모른다. 우리의 낙관적 믿음은 우리가 마주치는 현실에 대한 시각을 왜곡시킨다. 이런 편향을 유지하기 위해 뇌는 무의식 적인 망각까지도 설계한다.

위험불감증 사회

지나친 낙관주의는 이처럼 위험관리의 실패를 부르고 그가 속한 조직이나 사회를 큰 위험에 빠뜨린다. 특히 안전을 다루는 책임자나 관리자가 이러한 편향에 사로잡히게 되면 그가 속한 조직은 물론이고 사회 전체를 위태롭게 한다.

우리 사회 곳곳에는 아직도 위험에 대한 낙관주의적 편향이 강한 편이다. 오히려 최악의 상황을 가정하여 안전하게 일을 하려는 사람을 꽁생원, 쩨쩨한 놈, 쪼잔한 놈이라고 폄하하면서 부정적으로 평가한다. 반대로 무모하게 일을 진행하거나 법을 어기면서 성과를 빨리 내는 사람을 융통성이 있고 통이 큰 사람, 베짱이 두둑한 사람이라며 칭찬한다. 이러한 분위기 속에서 안전에 대한 원리원칙이 지켜질리 만무하다. 현대사회는 과거에 비해 자연재난은 물론이고 사회적 재난 등도 빈번하게 발생하고 있다. 수많은 안전사고나 화재사고의 대부분이 위험관리의 실패로 인해 발생한다. "설마 그러겠어?" 하는 안일한 인식은 많은 사람들을 고통 속으로 몰아넣는 경우가 허다하다.

19세기 덴마크의 철학자 쇠렌 키에르케고르Sooren Kierkegaard는 절망을 '죽음에 이르는 병'이라고 하면서 비관주의를 경계하였지만 적절한 비관주의는 인간을 생존케 한다. 낙관주의가 진정 힘을 발휘하려면 현실적이어야 한다. "어떻게든 되겠지", "죽기야 하겠어?" 하는 말들은 현실을 직시하지 못하고 근거 없는 희망만을 위험한 말들이다. 현실적 비관주의자는 항상 노심초사하면서 강박적으로 세세하게 일을 챙기는 사람이다. 부정적인 결과를 항상 예상하고 안 좋은 결과가 생기는 것을 막기 위해서 노력한다. 자신의 염려를 어떻게 생산적 동기로 바꾸느냐를 고민하며 불안을 성장촉진제로 여긴다.

잘 나가는 기업들의 CEO은 항상 위기를 강조한다. 그 이유는 직원들의 마음을 다잡아 긴장을 풀지 말고 일에 최선을 다하기 위함이다. 유능한 CEO는 항상 최악의 상황을 가정하지 결코 미래를 낙관적으로만 보지 않는다. 비현실적인 낙관주의의 폐해가 크기 때문이다. 진정한 낙관주의자가 되려면 이미 벌어진 일에 대해서는 긍정적으로 생각하여 스트레스를 최소화하며, 장차 벌어질 일에 대해서는 섣부른 예측보다는 발생할 수 있는 모든 경우의 수를 상정하여 대비할 줄 알아야 한다.

설마 그렇게 되겠어?
(확증편향)

카산드라의 예언

그리스 신화에 나오는 프리아모스에게는 19명의 자식이 있었는데 첫째 아들이 헥토르, 둘째가 파리스, 그리고 예언자 헬레노스와 카산드라 등이다. 파리스의 동생 카산드라는 시대와 불화한 예언가였다. 카산드라는 어렸을 때 그녀의 쌍둥이 오빠인 헬레노스와 함께 아폴론의 신전에서 놀다가 잠이 들었다. 다음날 그들을 찾으러 온 왕과 왕비는 뱀이 아이들의 몸을 휘감은 채로 혀로 핥고 있는 있는 모습을 보게 된다. 이 사건 이후 카산드라와 헬레노스는 미래를 보는 능력을 갖게 된다.

이후 카산드라는 다시 아폴론 신전을 방문하게 되었다. 이때 카산드라를 본 아폴론은 그녀의 미모에 반해 구애를 하게 되나 카산드라는 신들은 너무나 변덕이 심하여 지금은 나를 사랑하는 것 같아도 신들은 이내 곧 다른 여자에게 마음을 주어버리기 때문에 믿을 수 없다고 하여 그 구애를 거절한다. 그러자 아폴론은 "너는 나의 신전에서 예언의 능력을 얻었음에도 불구하고 나를 받아주지 않으니 앞으로 네 예언은 맞을 것이나, 사람들이 너의 말은 믿어주지는 않을 것이다"라며 저주를 내린다.

트로이 전쟁은 10년 동안 계속되었지만 승부가 나지 않았다. 이때 오딧세우스는 한 가지 계책을 내어 목마를 만들고 병사를 숨기게 된다. 그리스군이 거대한 목마를 두고 철수하자 트로이인들은 그 목마를 성 안에 들어놓으려 하였다. 카산드라는 목마를 성안으로 들여다 놓으면 트로이는 멸망할 것이라고 예언하나 그러나 역시 아무도 믿지 않았다. 그리스군이 심어놓고 간 스파이 하나가 이 목마는 아테네 여신에게 바치는 재물이라고 말했고, 그 지긋지긋한 전쟁에서 이제는 해방되었다는 마음에 부정적인 정보를 받아들이지 않았다. 전쟁이 끝나는 상징으로 그리스군은 자신에게 준 선물이라고 생각했다. 결국 트로이는 카산드라의 충고에도 불구하고 이 목마로 인해 멸망하고 만다.

우리는 무언가를 사실이라고 믿고 싶을 때 이 믿음을 뒷받침하는 정보만을 찾으려하고 그 정보만을 받아들이며, 이에 반하는 정보들은 경시하거나 철저히 무시하는 성향이 있다. 이를 확증편향이라 한다. 이 확증편향은 의사결정 시에만 일어나는 것이 아니라 정보를 수집하는 단계에서부터 발생한다. 인간이 확증편향에 빠지면 비슷한 내용의 정보를 반복해서 받아들이나, 부정적인 정보들은 무시함으로서, 기존의 생각을 계속해서 강화하고 자기의 생각을 합리화한다. 이와 같이 부정적인 정보는 피하고 자신이 원하는 정보만 수용하는 현상을 '카산드라 콤플렉스Cassandra Complex'라고 한다. 인류의 역사를 되돌아보면 중대한 의사결정을 해야 하는 리더에 위치에 있는 사람이 카산드라 콤플렉스에 빠져 큰 실수를 하는 장면들이 많이 목격되곤 한다.

설마가 사람 잡는다

스탈린의 오판

제2차 세계 대전이 시작될 당시 스탈린은 히틀러와 상호 불가침 조약을 맺고 나치독일에게 전쟁 물자를 제공하는 유화정책을 펼치고 있었다. 그러나 히틀러는 스탈린의 생각과는 상관없이 소련을 공격할 계획을 세우고 있었고 모스크바로 계속하여 스파이를 보내고 있었다. 당시 영국 수상이었던 처칠은 영국의 첩보기관인 MI6을 통해 이 사실을 알고 있었고 1941년 6월 11일에 독일 소련을 공격할 것이라는 결정적인 정보까지 주었다. 하지만 스탈린은 이러한 첩보를 받고도 동맹국인 독일이 소련을 침공할 것이라고는 전혀 생각지 않았고 아무런 조치도 취하지 않았다. 그로부터 2주 후 독일은 소련을 공격한다. 하지만 독일이 소련을 침공할 당시조차도 스탈린은 병사들에게 동맹국인 독일과 교전하지 말 것을 지시한다. 스탈린의 이러한 오판의 결과로 인해 소련의 사망자는

2,900만 명에 이르렀다. 2차대전으로 죽은 전 세계의 사람 4,720만 명이었으니 이중 절반이 넘는 사람이 소련사람들이었다.

진주만 공습

이러한 오판은 소련뿐만 아니라 미국에서도 발생했다. 1941년 12월 7일 진주만 공습 당시 하와이 인구의 30%는 일본인이었다. 그들의 스파이 활동은 공공연한 것이어서 하와이에 거주하는 일본인 전체가 스파이였고, 이들은 모든 군사정보를 빼돌려 일본으로 보내고 있었다. 하지만 미국정부는 일본이 미국을 침공할 것이라고 전혀 생각하지 않았다. 일본의 공격대상은 태국과 필리핀이라고 생각했다. 11월에 접어들면서 일본은 분주하게 움직이기 시작했다. 일본의 주력이 인도네시아 방면으로 집결하자 미군은 그들의 예상대로 일본이 남방으로 움직이고 있다면서 자신의 예측대로 움직인다고 만족해 했다. 하지만 일본이 진주만에 침공할지도 모른다는 정보는 이후에도 계속하여 들어왔다. 결정적으로 일본 해군이 전통적으로 6개월마다 바꾸던 함대 호출 부호를 12월 1일에는 1개월만에 바꾸었고, 일본 해군의 1,2항공전대의 행방이 묘연하다는 정보가 들어왔지만 여전히 미국정부는 별다른 조치를 취하지는 않았다. 결정적으로 진주만 공격이 이루어지기 3일전 미 해군 정보실로부터 일본이 진주만을 공격한다는 긴급첩보가 워싱턴에 날아들었다. 그러나 미국정부는 여전히 일본의 공격대상은 태국과 필리핀이라고 생각하고 있었다.

성수대교와 삼풍백화점 붕괴

군부독재가 끝나고 문민정부가 시작된 1990년 초에 발생했던 성수대교와 삼풍백화점 붕괴사고 때에도 사전에 전조현상이 있었다. 성수대교 사고발생 9일 전에 국정감사에서는 성수대교의 안전성 문제가 거론되고 있었다. 이원종 당시 서울시장은 다리의 안전에는 전혀 문제가 없다고 답변하였다. 1994년 10월 21일 오전 12시에 성수대교를 지나가던 한 운전자는 성수대교 상판 이음새가 크게 벌어져 있는 것을 목격하고 서울시에 신고하였다. 이때 즉시 차량의 교량진입을 통제하고 긴급보수 등의 조치를 취했어야 했지만 서울시는 이를 무시했다.

1995년 6월 29일 삼풍백화점 붕괴 당시에도 건물 붕괴에 대한 여러 징후가 있었다. 1995년 4월부터 건물 5층 남쪽 천장에 균열이 발견되었고 균열은 점점 증가하고 있었지만 별다른 조치를 취하지는 않았다. 사고전일 6월 28일에는 백화점 옥상에서 슬라브와 기둥이 떨어져나가는 펀칭현상이 발생하면서 기둥이 지붕을 뚫고 올라왔다. 삼풍백화점의 이 준 회장은 구조기술자 2명을 불렀다. 한 명은 건물이 붕괴직전에 있으니 영업을 중지하고 사람들을 즉시 대피시키는 긴급조치가 필요하다고 하였다.

그러나 다른 한 명은 긴박한 위험은 아니니 영업을 계속하면서 보수하면 된다고 하였다. 막대한 영업 손실을 우려한 이 준 회장은 부정적인 정보를 걸러내고 긍정적인 정보만 받아드렸다. 6월 29일 오후 5시, 천장이 가라앉기 시작했지만 관리자들은 별다른 조치를 취하지 않아 백화점은 고객들로 시끌벅적했다. 오후 5시

40분 건물이 붕괴되는 소리가 들리기 시작하자 비로소 건물관계자들은 백화점 고객들에게 대피방송도 하지 않고 도주했다. 오후 5시 57분 20초 건물이 붕괴를 시작한 후 20초만에 지하 4층까지 붕괴했다.

1994년과 1995년 서울시와 건물관계자는 다리와 건물에 대해 여러 가지 붕괴의 징후가 있었지만 책임자들은 자신이 듣고 싶은 정보만을 듣고 부정적인 정보에는 귀를 기울이지 않았다. 전형적인 카산드라 콤플렉스에 빠진 결과였다. 사고는 예상치 못하게 발생하지만 발생 전에 여러 가지 정보를 제공한다. 이를 전조현상이라 한다. 문제는 이러한 부정적인 정보들에 대해 얼마나 신속하게 대처하느냐이다. 한 조직을 이끌고 있는 조직의 리더는 자신도 확증편향에 빠질 수 있다는 사실을 인정해야 카산드라 콤플렉스에 빠지지 않을 수 있다. 사람들은 누구나 자신이 듣고 싶은 말들만 믿으려 하는 성향이 있다.

1865년 미국의 16대 대통령이 된 링컨은 자신의 정적들을 내각의 주요 인사로 채웠다. 이를 두고 주변에서 왜 당신을 미워하고 비난 했던 사람들을 요직에 앉히냐고 물었다. 링컨의 대답은 "그들이 내 주변에 있어야 내가 편향된 시각을 갖지 않을 수 있으며, 끊임없이 나를 분발시켜 앞으로 나아갈 수 있다"고 답했다. 한 조직의 리더는 자신의 권한을 행사하는 것에만 몰두하지 말고 자신이 맡고 있는 책임과 역할을 완수하기 위해 노력해야만 한다. 인간은 누구나 실수할 수 있다. 하지만 한 조직의 리더가 실수를 한다면 그 개인뿐만 아니라 조직 전체를 위험에 빠뜨리게 된다. 그래서 리더는 균형 잡힌 시각을 가져야 한다. 하지만 리더가 자신이 원하는 정보만 가려듣는 카산드라 콤플렉스에 빠져 있다면 자신을 비롯하여 조직전체를 위험에 처하게 만드는 결과를 초래하게 된다.

모든 문제는 사람에게 있다?
(귀인편향)

일본 후쿠치야마 열차사고

한국에서 대구지하철 참사가 일어나고 2년 뒤인 2005년 4월 25일 오전 9시 19분, 일본에서 승객 700여명을 태운 JR 서일본의 후쿠치야마선 급행열차가 탈선하여 107명이 사망하는 대형 사고가 발생했다. 이 탈선사고로 전체 7량 전동차 중 4량이 레일을 이탈하였고 기관사가 탄 선두차량은 인근 건물 1층 필로티 안으로 들어가서 주차된 차들과 함께 뭉개졌고 2호 차량은 건물아파트 모퉁이에 부딪혀 심하게 부서졌다. 3, 4호 차량들은 1, 2호 차량에 비해 피해가 덜했다. 총 99명의 사망자가 1, 2호 차량에서 나왔다. 1년 뒤 열차사고 추모행사에서는 기관사를 제외한 106명만이 명단에 올랐다. 기관사의 과실로 사고가 발생하였다하여 그는 제외된 것이다.

사고의 직접적인 원인은 과속이었다. 제한속도가 시속 70km인 곡선구간에서 116km로 내달렸기 때문이다. 게다가 기관사는 곡선구간에 과속으로 진입하면서 비상 브레이크도 사용하지 않았다. 열차의 속도를 파악하여 제한속도 이상이면 자동으로 감속시키는 자동열차정지장치ATS-P, Automatic Train Stop with Patterns는 설치되어 있지 않았다. 이미 사망한 23세였던 기관사의 법의학 검사 결과 그는 음주 및 약물 중독 등 신체적으로 어떠한 의학적 특이사항도 보이지 않았고 정신적으로도 정상이었다. 그렇다면 그는 위험구간에서 왜 규정속도보다 46km나 초과해서 과속운전을 했던 것일까?

사고를 일으킨 기관사는 고등학교를 졸업한 후 JR 서일본에 입사하고 시험에 합격하여 2004년 기관사가 되었다. 사고 당일 그는 아침 출발역에서 이미 15초 늦게 후쿠시야마선 통근열차의 운행을 시작했다. 사고발생 직전역인 아타미역에 진입했을때에는 무려 정시보다 34초가 늦은 상태였다. 전동차는 정차해야할 이타미역을 그대로 통과하여 72m나 오버런Over run 한 후 자동정지시스템ATS 의 작동으로 간신히 멈췄다. 기관사는 후진을 하여 3m더 뒤로 갔다가 다시 앞으로 주행하고 나서야 열차를 정지시킬 수 있었다. 이렇게 하여 열차는 이미 1분 20초가 지연되고 있었고 이러한 갑작스러운 상황에 기관사는 몹시 초조해 했다.

기관사는 늦여진 시간을 만회하기 위해 직선구간에서 시속 125km까지 속력을 높였다. 츠카구치역을 출발하여 다음역인 아마가사키역을 1.4km 남긴 곡선구간에 진입하면서 기관사를 브레이크를 걸었지만 열차가 시속 116km까지 떨어졌을 무렵, 열차는 레

일을 이탈하여 튕겨져 나갔다. 사고의 직접적인 원인은 1분 20초라는 짧은 지연시간을 만회하기 위한 운전의 결과였다.

일반인이 생각하기에 1분 20초는 크지 않은 시간이었지만 JR서일본에서는 매 열차가 초단위로 운행하고 있었다. 당시 JR서일본의 열차 운행의 정시도는 매우 정확하여 찬사를 받았고 있었는데 JR서일본은 열차운행시간을 초단위로 점검하며 기관사들을 압박했다. 당시 사측이 정해놓은 이타미역의 정치시간은 15초였다. 기관사가 정확한 운행시간을 지키지 못했을 경우 강력한 징계가 뒤따랐다. 징계는 해고, 면직, 인사고과 감점, 성과금감액, 교육훈련 등으로 이루어졌는데 교육훈련은 말이 좋아 교육훈련이지 일종의 벌에 가까웠다.

기관사는 한 달에 10만 엔 정도의 운행수당을 받는데 운행 지연과 오버런의 경우 5만 엔의 감액이 이루어졌다. 사고 기관사는 2004년 이미 오버런으로 인해 5만 엔의 성과급 수당이 감액된 바 있었고 당시 13일 간 교육을 받으며, 승무정지 처분도 받았다. 2001년 8월에는 전동차 전원문제 때문에 1분 지연운전을 했다는 사유로, 5일 간 일근교육을 받은 기관사가 자택에서 자살하는 일까지 발생했다.

당시 일근교육을 같이 받았던 동료에 따르면, 사고를 일으킨 신참 기관사는 일근교육 후 심각한 우울증에 시달렸다고 한다. 이 신참기관사의 꿈은 신칸센 기관사가 되는 것이었지만 그동안 누적되어온 벌점에 사고 당일 벌어진 감점사항들 합쳐지면서 그의 꿈은 멀어져갔다. 사고 직전 속도를 신속하게 줄여야 하는 상황에서 비상브레이크를 사용하지 않고 일반 브레이크를 사용했던 이유도 계속되는 벌점에 대한 부담감 때문이었다. 이 사고는 한 개인의 문제라기 보다는 조직 전체의 문제였다. 개인의 잘못도 한 몫을 했지만 그 기관사로 하여금 그러한 상황으로 내몬 것은 조직의 시스템이었다.

귀인오류(attribution error)

귀인attribution 이란 어떤 사건의 원인을 찾는 과정을 말한다. 이때 그 원인의 귀속방향이 어디로 향하느냐에 따라 내적귀인, 외적귀인으로 나뉜다. 귀인에서 다른 이들의 행동을 평가할 때 상황적 귀인보다는 기질적 귀인에서 그 원인을 찾아, 상황요인들의 영향을 과소평가하고 행위자의 내적·기질적인 요인들의 영향을 과대평가하는 심리적 경향을 귀인오류attribution error 라고 한다. 귀인오류 중에서 가장 먼저 확인된 것이 근본적 귀인오류fundamental attribution error 이다.

우리는 남의 부정적인 행동의 원인을 찾을 때, 그 사람이 처한 상황적인 조건의 힘은 과소평가하고 그 사람 자체의 속성 즉 성향이나 성격 같은 부분의 힘을 과대평가한다. 반면에 자기 자신의 행동을 설명할 때는 이와는 정반대로 상황적인 조건의 힘을 과대평가하고 자기 자신의 능력이나 성향 같은 요소는 과소평가한다.

오스트리아의 심리학자인 프리츠 하이더Fritz Heider 는 1958년 그의 책《대인관계의 심리학》에서 근본적 귀인오류를 처음으로 소개했다. 우리는 남이 부정적인 행동을 했을 때 그가 나쁜 놈이라고 판단하지, 그 사람이 어쩔 수 없는 이유로 그런 잘못을 저질렀을 거라고는 생각하지 않는다. 반대로 어떤 행위에 대해 좋은 결과가 나타날 때 그 사람의 능력을 인정하기 보다는 그 사람의 배경이나 환경의 영향이라고 평가절하한다. 집단의 압력, 규범의 문제, 개인적 사정 등 한 사건의 원인을 파악할 때 여러 가지 다각적인 측면에서 조사를 해야 함에도 불구하고 개인적 요인으로 돌리는 이유는 인간의 근본적 귀인오류fundamental attribution error 때문이다.

　그렇다면 인간은 왜 이러한 귀인오류에에 빠지는 것일까. 첫째, 인간의 행위자·관찰자 편향Actor-Observer Bias을 생각해 볼수 있다. 내 행동을 설명할 때는 그 원인을 주로 외적, 즉 상황적 요인으로 해석하지만, 반대로 내가 관찰자가 되어 다른 사람의 행동을 말할 때는 그 원인을 행위자의 내적, 즉 기질적 요인으로 설명한다. 특히 서양인은 동양인보다 이러한 편향이 더 심하다. 만약 친구와 같이 길을 가다가 친구가 넘어졌을 때, 보통 우리는 바닥이 매우 미끄럽구나, 어디 다치지는 않았니? 하고 물어보지만, 서양인들은 Are you OK? 하고 말한다. 이 말의 뜻은 너 술먹었니? 너 어디 아프니? 너 약했니? 라고 하는 의미에 더 가깝다. 사실 이와 같은 행위자·관찰자 편향은 가볍게 넘길 사안이 아니다. 결과에 대해 엉뚱한 곳에서 원인을 찾을 수 있기 때문이다.

　둘째는 인간이 진화해온 방식에서 그 원인을 찾을 수 있다. 어떠한 사고의 원인에 대하여 행위자를 비난하지 아니하면, 사고에 대한 책임소재가 불분명해지게 되고 비난의 대상이 없어지게 된다. 이렇게 되면 앞으로 그와 같은 사건이 또 발생했을 경우 책임질 사람이 없다. 그래서 인류는 항상 대형 사고가 발생하면 그 일에 대해 책임을 질 희생양을 찾아왔다. 하지만 이러한 행위가 앞으로 발생할 사고에 대한 예방효과가 있으냐에 대해선 의문이 남는다. 대부분의 경우 이것은 별 효과를 발휘하지 못한다. 애초부터 그 사고에 대한 근본적 원인이 개인이 아니라 다른 곳에 있었기 때문이다. 사고의 원인을 찾아가는 방향이 진실을 발견하는 쪽이 아니라 정 반대방향으로 가기도 한다는 것이다.

셋째는 우리 눈에 그렇게 보이기 때문이다. 인간의 뇌는 우리 몸에 2%에 불과하지만 에너지는 20%를 사용한다. 생각하는데 매우 에너지 소모가 많다는 뜻이다. 따라서 우리의 뇌는 미래에 발생할지 모르는 비상상황에 대응하여 에너지를 비축해 놓으려고 한다. 그래서 인간은 생각하는데 에너지를 덜 사용하기 위해 고정관념stereotype, 편견prejudice, 휴리스틱heuristic등과 같은 도구에 의지한다. 즉 당장 눈앞에 현저하게 나타난 개인적 요인에 의존하고, 에너지를 많이 사용하여 밝힐 필요성이 있는 상황적인 요인들에게는 분석을 하지 않는다.

넷째는 착각적 통제감 때문이다. 인간은 나 자신을 남들보다, 실제보다 더 나은 존재로 여기려는 성향이 있다. 그러한 의미에서 모든 인간들은 대부분이 착각 속에서 산다. 나는 다른 사람들보다 능력 있고, 지능지수가 높아 더 옳은 판단을 할 수 있다고 착각한다. 이것이 착각적 통제감이다. 인간이 이러한 착각적 통제감에 빠지는 이유는 그러한 착각을 만들어내지 않으면 불확실하고 모호한 세상 속에서 불안해서 살 수가 없기 때문이다. 게다가 사회는 이렇게 자기 주장이 확실하고 주관이 뚜렷한 사람을 높이 평가하고 선호하는 경향이 있다. 인간의 착각적 통제감은 운마저도 내가 조절할 수 있다는 인식을 만든다. 주사위나 윷을 던질때 낮은 숫자가 나오기를 원한다면 대부분의 사람들은 살살 던진다. 살살 던진다고 낮은 숫자가 나오리라는 법은 없지만 말이다.

근본적 귀인오류에서 벗어나는 방법

그렇다면 우리가 근본적 귀인오류에 빠지지 않기 위해서는 무엇을 해야 하는가. 첫째는 생각을 깊게 해야 한다. 어떠한 일에 대하여 사람을 탓하는 것은 자신의 에너지를 가장 적게 쓰는 방법이기 때문에 유한한 에너지를 가지고 있는 인간의 입장에서는 당연한 결과이다. 사고들은 언제나 여러 가지 원인들이 서로 복잡하게 얽혀 발생하는 경우가 대부분이다. 한 가지 원인만이 작용하여 바로 선형적인 결과에 도달하지는 않는다. 특히나 현대사회와 같이 다양하게 분화되어 있고, 서로 긴밀하게 연결되어 있으며, 복잡하게 얽혀 있는 복잡계 사회에서는 더욱 그러하다. 그렇기 때문에 생각을 단순화하여 빠른 시간 내에 간단한 답을 찾으려고만 해서는 안된다.

둘째는 이분법적 사고에서 벗어나야 한다. 모든 사회에는 양극화 현상이 존재한다. 이 양극화는 가진 자와 그렇지 못한 자 등과 같이 경제적인 측면에서만 벌어지는 현상은 아니다. 여성과 남성, 진보와 보수, 젊은 세대와 기성세대 등 서로의 역할과 가치관이 다른 여러 분야에서 양극화가 진행되고 있다. 근본적 귀인오류는 이러한 이분법적 사고관을 먹고 성장한다. 이분법적인 사고는 다른 사고의 원인의 존재가능성을 무시하기 때문에 이를 경계해야 한다.

셋째는 절대적 자유의지free will에서 벗어나야 한다. 인간이 자유의지를 가지고 있다는 것은 어찌 보면 환상일지 모른다. 사람들의 행위는 항상 주변의 여러 가지 환경으로부터 영향과 제약을 받고 있다. 만약에 오늘 점심은 짬뽕이 먹고 싶어 중국집에 가서 짬뽕을 시켜 먹었다고 치자. 이는 전적인 나의 자유의지로 인한 것일까? 아침 출근길에 우연히 TV화면에서 짬뽕을 봤을 수도 있고, 어제 마신 술 탓에 얼큰한 짬뽕국물이 끌렸을 수도 있다. 짬뽕을 선택한 것은 나의 자유의지라고 하지만 사실은 상황이 만들어낸 결과물이다. 인간은 상황과 환경의 동물이다. 환경이 우리의 사고에 미치는 영향력은 매우 크다.

귀인편향attribution bias은 인류가 사회를 만들면서 시작되었을 만큼 역사가 깊다. 귀인편향은 특이하거나, 실패와 같이 부정적인 사건일수록 더욱 심해진다. 사회적 집단을 만든 사람들은 집단 속에서 생존하기 위해 다른 사람들과 의견을 조율하고 마음을 맞추는 과정이 필요하다. 그렇지 않으면 사회공동체를 유지하기가 힘들어진다. 그래서 조직은 개인에게 그것을 요구하고 사회에 속한 개인은 생존을 위해서 그 요구에 부합하는 행동을 한다. 그 결과 인간은 살아가는 동안 대부분의 시간을 사람들에 대해 생각하는 데 쏟아붓고, 아주 적은 부분만을 외적인 요인이나, 환경적인 요인에 대해 생각한다. 이러한 귀인편향으로 인해 어떠한 사건이 발생했을 때 우리는 사건을 객관적인 시각으로 보지 못하고 종종 특정 사람의 탓으로만 돌리는 오류를 범한다.

사람들이 상황적 요인을 무시하고 그 사람의 기질적 요인을 탓하는 원인은 우선 행동의 상황적 요인이 보이지 않기 때문이다. 그리고 상황이 무시할 수 없을 정도로 너무나 명백하다고 할지라도 그 상황에 대한 정보를 얻기 어렵기 때문이다. 귀인오류에 빠지지 않기 위해서는, 사람들의 행위는 항상 그를 둘러싼 주변의 환경으로부터 영향과 제약을 받고 있다는 사실을 인식해야 한다. 사람의 실수로 인한 대형재난사고가 발생할 때마다 매스컴에서는 흔히 안전불감증으로 인해 사고가 발생했다고 이야기한다.

하지만 안전불감증이라는 말은 참으로 무서운 말이다. 사고의 진짜 원인을 사고를 낳은 사회의 문제점으로 생각하기보다는 단순히 사람의 부주의 때문에 사고가 일어났다고 말하며 그를 희생양으로 삼기 때문이다. 사고는 한 사람의 개인적인 행위만으로는 발생하지 않는다. 거기에는 분명 상황적 요인이 존재하며 때로는 그 상황적 요인을 개인이 거부할 수 없는 경우도 많다. 개인에게만 주의하라고 강조한다고 해서 사고를 막을 수는 없다.

사고가 발생한 후 재발방지대책을 세움에도 불구하고 실패하는 이유는 사고를 유발한 상황적 맥락을 밝혀내지 못하기 때문이다. 사업장에서 발생하는 휴먼에러로 인한 산재사고는 대부분이 환경적인 원인일 가능성이 높다. 하지만 사람들은 휴먼에러를 일으키는 근본적인 원인은 생각하지 않고 휴먼에러 그 자체를 원인으로 받아들인다. 귀인오류에서 벗어나기 위해서는 사람들의 행위가 환경으로부터 막대한 영향력과 제약을 받고 있다는 사실을 인식해야만 한다

일본의 후쿠치야마선 열차 탈선사고와 같이 귀인오류만을 가지고 기관사의 과실로 사고가 발생하였다고 결론을 짓고 그 대책을 세운다면 앞으로도 이와 같은 사고는 계속하여 반복적으로 발생할 수밖에 없다. 사고로부터 무엇인가를 배운다는 것은 생각보다 어려운 일이다. 그렇기 때문에 불완전한 정보만을 가지고 무엇인가를 판단하는 상황에 직면할 때 우리는 신중해야 한다.

지금 뭔가를 해야만 해!
(행동편향)

불안하면 움직이는 사람들

막내 아이가 유치원에 다닐 때인데, 그만 아이를 잃어버린 적이 있었다. 아내와 같이 인근 산에 놀러갔다가 집으로 돌아오는 도중에 그만 한눈을 팔아 아이가 없어졌다. 아내와 나는 걱정에 휩싸여 동네 골목길 곳곳을 다 뒤졌고 파출소에 가서 실종신고까지 했다. 그렇게 탈진한 상태로 집에 돌아와 보니 아이는 아무렇지 않은 듯 집에 와 있었다. 만약 그 상태에서 집으로 돌아와 조금 여유 있게 기다렸더라면 그러한 불편은 겪지 않았을 것이다.

하지만 대부분의 사람들에게 문제가 생겼을 때 마음을 가라앉히고 잠자코 있기란 쉬운 일이 아니다. 이러한 인간의 성향을 행동편향이라 한다. 행동편향이란 어떤 상황이 낯설거나 불분명할 때

똑같은 결과나 더 나쁜 결과가 나오더라도 가만있는 것보다는 행동하는 게 낫다는 믿음이다. 인간은 생존본능에 의해 아무것도 하지 않고 있다가 불운을 겪는것 보다 아무 소용없지만 무엇인가라도 해보는 것이 훨씬 낫다고 생각한다.

남자들은 하지 않은 일에 후회하는 반면, 여자들은 한일에 대하여 후회를 한다는 말이 있다. 남자의 후회는 여자에 비해 훨씬 오래가며, 지속적으로 스스로를 괴롭힌다. 대부분의 남자들은 여자들에 비해 행동편향적인 성향이 강하다. 진화생물학자들에 의하면 남자가 여자보다 행동편향이 강한 이유는 인간의 진화의 결과이다.

아주 오래 전 인류가 수렵생활을 하던 시기에는 생각하는 것보다 행동하는 것이 훨씬 더 많은 보상을 받았다. 오랫동안 굶주린 상태에서 먹잇감이 되는 어떤 동물이 나타나면 무조건 행동부터 해야 굶주림에서 벗어날 수 있다. 반대로 맹수가 나타나면 가만히 앉아서 저 동물이 무엇일까 생각하다보면 맹수의 밥이 되기 십상이다. 그래서 남자들은 신속하게 반응하는 것이 여러모로 유리한 점이 많았다. 오늘날 현대는 과거와는 달리 매우 진화된 문명 속에서 살고 있지만 이러한 인간의 습성은 쉽게 바뀌지 않는 것 같다.

현대사회에서는 오히려 인간의 행동편향이 심각한 부작용을 초래하는 경우가 많다. 어떤 일이 발생하면 행동부터 하기 전에 생각을 먼저 해야 함에도 불구하고 행동부터 앞선다. 때로는 기다림이라는 현명한 선택이 필요함에도 우리사회는 행동편향에 길들여져 있기 때문에, 행동하지 않고 기다린다는 것은 사회를 위해 아무런 행동도 하지 않고 있다는 비난에 휩싸이기 쉽다. 반면에 결단력 있게 신속하게 행동해 상황이 나아지면 그 행동 때문에 상황이 나아진 것이 아니라도 주변 사람들에게 칭찬을 듣거나 존경을 받는다. 사회는 의미 있게 기다리기보다는 생각 없더라도 행동하는 쪽을 더 선호하기 때문이다.

그러나 자기도취에서 깨어난다면 실제 상황은 종종 더 나빠지는 경우가 많다. 파스칼은 "인간의 모든 불행은 그들이 방 안에 조용히 머물러 있지 못하는 데 있다."고 했다. 사실 우리는 전혀 그럴필요가 없음에도 불구하고 지금도 너무 빨리, 그리고 너무 자주 행동하는 경향이 있다. 특히 앞으로의 상황이 불분명할때 그러한 경향이 높다. 현대사회처럼 복잡한 세상에서 지혜로운 방법은 상황이 분명하지 않으면 오히려 행동을 자제하는 것이 현명한 방법이다.

나서야 할 때 움직이지 않는 사람들

기다려야 할 때 기다리지 못하는 것이 행동편향이라면, 나서야 할 때 나서지 못하는 것을 부작위편향이라 한다. 행동하는 것이 도움이 된다고 판단할 때는 행동편향이 앞서야 하고 잠자코 있는 것이 이득이라고 판단되면 부작위 편향이 앞서야 한다. 하지만 사람들은 이를 거꾸로 하는 경향이 있다. 또 사람은 이기심에 의해 어떤 일을 하면 개인적 피해가 크고, 하지 않으면 사회적 피해가 크다면 대부분의 사람들은 행동편향보다는 부작위편향을 선호한다.

2차 세계대전 때 프랑스를 점령한 나치는 레지스탕스를 체포하여 사형에 처할 준비를 하고 있었다. 그때 같이 잡혀온 한 사람이 "나는 억울하다 나는 레지스탕스가 아니며 아무 짓도 하지 않았다. 그런데 내가 왜 여기에 잡혀 와서 총살을 당해야 한다는 말인가"하고 소리쳤다. 그러자 옆에 있던 한 사람이 "수년 째 온 국민이 고통 속에서 신음하고 있고, 조국이 풍전등화에 처했는데 마땅히 해야 할 행동을 하지 않은 것만으로도 당신은 죽어 마땅하다"라고 그에게 말했다. 이 사형수는 행동편향보다 부작위편향을 택한 사람이었다.

이와 같이 사회적 관점에서 사회를 구성하는 구성원의 행동하지 않은 책임이 막중하지만, 개인적 관점에서는 섣부른 행동에 책임을 져야 하는 상황이 발생하기 때문에 대부분의 사람들은 행동하기를 꺼려한다. 행동하지 않았을 때 돌아오는 손해보다 행동을 했을 때 돌아오는 손해에 더 민감하여 행동을 피하고자 하는 심리가 강하기 때문이다.

독일의 사회학자 볼프강 조프스키는 다음과 같이 말한다. "행동하지 않는 것은 예로부터 불운과 책임을 회피하기 위한 가장 안전한 수단이었다. 행동하는 것은 책임을 떠안게 되어 부당한 곤경으로 이어질 수 있기 때문에 무관심이 현명한 처신으로 간주되었다." 하지만 이러한 사회는 아무런 진보가 없다. 예를 들어보자. 당신은 죽을병에 걸린 환자를 위해 어떤 약을 쓰도록 허용할지 결정해야 하는 식품의약품안전처의 고위 간부이다. 하지만 그 약은 강한 부작용을 갖고 있다. 그 약을 복용하면 10명 중 2명이 죽는다. 당신은 어떤 결정을 내리겠는가? 만약 당신이 보통의 다른 사람들과 같다면 그 약의 사용을 금지할 것이다. 그 약을 허용하여 8명을 살렸다는 칭찬보다는 2명을 죽게 만들었다 비난에 시달릴 것이기 때문이다.

또 다른 상황을 가정해 보자. 당신이 친구와 함께 히말라야를 등반하다가 친구가 크레바스에 빠졌다. 당신 혼자서는 그를 구조할 수 없고 구조대를 조직하여 다시 와야 한다. 결국 당신은 크레바스에 빠진 친구를 방치하여 그를 죽게 만든다. 이번에는 당신이 친구를 밀어서 크레바스에 빠지게 하여 죽게 만들었다고 하자. 누가 더 나쁜 행동인가. 사람들은 당연히 후자라고 이야기 하겠지만 적극적 개입이나 소극적 방치나 결국 그를 죽게 만드는 것에서 결과는 같다. 하지만 우리는 전자에 대해서는 양심의 가책을 덜 받게 되어 둘 중에 하나를 고르라면 전자를 고를 것이다.

이처럼 부작위 편향은 현대사회에 만연되어 있는 현상에 해당한다. 신약의 부작용에 대한 처벌은 존재하지만, 신약을 개발하지 않아 많은 사람들이 질병으로 인해 죽어가게 만든 것에 대해 책임을 묻는 사회는 없다. 그래서 영웅이 되기 힘든 것이다. 온갖 사회적 비난을 받을 것을 무릅쓰고도 자신이 해야 할 일을 한다는 것은 결코 쉬운 일이 아니다.

방관자효과

인간의 이러한 부작위편향이 때로는 비극을 만들어내는 방관자 효과를 유발하기도 한다. 1964년 3월 13일 새벽 3시 15분, 미국 뉴욕 어느 주택가에서 노상강도가 지나가던 키티 제노비스Kitty Genovese 라는 여자를 흉기로 찌르는 사건이 발생했다. 30여 분이 넘도록 여자는 격렬히 저항을 하며 도움을 청하는 소리를 외쳤고, 주변의 집에 불이 켜졌지만 그 뿐이었다. 나와 보는 사람도, 경찰에 신고한 사람도 없었다. 결국 경찰이 신고를 받은 것은 여자가 죽은 지 20분이 지나서였다. 이 사건이 알려지자 미국은 충격에 휩싸였다.

당시 미국은 사건의 목격자 38명이 어째서 키티 제노비스가 죽도록 내버려 뒀는지에 대해 도덕적인 의식이 결여된 인간성 말살의 시대라느니 등의 의견이 분분했다. 하지만 1968년 뉴욕대학과 컬럼비아 대학의 심리학과 교수인 달리Dorley 와 라타인Latane 은 사건을 새로운 시각에서 바라봤다. 즉 키티 제노비스가 죽은 것은 당시의 목격자들이 도덕관념이 약해서도 아니고 인간 소외의식이 팽배하기 때문도 아니며 단지 목격자가 많았기 때문이라는 것이었다. 이들은 이러한 주장을 입증하기 위해 한 가지 실험을 계획하였다.

실제 실험 목적을 숨긴 채 대학생들을 모아 집단 토론 실험이라 설명하고 한 명씩 다른 방에 들어가도록 했다. 토론 진행은 마이크로폰과 헤드폰을 이용해 서로의 얼굴을 보지 못하게 했고, 토론 인원은 2명, 4명, 7명 등 여러 가지 변수를 뒀다. 그리고 토론자로 위장한 조교가 "도와달라"는 말과 함께 간질 발작을 일으키는 연극을 했다. 1:1로 토론하던 학생들은 85%가 밖으로 즉시 달려가 실험 조교에게 사고가 났음을 알렸다. 하지만 4명이 토론하던 경우는 62%, 7명이 있던 경우는 31%만이 외부에 사고 보고를 했다. 상황 종료 후, 사고 보고를 하지 않았던 학생들에게 왜 보고하지 않았는지 물어보자, "알려야 되는지 말아야 되는지 몰랐지만 남들이 알릴 것이라고 생각했습니다"라고 대답한 사람이 대다수였다.

달리와 라타인은 1969년 한 가지 실험을 더 추가하였다. 피실험자들을 모집한 뒤, 여러 개의 대기실에서 기다리게 했다. 각 대기실에는 인원수를 달리해 혼자, 혹은 여러 명이 함께 들어가도록 하였다. 그리고 학생들이 있는 대기실마다 문틈으로 연기를 주입하였다. 학생들은 연기가 단순한 수증기인지, 불로 인한 것인지 전혀 모르는 상태였다. 혼자서 대기실에서 기다리던 사람들은 75%가 2분 이내에 연기가 난다는 사실을 연구 조교에게 보고했다.

그러나 여러 명이 함께 있던 대기실에서는 6분 이내에 13%가 보고했을 뿐이고, 사람이 많아질수록 보고 비율은 더 낮아졌다. 실험이 끝난 후, 피실험자들에게 보고하지 않은 이유를 물었다. 그러자 "불안하긴 했는데, 남들이 가만히 있기에 저도 별 일이 아닐 것이라 생각했다"라고 대답했다. 2003년 2월 18일에 발생하여 192명의 목숨을 앗아간 대구지하철 사건도 이러한 대중적 무관심이 그 원인이었다.

영화 〈스파이더맨〉에서 주인공 피터는 자기 근처로 도망가던 도둑을 '내 일이 아니니까'라면서 그냥 보내버린다. 그러나 직후 벤 파커 삼촌이 살해당하고, 범인을 잡은 후 그 범인이 자신이 그냥 보내준 도둑이란 사실을 알게 된 피터는 큰 충격을 받는다. 이러한 일은 영화 속에서만 일어나는 일이 아니다. 오늘날 많은 조직과 개인들은 괜히 긁어 부스럼 만들지 말자라는 인식이 팽배하다. 하지만 행동하지 않는 자들이 많은 사회는 결과적으로 더 많은 사회적 비용을 더 치를 수밖에 없다. 국민의 의식수준이 높은 사회는 개인의 피해가 발생할지 모르는 상황에서도 사회 공동체를 위하는 일이라면 주저함 없이 실행에 옮길 수 있는 사회이다. 이처럼 한 사회의 재난은 그 사회의 의식수준과도 관련이 깊다.

그런 일은 발생하지 않아!
(정상화편향)

냄비 안 개구리

정상화편향Normalcy Bias 이란 극도의 스트레스와 마주했을 때 "지금 상황도 평소와 다름없는 정상적인 상황이다"라며 애써 현실을 올바르게 직시하지 못하며, 닥쳐올 재난을 과소평가하거나 무시하며 대책을 세우지 않는 현상을 말한다. 영국 랭커스터대 심리학과의 존 리치 교수에 따르면 큰 재앙이 벌어졌을 때 75%에 달하는 대부분의 사람들이 현실을 부정하고 상황에 제대로 대응하지 못하며, 15%의 사람은 혼란에 빠져 엉엉 울며, 10%의 사람만이 정신을 똑바로 차리고 대처한다고 한다. 사람들은 지구 온난화에 대해 처음에는 경각심을 느끼지만 시간이 지날수록 빈번하게 발생하는 이상기온, 집중호우, 산불 등 일상적으로 발생하는 일에 대해 점점 무더지기 시작한다. 이로 인해 처음에 느꼈던 경각심을 잃고 대처에도 소극적이게 된다.

또 어떤 사회적 문제가 발생하면 처음에는 높은 사회적 관심과 우려를 가지고 지켜보지만, 시간이 지나면서 문제가 일상화되고, 미디어나 언론에서도 더 이상 보도하지 않게 되면, 실제로 심각한 문제임에도 불구하고 문제의 심각성이 축소되어 일상적인 문제로 왜곡하여 받아들이게 된다. 출산율 감소로 인해 2023년 현재 5,168만 명인 대한민국의 인구는 2040년에 4,900만 명으로 떨어진다. 먹여 살려야 하는 고령인구는 늘어나는데 생산 가능한 인구는 감소하고, 이 추세대로라면 한국은 2750년에 인구소멸국가가 된다.

초기에는 사건에 심각성과 대응에 큰 관심을 가지고 노력하지만 시간이 흐름에 따라 우리는 정상화편향에 의해 위기와 문제를 축소시키려고 한다. 악화가 양화를 구축한다는 그레샴의 법칙처럼 비정상적인 상황이 계속되면 모든 것을 정상적인 것으로 보게 되는 편향된 시각 때문이다.

인간은 보거나 듣는 정보를 있는 그대로 인지하는 것은 아니며, 규칙대로 행동하는 것도 아니다. 착각이 발생하기도 하고 특유의 생각의 편향이 들어가 실수를 저지르기도 한다. 이러한 심리로 위기에 처한 사람은 사태의 심각성에 관계없이 모든 것이 예전과 다름없이 정상적으로 돌아갈 것으로 믿는다. 극도의 스트레스와 마주했을 때 "지금 상황도 평소와 다름없는 정상적인 상황이다"라며 애써 현실을 회피하려고 한다.

정상화 편향은 부작위 편향Omission bias 과도 관련이 깊다. 어떠한 행동을 취하든, 하지 않든 같에 손해가 발생할 때 인간은 대개하지 않는 쪽을 선택한다. 그렇게 해서 발생한 피해가 왠지 덜 해로운 것처럼 보이기 때문이다. 게다가 행동을 하면 내게 피해가 발생하고, 하지 않으면 사회에 피해가 발생한다면 인간은 대부분 후자를 선택한다. 인간의 심리적인 특성상 아이러니 하게도 예측할수 없는 미래에 대비하는 것은 강한 동기를 부여하지만, 예측할 수있는 미래에 대비하는 것은 강한 동기를 부여하지 못한다. 그래서행동 편향은 어떤 상황이 불분명하고 모순적이고 불투명할 때 나타나기 쉽고, 부작위 편향은 결과를 예측할 수 있는 상황에서 나타나기 쉽다.

재난에 대한 정상화 편향

사람이 재난과 재앙의 영향에 대하여 과소평가하고 아무런 대책도세우지 않는 현상도 정상화편향 때문이다. 1982년 7월 23일부터다음 날인 24일 새벽까지 일본 나가사키에 큰 비가 내렸다. 나가사키시 북쪽에 있는 니시소노기군 나가요정에서는 1시간 당 187mm나 내렸다. 이것은 일본의 과거 역사상 시간당 최대 강수량이었다.이 기록적인 호우로 나가사키 시내에서만 299명이 사망하거나 실종되었으며 그 외에 24일 이후에도 비구름이 남하해 구마모토현에서도 24명의 사망자와 실종자가 발생하는 등의 피해를 입었다.

사고는 이미 11일 동안 내린 비로 호우경보까지 내려져 있던 상태였고, 점심이 지나자 빗줄기는 더욱 굵어졌다. 일부주민들은 상황이 심상치 않다고 대피를 시작했지만 대다수가 그냥 남아 있었다. 오후 4시 55분이 되자 일본정부는 홍수경보를 발령하고 긴급대비를 권고했다. 이때 권고가 아닌 긴급대피 명령을 내렸어야 했다. 그 결과 대피한 주민은 고작 13%에 불과했다.

2005년 8월 24일 부터 8월 30일 미국 허리케인 카트리나로 인해 1380명이 사망하는 참사가 발생했다. 조지 W 부시 대통령은 9월 1일 TV에 출연하여 뉴올리언스의 제방이 붕괴는 누구도 예상치 못한 천재지변이었다고 강조했다. 하지만 사건 발생 후 6개월 뒤에 공개된 부시대통령이 연방과 주정부의 고위관리들과 가졌던 화상회의를 보면 카트리나 상륙 바로 전인 8월28일 제방이 붕괴될 수도 있다는 내용의 브리핑을 받는 장면이 나온다. 회의에서 마이클 브라운 연방재난관리청FEMA 청장은 수천 명이 대피해 있던 뉴올리언스 시내 긴급 대피소인 슈퍼돔의 안전문제와 대재앙도 경고했다.

하지만 부시 대통령은 우리는 피해에 대한 만반의 준비 태세를 갖추고 있다고 만 언급할 뿐 어떠한 조치도 취하지 않았다. 제방이 이미 무너진 뒤인 8월29일 정오에 열린 화상회의에서 조차도 캐슬린 블랑코 루이지애나 주지사는 "아직 무너진 것 같지 않다"고 말해 주정부의 상황대처능력에 대한 무능함을 드러냈다. 카트리나 이후 부시 대통령과 루이지애나 주지사는 재난대처에 대한 거짓말과 무능함에 대해 끝없는 비난에 시달려야만 했다.

위험과 변화에 무뎌지지 않으려면

한 개인에게 정상화 편향은 그 폐해가 개인에게만 국한되지만 사회지도층 인사의 정상화 편향은 수많은 사람들에게 영향을 끼친다. 사람이 이러한 정상화 편향에 빠지게 되는 이유는 현실을 직시하지 못하거나 눈앞에 닥친 위기를 과소평가하거나 축소시키는 경향이 있기 때문이다. 사람은 자신이 경험한 위험한 상황이나 충격적인 사건을 지나치게 축소시켜서 일상적인 것처럼 느끼고 싶어 하고, 실제로도 심각한 문제를 지나치게 가볍게 여겨 심리적인 안정감을 취하려고 한다. 그로 인해 잘못된 결정을 내리거나 문제의 심각성을 간과한다. 이러한 정상화편향에 빠지지 않으려면 현실을 정확하게 분석하여 판단하는 능력이 필요하다. 그렇지 않으면 문제를 직시하지 못해 적절한 대응을 할 수 있는 시기를 놓치고 만다.

이와 같은 정상화 편향에 빠지지 않기 위해 첫 번째로 할 일은 다양한 시각과 사실적인 정보들을 가지고 주변 환경을 분석할 줄 알아야 한다. 프레임에 갇힌 편향되지 않은 시각과 종합적인 판단 능력을 가져야 정확한 판단을 내릴 수 있다.

두 번째는 경험을 통해 배울 줄 알아야 한다. 우리는 수많은 실패를 경험하고도 학습에 실패하는 경우가 부지기수다. 우리는 매번 똑같은 일을 반복하면서 다른 결과를 기대하는 바보짓을 반복한다. 따라서 꾸준히 자신을 반성하고 자기 자신을 스스로 객관화시킬 줄 알아야 한다. 나의 인식과 판단이 객관적이고 현실적인지,

충분한 근거가 있는지를 생각해야 한다. 자신이 원하는 데이터만 수집하려 들지 말고, 객관적인 현실과 사실을 담은 데이터를 수집하여 분석해야 한다. 인간행동의 결정은 의식보다는 무의식에 지배를 크게 받는다. 그러기 때문에 직관적인 판단이 아니라 사실에 기반을 둔 판단을 하고 결정을 내려야 한다.

세 번째, 현실을 정확하게 인식하고 충분히 생각하는 훈련이 필요하다. 자신의 생각과 판단을 계속해서 되뇌며, 현실적인지 잘못된 편견이나 편향이 섞여있는지를 재차 확인해야 한다. 무의식적인 사고보다는 다양한 정보와 사실에 근거하는 의식적인 판단을 연습을 해야 한다.

위험 없는 세상이 가능한가?
(제로리스크편향)

확률은 거짓말하지 않는다

러시안 룰렛이라는 게임이 있다. 회전식 6연발 리볼버에 총알 한 발만 장전하고 총알의 위치를 알 수 없도록 탄창을 돌린 뒤 상대와 돌아가면서 관자놀이에 대고 방아쇠를 당기는 위험한 게임이다. 19세기 제정 러시아 시대에 감옥에서 교도관들이 죄수에게 강제로 시킨 뒤 누가 죽을지 내기를 한 게임에서 비롯되었다고 전해진다. 러시안 룰렛은 차르 체제의 암울한 시대 상황에서 러시아군 장교들과 귀족들 사이에 번져나갔다. 당시의 사회적 불안감에 휩싸여 희망 없이 살아가던 지배층의 퇴행적 분위기를 반영하는 일종의 사회병리 현상이었다.

러시안 룰렛 게임은 베트남전을 배경으로 로버트 드니로가 주연한 〈디어헌터〉라는 영화에서도 등장한다. 이 영화에는 크리스토퍼 워컨이 베트콩의 포로가 되어 강제로 러시안 룰렛 게임에 강제로 참여하게 되는 장면이 나온다. 영화의 힘이 대단하여 디어헌터 개봉이후 5년 동안 미국에서만 35명이 실제로 러시안 룰렛으로 목숨을 잃었다고 한다. 당신이 게임 참가자라 가정을 하고 2가지 게임을 해야 한다고 하자. 하나는 6개의 약실에 4발의 탄약이 들어있는 권총을 2발로 줄여주는 것이고 다른 하나는 6개의 약실에 1발의 탄약이 들어있는 권총을 그 마지막 탄약마저 제거해주는 것이다.

당신은 어느 제안에 더 많은 비용을 지불하겠는가? 대부분의 사람들은 후자를 택한다. 그렇게 하면 죽을 위험성이 제로로 줄어들기 때문이다. 그러나 확률적으로 따져보면 전자의 죽을 확률은 4/6에서 2/6로 줄어들어 위험이 50%가 감소하지만, 후자의 경우는 1/6로 줄어들기 때문에 위험이 16.6%만 감소한다. 따라서 전자의 경우 생존확률이 훨씬 높기 때문에 전자를 택해야 한다. 이러한 결정을 하는 이유는 인간의 제로리스크 편향zero risk bias 때문이다.

또 다른 예로, 우리 일상생활에서 일어나는 유사한 상황을 살펴보자. 당신은 이율 3.3%의 3000만 원짜리 대출금과 이율 3.2%짜리 2500만 원의 대출금이 있다. 당신은 마침 우연히 산 로또 2등에 당첨되어 2500만원이 생겼다. 당신은 어느 대출금부터 갚을 것인가? 이 경우도 사람의 심리는 비슷하다. 대부분의 사람들은 3.3%의 대출금부터 갚아야 합리적인 선택이지만 2500만 원짜리 대출금부터 상환하려고 한다. 우선 위험의 가짓수부터 줄이고자 하는 심리가 강하기 때문이다. 이렇게 사소한 위험성까지 완전히 제거하려고 하는 인간의 심리를 '제로 리스크 편향'이라 한다. 제로 리스크 편향은 위험의 수준을 제대로 직시하지 못해 비생산적인 방식에 필요 이상의 투자를 하게 만든다.

위험을 감수하면서 발전해온 문명

인류가 문명을 이룩한 이래 이 세상에 위험이 전혀 없는 곳은 없다. 위험과 기회는 선택의 문제로 인류는 위험을 감수하면서부터 발전해 왔다. 위험이란 'Risk'와 'Danger'라는 뜻으로 구분해 볼 수 있다. Risk가 현재의 자연적 또는 인위적 상태가 부정적 결과를 낳을 수 있는 가능성으로 거시적 사회체계에 초점을 맞춰서 문제를 이해하고 대안을 찾는 개념이라면 Danger는 특정한 행동이나 활동이 즉각적으로 해로운 결과를 낳을 수 있는 가능성, 당장 해를 입힐 수 있는 미시적 사회상황에 초점을 맞춘 개념이다.

즉 Risk란 개인이 선택해서 그 결과를 책임지는 위험을 뜻한다. Risk라는 단어는 암초를 뜻하는 그리스어 '리자$_{\rho \iota \zeta \alpha}$'에서 유래했다. 지중해를 앞 마당처럼 여기며 무역을 통해 부를 축적했던 그리스인들에게 눈에 보이는 높은 파도보다 무서운 것은 눈에 보이지 않는 암초였다. 그렇다고 암초에 의해 배가 침몰하는 낮은 확률 때문에 항해를 포기할 수는 없었다.

오늘날 금융시장에서 널리 쓰이고 있는 Risk는 no risk, no return이라는 문구처럼 위험이 없는 곳에는 이익도 없다는 뜻으로 사용되고 있을 만큼 위험이라는 단어의 이면에는 기회라는 뜻을 내포하고 있다. 그래서 우리는 위험을 논할 때 위험을 통해 얻어지는 기회를 배제할 수 없는 것이다. 그래서 영국의 사회학자 안토니 기든스Anthony Giddens는 위험의 정의를 "우리 스스로의 활동과 결정에 의해 얻어지는 것"이라고 했다. 인간의 이러한 성향으로 인해 오늘날의 현대사회는 거대한 위험을 체계적으로 생산하는 사회가 되었다. 그러한 사회를 가리켜 독일의 사회학자 울리히 벡Ulrich Beck은 현대사회를 "활화산 위에 세워진 문명"이라고 했다.

위험 없는 사회는 가능한가?

이 세상에서 모든 위험을 완벽하게 제거된 안전한 곳은 없다. 그러니 제로리스크에 도달할 수 있다는 환상은 버려야 한다. 어떤 위험을 제거하기 위해 새로운 기술과 방법을 만들어 내면 그로 인해 또 다른 위험이 발생하기도 한다. 지금까지 전염병 중에서 가장 많은 사망자를 낳아 인류의 공적 1호가 된 것이 우리나라에서 학질로 불리는 말라리아였다. 통계에 의하면 인류는 지금까지 30억 명이 말라리아로 사망했고, 지금도 전 세계에 2억 명의 감염환자가 있으며 아프리카에서는 매년 100만 명이 사망하고 있다고 한다. 말라리아는 모기를 통해 전염된다.

1948년 스위스 섬유회사의 연구원이었던 뮐러는 DDT dichlorodiphenyltrichloroethane를 발명하여 말라리아를 퇴치시킨 공로로 노벨 생리학상을 받았다. 그 후 인류는 DDT를 대량으로 사용하기 시작했지만, DDT가 환경 내에서 쉽게 분해되지 않는 문제점의 폐해가 1960년대를 지나면서 나타나기 시작한다. 자연에 살포된 DDT는 곤충의 몸에 축적돼 있다가 먹이 사슬을 통해 생태계 전역으로 퍼져나가 자연계의 모든 동식물에 심각한 영향을 주었다.

생물학자였던 레이첼 카슨Rachel Carson은 1962년에《침묵의 봄 Silent Spring》이라는 책을 통해 DDT의 위험성과 그 폐해가 집중적으로 언급했고, 사회적으로 논란이 증폭되면서 인류를 구원한 그 기적의 살충제는 곧 환경문제의 원흉으로 지목되기 시작했다. 곧이어 DDT가 인체에 직접 피해를 입히지는 않지만 곤충과 조류 등 각종 동물에 축적되어 생태계를 파괴한다는 점이 밝혀졌다. 어느 한 지역에서 생태계의 먹이사슬 관계를 통해 DDT를 먹은 바퀴벌레가 죽고, 바퀴벌레는 먹은 도마뱀이 죽고, 도마뱀을 먹은 고양이 죽게되는 일이 발생했다. 그 결과 쥐의 개체수가 폭발적으로 증가하였고 장티푸스와 콜레라가 창궐하는 일이 발생했다.

결국 1970년대 이후 세계 대부분의 국가에서 DDT를 사용하는 것이 금지되었다. 이로 인해 말라리아 환자는 소멸되었다가 1993년부터 재출현하기 시작했다. 제로리스크의 환상이 깨진 것이다. DDT뿐만이 아니다. 한국에서는 가습기에 번식하는 세균을 죽이기 위해 사용하기 시작한 가습기 살균제가 20,366명이 사망하게 하는 엄청난 결과를 초래했다. 대부분의 사람들은 확실한 것을 좋아한다. 그것이 매우 비생산적일지라도 말이다. 특히 오랜 세월 전쟁에 시달린 한국인들은 불확실성을 매우 싫어하여 한국의 불확실성 회피지수는 매우 높다. 하지만 이 세상에 위험이 없는 곳은 없다. 인류가 위험이 없는 사회를 이룩할 수 없다면 그 다음 할 일은 우리가 수용해야 할 수 있는 위험과 수용할 수 없는 위험을 구별해 내는 것이다.

똑똑한 원숭이?
(현재편향)

당장의 행복을 위해

장자의 〈열자〉 편에는 조삼모사의 일화가 등장한다. 중국 전국시대 송나라에 저공이라는 사람이 살았다. 그는 원숭이를 매우 좋아해 집에서 수십 마리를 기르고 있었고 가족의 양식까지 퍼다 먹일 정도로 원숭이를 아꼈다. 원숭이들도 저공을 따랐고 저공은 원숭이들과 의사소통까지 가능해졌다. 하지만 가정 형편이 넉넉지 않은 상황에서 많은 원숭이를 기르다 보니 그들을 먹이는 게 여간 부담스러운 게 아니었다.

고민 끝에 저공은 원숭이의 먹이를 줄이기로 했다. 그러나 먹이를 줄이면 원숭이들이 자기를 싫어할 것 같아 머리를 썼다. "앞으로는 너희들에게 나눠주는 도토리를 '아침에 세 개, 저녁에 네 개씩 줄 생각인데 어떠냐?" 그러자 원숭이들은 펄쩍 뛰며 "아침에 하나 덜 먹으면 배가 고프다"며 화를 냈다. 그러자 저공이 슬쩍 말을 바꿨다. "그렇다면 아침에 네 개, 저녁에 세 개씩 주는 건 어떠냐?" 그 말에 원숭이들은 모두 좋다고 손뼉을 치며 기뻐했다.

그렇다면 우리가 알고 있듯이 원숭이들은 매우 어리석은 존재들이었을까? '아침에 세 개, 저녁에 네 개'라는 뜻의 조삼모사朝三暮四는 당장 눈앞의 이익만을 따지는 원숭이의 어리석음을 비유하는 말이지만 장기적으로 봤을 때 알 수 없는 미래보다 지금 당장의 이익을 추구하는 것은 지극히 당연하고 더 현명한 선택이다.

〈쿵푸팬더〉라는 영화를 보면 이러한 대사가 나온다. "어제는 역사이고, 내일은 미스테리, 오늘은 선물이다. 그래서 오늘을 선물이라 부른다." 이처럼 현재는 매우 중요하여 로마의 시인 호라티우스는 "내일이란 말은 최소한만 믿고 현재를 잡으라"고 이야기 한다. 하지만 미래보다 현재를 중시하며, 현재에 지나치게 큰 비중을 두는 현상은 문제가 있다. 이것을 현재편향Present Bias 이라 한다. 현재편향은 행동경제학에서 밝혀낸 인지편향 중 하나이다. 현재편향이 강해 하기 싫은 일을 뒤로 미루는 것이 지연행동procrastination 이다.

독일의 루르대학의 연구에 의하면 일을 미루기 좋아하는 사람은 다른 사람들보다 편도체의 크기가 크다. 인간의 뇌는 뇌간, 구피질, 신피질의 순으로 발달해 왔다. 뇌간은 생명유지에, 구피질은 감정의 작용에, 신피질은 이성의 작용에 관여한다. 특히 인간의 정서를 담당하는 기관은 구피질의 편도체이다. 인간이 외부의 정보를 지각할 때 편도체를 먼저 거치고 전두엽으로 간다. 편도체가 큰 사람은 그렇지 않은 사람보다 부정적이고, 불안한 감정을 더 크게 느낀다. 그렇기 때문에 어떤 일을 마주했을때 머뭇거리고 미루게 되는 경향이 높다.

오늘 일을 내일로 미루는 경향이 있는 사람은 건강에 나쁜 영향을 미친다는 연구결과도 있다. 스웨덴 스톡홀름 소피아헴메트대 연구팀은 2019~2021년의 3년 동안 8개 대학교의 재학생 3,525명을 분석했다. 이 실험의 참여자들은 자신의 지연행동을 설문지를 통해 5~25점까지 점수를 매겼고, 자신들의 불안과 우울 등의 정신적인 문제와 신체상의 문제도 함께 평가했는데 지연행동이 높은 사람일수록 정신적인 건강과 신체상의 문제가 높았다.

이들은 지연행동에 대한 점수가 1점 높아질 때마다 외로움, 수면장애, 목·등·허리 통증을 더 많이 느끼는 것으로 나타났다. 물론 정신적, 신체적 건강상태가 좋지 않아 일을 뒤로 미루는 경우도 있지만, 해야 할 일을 뒤로 미룰수록 부담감과 압박감이 커져 스트레스가 증가하고 이에 대한 부정적인 신체적 반응이 나타난다.

인간의 선호도는 시간에 대한 일관성을 가지고 있다. 그래서 경제학자들은 인간의 선호도가 시간에 경과에 따라서 변하지 않는다고 한다. 하지만 행동경제학자들에 의하면 인간의 선호도는 시간에 따라 변한다. 현재 내가 원하는 것과 나중에 내가 원하는 것은 언제든지 달라질 수 있다. 인간은 즉각적인 만족과 즉각적인 보상에 과도하게 가치를 부여한다. 인간이 도박과 게임에 쉽게 중독되는 이유도 이와 같다.

행위에 대한 결과의 피드백이 매우 빠르기 때문이다. 미래는 현재보다 더 큰 행복감을 가져다주지는 못하는 것이 사실이다. 그래서 대부분의 사람들은 좋은 일은 당장 하고 싶어 하고, 하기 싫은 일은 나중으로 미루려고 한다. 이러한 심리는 사람마다 정도의 차이가 있을 뿐 대부분의 사람들이 공통적으로 갖고 있는 특징이다. 하지만 '오늘이 아니라 내일 해도 되겠지' 라는 지나친 낙관주의가 심해지면 비현실적 낙관주의Unrealistic Optimism에 빠지게 되고, 준비하지 못한 상태에서 막상 일이 닥치게 되면 큰 곤경에 처하게 될 수도 있다.

사회나 조직은 더욱 그러하다. 하인리히의 1:29:300의 법칙에 따르면 큰 사고는 어느 순간 갑작스럽게 닥치는 것이 아니라 항상 전조가 있다. 하지만 대부분의 사람과 조직들은 현재편향 때문에 이러한 전조들을 애써 무시하려고 한다. 1994년 성수대교 붕괴와 1995년 삼풍백화점 붕괴사고는 사전에 전조현상이 뚜렷히 있었지만 현재편향 때문에 지연행동이 발생하여 긴급조치를 취하지 않았다. 이 두 사건 모두 지금 당장 조치를 취해야 할 행동임에도 불구하고 계속 시간을 뒤로 미루고 지연하다가 큰 사고를 당한 경우였다. 이러한 현상은 개인뿐만이 아니라 조직과 사회에도 존재하는 현상이다. 현재편향으로 인한 지연행동은 개인에 있어서는 개인의 피해에 국한되지만 조직과 사회로 확대되면 그 피해가 걷잡을 수 없을 만큼 커진다.

현대사회는 모든 것이 변덕스럽고Volatile, 불확실하고Uncertain, 복잡하고Complex, 애매모호Ambiguous 한 VUCA시대이다. 기존의 조직들은 조직의 성공이 질서정연한 미래 예측에 달려 있다고 생각하여 예측 가능한 미래의 환경변화에 걸맞은 전략적 계획을 세우고 조직을 통합해 나가야 한다고 믿었다. 하지만 현대사회가 결정론적 세계에서 확률론적 세계인 복잡계에 들어서면서 장기적인 전략을 세우는 것이 아예 불가능해졌다. 따라서 현대조직은 장기적인 계획에 의존하기 보다는 현실의 변화에 따라 지속적인 변화와 대응이 더 필요하다. 이러한 예측 불가능한 시대를 살고 있는 우리들은 발생가능한 모든 경우의 수를 염두에 두고 준비해 나가야 한다. 현재는 중요하다. 하지만 현재편향에 파묻혀 미래를 준비하지 못한다면 그것만큼 어리석은 것도 없다.

구관이 명관이야!
(현상유지편향)

유서 깊은 통일

진시황이 중국을 통일하기 전 춘추전국시대에는 수레의 폭이 각 나라마다 모두 달랐다. 수레가 여러 번 지나간 자리에는 자리가 움푹 패어 이 패인 자리를 따라 마차가 달렸는데, 나라마다 수레의 크기가 달랐기 때문에 다른 나라로 가면 마차의 바퀴를 갈아 끼워야만 했다. 각 나라마다 수레 폭의 크기가 달랐던 이유는 타국의 침략에 대비하여 전차가 자국 내에 들어오지 못하게 하기 위함이었다. 이를 진시황이 통일한 것이다. 이러한 현상은 유럽도 비슷했다. 유럽의 대부분의 나라들은 스티븐슨 궤라고도 불리는 폭이 1435mm인 표준궤를 쓴다. 하지만 러시아와 스페인은 이보다 큰 광궤1520mm 를 사용한다.

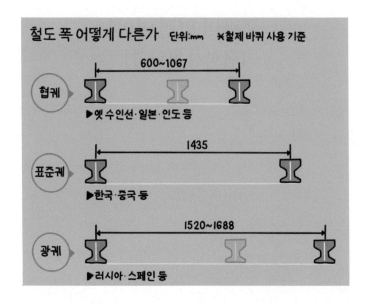

철도 폭 어떻게 다른가 단위:mm ✕철제 바퀴 사용 기준

협궤 600~1067
▶옛 수인선·일본·인도 등

표준궤 1435
▶한국·중국 등

광궤 1520~1688
▶러시아·스페인 등

　　유럽에서 기차가 처음으로 설치된 곳은 산업혁명의 발상지 영국이었다. 1825년 영국, 스톡턴과 달링컨을 잇는 40km 구간에서 증기기관차가 처음으로 운행되었다. 조지 스티븐슨이 설계한 '로코모션 1호'였다. 이 증기기관차의 속도는 시속20km에 불과했지만 말이 끄는 마차보다 50배나 많은 짐을 운반했다. 표준궤는 영국에서 처음 사용되었고, 유럽 각국으로 퍼져나가 현재 우리나라를 포함하여 세계 철도의 60%가 표준궤이다.

　　나폴레옹이 유럽을 휩쓸던 시절 러시아는 천혜의 기후조건을 바탕으로 가까스로 프랑스를 막아내었지만, 이후에도 재 침공을 해오지 않을까 노심초사했다. 만약 철도를 이용하여 대량의 병력과 무기를 실어 나르는 것이 가능해진다면 러시아는 다시 풍전등화에 놓이게 된다. 그래서 러시아는 모스크바와 블라디보스톡

9,288km구간에 표준궤 대신에 1,520mm의 광궤를 깔았다. 스페인도 역시 프랑스를 의식하여 표준궤보다 폭이 넓은 1,688mm의 광궤를 깔았다. 현재 프랑스와 스페인 구간은 표준궤와 광궤 모두가 달릴 수 있는 가변궤간 기차가 운행 중이지만 한반도에서 유럽까지 철도로 연결된다면 시베리아 횡단철도가 시작되는 곳에서 표준궤를 광궤의 바퀴로 바꾸고, 유럽까지 가서 벨라루스에서 다시 한번 표준궤로 갈아 끼워야 한다.

우리나라 역시 표준궤를 쓰고 있다. 하지만 과거에는 협궤열차도 있었다. 수원~인천 구간을 오가던 수인선이 대표적이다. 이 열차는 철도 폭이 762mm로 표준궤의 절반밖에 되지 않는다. 수인선 협궤열차는 일제 강점기 시절 수탈을 위해 소금과 쌀을 실어 나르기 위해 만들어졌다. 협궤열차는 수인선 말고도 수원과 여주를 잇는 총 연장구간 73.4km의 수여선도 있었다. 일본의 철도는 대부분의 협궤로 고속열차인 신칸센과 민간 철도를 제외하면 철도 폭이 1067mm인 협궤가 가장 많다. 협궤열차는 건설비용도 적게 들어 나무와 풀이 우거진 산꼴짜기 등의 험지에서 매우 경제적이었기 때문이다. 그래서 러시아의 툰드라 늪지대나 우랄 산간 오지에는 아직도 협궤열차가 운행되고 있다. 미국도 19세기 중반까지는 지역마다 철도 폭이 달랐지만 남북전쟁이후로 표준궤를 사용하고 있다.

철도의 표준궤의 폭의 유래는 로마시대로 거슬러 올라간다. 역사학자들은 로마시대 전차를 끌던 말 두 마리의 엉덩이 폭이 표준궤의 영향을 미쳤다고 보고 있다. 2000년 마차를 끌었던 두 마리 말의 엉덩이는 우주왕복선의 설계에도 영향을 미치게 된다.

2007년 8월에 발사된 엔데버호 로켓 추진체의 너비는 4피트 8.5 인치였다. 엔데버에는 솔리드 로켓 부스터라고 하는 두 개의 로켓 추진체가 붙어 있다.

이 추진체는 미 북부 유타에 있는 공장에서 제작되어 미 남부 플로리다 우주 발사기지까지 기차로 옮겨야 했는데 중간에 있는 터널을 통과하려면 이보다 더 크게 만들 수 없었다. 현대 첨단과학 의 상징인 우주선의 표준이 2000년 전 두 마리의 말 엉덩이 크기 로 결정된 것을 보면 인류의 문명은 수 천년이 지난 지금도 여전히 과거의 지배를 받고 있는 셈이다.

이러한 사례는 우리의 생활주변에서도 흔히 볼 수 있다. 우리 가 사용하고 있는 QWERTY 자판은 일부러 자음과 모음을 섞어서 타자의 속도를 느리게 한 배열로 1868년 크리스토퍼 숄스가 특허 를 낸 것이었다. 당시 소재 기술이 발달되지 않아 타자를 너무 빨 리 칠 경우 타자기의 키가 자주 부러지곤 했는데, 이러한 현상을 방지하기 위해 일부러 속도를 낼 수 없도록 만들어진 것이 QW-ERTY 자판이다.

그러나 이후 소재기술이 발달하고 컴퓨터 자판이 도입되었음 에도 불구하고 과거 타자의 배열을 그대로 사용하고 있다. 기술의 진보로 보다 효율적인 자판사용이 가능해졌지만, 소비자에게 오랫 동안 익숙하고 친숙한 배열을 바꾸어 새로운 자판으로 보급시키는 것이 쉬운 일은 아니었다. 1932년 오거스트 드보락은 QWERTY 자판보다 훨씬 낫고 능률이 좋은 드보락 자판을 개발했다. 하지만, 구형자판에 익숙해진 사람들은 아무도 거들떠보지 않았다.

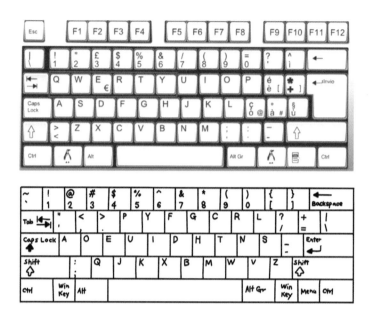

QWERTY 자판과 드보락 자판

경로의존효과(Path Dependency Effect)

이와 같이 더 좋은 방법과 더 다니기 쉽고, 편리한 새로운 지름길
이 있음에도 불구하고 익숙해진 옛길로 돌아가는 현상을 경로의존
효과라고 한다. 경로의존효과로 인해 인간은 한번 일정한 경로에
의존하기 시작하면 나중에 그 경로가 비효율적이라는 것을 알면서
도 여전히 그 경로를 벗어나지 못하게 된다. 경로의존효과를 경제
학 용어로 고착효과, 자물쇠효과라고도 한다. 이 고착효과로 인해
사람들은 기존 제품을 사용하던 소비자가 더 좋은 상품이 출시되
었음에도 불구하고 계속하여 기존의 상품을 사용하게 된다. 대부

분의 사람들은 특정 제품을 사용하기 시작하면 다른 유사한 제품으로 쉽게 변경하지 않는다. 기존에 사용하고 있던 상품이 더 편리하다는 심리가 작용하는 것이다. 새로운 상품을 사용하기 위해 전환 비용을 치루는 것이 싫어한다. 전환 비용이란 기존에 사용하던 제품이나 서비스를 포기하고 새로운 대안을 선택할 때 감수해야 하는 비용이다.

새로운 제품을 사용함으로써 상실되는 기존제품에 대한 기능과 서비스의 지각, 신제품이 기존제품에 비해 열등할지도 모른다는 불확실성, 새로운 제품을 찾기 위해 드는 시간, 신제품에 적응하기 위해 필요한 노력 등이 전환 비용의 대표적인 사례이다. 이처럼 사람들은 신제품에 적응하기 위한 수고와 비용이 얻을 수 있는 혜택에 비해 적다고 판단되면 기존의 행동형태를 바꾸려 하지 않는다.

자물쇠효과는 인간의 현상유지편향 때문이다. 현상유지편향이라는 용어는 윌리엄 새뮤얼슨Paul Samuelson과 리처드 잭하우저 Richard Zeckhouser가 주장한 것으로, 사람들은 현재의 조건보다 특별하게 이득이 되지 않는다면 현재의 상태에서 벗어나는 것을 아주 싫어한다. 바꾸고자 하는 행동이 현재의 행동보다 특별하게 이득이 되지 않는다면 현 상태를 그대로 유지하려는 경향이 있기 때문이다. 사람은 언어와 문화 등 일상적인 생활환경 속에서 습관화된 행동들은 한번 각인되면 잘 바뀌지 않는다.

문화와 관습은 경로의존성이 매우 강한 분야이다. 한국이 경제적으로는 이미 선진국에 올라갔음에도 불구하고 여전히 사고가 많은 이유는 한국의 산업화 세대들이 사업장에서 발생하는 산업재해를 불가피한 것으로 보는 시각이 강하기 때문이기도 하다. 과거에 집착하는 사고와 기존의 방식을 고수하는 태도와 자세는 바꾸기가 쉽지 않다.

산재공화국이라는 오명을 쓰고 있는 대한민국이라는 국가는 수많은 대형 안전사고와 사건들이 발생하는 환경 속에서도 새로운 태도와 자세가 형성되지 못했다. 산업화를 300년 동안 이룬 유럽에 비해 30년 동안 이룬 한국은 유럽처럼 안전문화가 정착되기에 근대화 기간이 너무 짧았다. 문화라는 것이 그리 쉽게 바뀌는 것이 아니다. 그래서 점진적인 변화가 필요한지도 모른다. 영국의 총리였던 토니 블레어는 "유능한 정치란 혁신과 변화라고 하는 한 축과 충격과 위기관리라는 또 다른 축 간의 균형을 이루는 것"이라고 하였다. 바꾸어야겠다고 강하게 마음을 먹는다고 쉽게 바꿔지는 것이 아니다. 의지가 강할수록 쉽게 꺾이는 법이며, 시작하자마자 멈추게 되는 법이다. 좋은 습관을 들이기 위해서는 꾸준히 노력하는 수밖에 없다.

나는 뛰어난 사람이야!
(평균이상편향)

평균보다는 낫다는 과신

워비콘 호수 효과Lake Wobegon Effect 라는 것이 있다. 워비콘은 미국의 게리슨 케일러가 쓴 《워비콘 호수》라는 소설 속 가상의 마을이다. 워비콘 호숫가에 사는 남자들은 모두 잘 생겼으며 여자들은 힘이 세고 아름다우며, 아이들은 평균이상의 능력을 가지고 있다. 이러한 곳은 없지만 인간들 마음속에 자신을 평균치 이상으로 생각하는 심리가 있다.

한 연구 결과에 따르면 대학교수의 90% 이상이 자신은 동료 교수보다 뛰어나다고 생각하며 대학생의 70%는 자신의 능력이 자신의 친구들 보다 높다고 생각한다. 직장인의 80%도 자신을 회사에서 우수한 인재로 평가하며 능력에 비해 낮은 연봉을 받고 있다고 불평한다. 대부분의 남자들은 자신의 운전 실력을 과신하고, 자신은 여자들에게 남들보다도 더 매력적으로 보인다고 생각하는 경향이 있다. 주식시장에서도 사람들은 자신이 이익을 볼 가능성에 대해 과대평가하고 손해를 볼 가능성은 과소평가한다. 국부론을 쓴 아담 스미스도 "사람들은 자신이 이익을 볼 가능성에 대해 과대평가하고 손해를 볼 가능성은 과소평가한다"고 했을 만큼 자신을 과대평가하는 것은 인류의 오래된 역사였다. 문제는 이러한 자신을 과대평가하는 오류가 사고를 유발한다는 것이다.

평균으로의 회귀

행동주의 심리학자 대니얼 카너먼Daniel Kahneman이 이스라엘 비행학교 교관들에게 심리학을 가르친 적이 있었다. 당시 카너먼은 잘못을 벌하기 보다는 잘한 일에 상을 주는게 더 효과적이라고 이야기 했는데 이 강의를 듣고 있던 한 교관이 당근보다는 채찍이 더 효과적이라고 이의를 제기했다. 자신의 경험에 의하면 고난도 훈련을 잘 수행한 생도들을 칭찬을 하면 다음번에 더 못한 성과를 보였고, 성과가 나쁜 생도를 질책하면 더 좋은 성과를 보였다는 것이다. 이에 대해 카너먼은 "관찰은 옳았으나 해석은 틀렸다"고 답했다. 훈련의 성과는 무작위적인 과정에서 드러나는 불가피한 변동성을 지니고 있는데, 이 교관은 평균으로의 회귀를 간과하여 이 둘과의 관계가 무슨 인과관계가 있는 것처럼 잘못 해석했다.

그날따라 뛰어난 성과를 보였던 생도는 다음번엔 못할 가능성이 높고, 엉망이었던 생도는 그 다음엔 더 잘할 가능성이 높다. 이것이 평균으로의 회귀Regression to the mean이다. 뛰어난 성과를 보인 생도가 다음번에 더 나쁜 성과를 보이고, 성과가 나빴던 생도가 더 나은 성과를 보인 것은 교관의 칭찬과 지적과는 무관한 현상이며 거의 모든 사람의 행동은 어느 일정한 범위를 넘지 못한다. 평균으로의 회귀에 대한 개념은 지금으로부터 100년도 전에 프란시스 골턴Francis Galton이 처음으로 주장한 것으로 극단적이거나 이례적인 결과는 결국 평균에 가깝게 되돌아 온다는 것이다.

광복 이후 70년간 한국인의 체격은 급속히 성장했다. 1965년 한국남성의 평균키는164cm였다. 현재 한국남성의 평균키는 174cm로 무려 10cm나 커졌다. 이러한 추세라면 50년 후에 평균키는 184cm에 달할까? 골턴의 주장에 의하면 이런 일은 일어나지 않는다. 골턴은 인간의 신체적 특징이나 특별한 재능이 유전될 것이란 가정하에 키의 유전성을 연구했다. 키가 큰 부모가 키가 큰 자식을 낳는 것은 분명하지만 평균보다 큰 키를 가진 사람의 아들은 아버지보다 작았다. 반면 평균보다 작은 키를 가진 사람의 아들은 아버지보다 키가 컸다.

만약 평균회귀가 일어나지 않는다면 세대를 거듭할수록 키가 큰 사람들의 자식은 한없이 키가 커질 것이고 작은 사람들이 낳은 자식은 계속해 작아지게 될 것이다. 하지만 수천 년이 지나도 인간에게 그런 일은 일어나지 않는다. 집단이 커질수록, 시대를 거듭할수록, 시간이 흐를수록 자연의 모든 현상들은 평균으로 돌아간다.

특정 행동을 여러 차례 반복하면 극단적인 결과가 나오더라도 결국 중심으로 회귀한다. 두 변인 간의 상관이 낮으면 낮을수록 이 회귀현상은 더욱 두드러지게 나타난다.

대부분의 경우 훌륭한 위인의 2세는 보통 부모의 역량을 뛰어넘지 못하며, 형편없는 부모로부터 아주 뛰어난 업적을 이루는 사람들이 태어나기도 한다. 성적이 좋은 경주마의 씨로 수말로 교배를 시켜도 그보다 더 뛰어난 경주마가 태어나지는 않는다. 하지만 사람들은 이러한 평균으로의 회귀현상을 보며 마치 일련의 시행결과가 서로 인과관계에 있다고 생각하는 착각에 빠진다. 가장 큰 착각은 대부분의 사람들이 자신의 능력을 평균이상으로 자신을 과대평가한다는 것이다.

사고를 방지하려면

산업재해를 조사해보면 사회생활을 갓 시작한 신참들에게는 재해가 거의 발생하지 않는다. 스스로 자신의 미숙함을 알고 조심하기 때문이다. 하지만 연차가 올라 어느 정도 일에 익숙해진 사람들에게서 사고가 많이 발생한다. 이는 평균이상편향에 빠져 스스로 자신의 능력을 과신하기 때문이다. 덴마크에는 '옌트의 법칙Law of Jante'이라는 것이 있다. 덴마크 작가 악셀 산드모스가 쓴 소설에 나오는 법칙으로 소설 속 가상의 마을 '옌트jante · 보통사람'를 다스리는 10가지 법칙을 말한다.

1. 네가 특별한 사람이라고 믿지 말라

2. 네가 다른 사람보다 더 가치 있다고 믿지 말라

3. 네가 다른 사람보다 더 현명하다고 믿지 말라

4. 네가 다른 사람보다 잘났다고 믿지 말라

5. 네가 다른 사람보다 더 많이 안다고 믿지 말라

6. 네가 다른 사람보다 위대하다고 믿지 말라

7. 네가 무엇을 잘한다고 믿지 말라

8. 다른 사람을 비웃지 말라

9. 누가 혹시라도 너에게 관심을 갖는다고 믿지 말라

10. 네가 행여나 누구를 가르칠 수 있다고 믿지 말라

이 법칙의 1계명부터 10계명까지의 내용을 살펴보면 "잘난 체하지 마라"는 것이다. 산업현장에서 발생하는 사고의 대부분은 잘난 척하다가 발생한다. 인간은 결코 완벽한 존재가 아니다. 늘 깨지기 쉽고, 쉽게 넘어지고, 작은 일에도 가슴 아파하며, 사소한 일에도 의기 소침한다. 그것이 인간이다.

현대문명은 무수한 실수와 실패의 결과물이다. 반대로 인간이 뛰어난 존재로 태어났더라면 인류는 지금만큼 번영하지 못했을 것이다. 안전사고도 이러한 관점에서 바라봐야 한다. 지혜로운 사람은 절대로 자기 자신을 과신하지 않으며 항상 삼가고 실수하지 않도록 조심한다. 그것이 현명한 자의 마음가짐이다.

3장

인간
의식의

수수께끼

의식의 기원

의식(consciousness)이란?

의식이란 깨어 있는 상태에서 자기 자신이나 사물에 대하여 인식하는 작용이다. 인간이 의식에 관심을 가지고 연구하기 시작한 것은 1980년대부터이므로 그 역사가 매우 짧다. 미국의 심리학자인 줄리언 제인스Julian Jaynes는 인류는 오랫동안 의식을 갖지 않고 살아왔으며, 인류가 의식을 갖기 시작한 것은 언어의 발달과 문자가 출현한 기원전 3천 년부터라고 주장한다. 생리학자들에 의하면 의식은 신피질의 작용이다. 제인스의 주장이 맞는다면 인간은 꽤 오랫동안 구피질만 가지고 살아온 셈이다.

만약 신피질이 의식에 필수조건이라면 신피질이 발달하지 않은 조류, 양서류, 파충류는 과연 의식이 없다고 할 수 있을까? 그

러나 동물 행동학자인 아르노 캐버낙A. Cabanac과 마이클 캐버낙
M. Cabanac은 신피질이 없는 파충류도 의식을 느낄 수 있다고 주장
한다. 미국의 철학자 네드 조엘 블록Ned Joel Block은 줄리언 제인스
가 의식이라는 개념의 출현을 의식의 출현과 혼동하고 있다고 비
평한다.

　인간은 내내 의식이 있었지만 의식이라는 개념이 없었을 뿐이
라는 것이다. 칸트는 내용 없는 사유는 공허하고 개념 없는 직관은
맹목적이다. 라고 했는데 개념concept은 사물과 사건을 해석하는 일
정한 틀로, 여러 가지 물체나 생각을 하나로 묶는 것을 말한다. 언
어는 개념을 담는 그릇으로 인간은 개념을 공유하면서 집단이 생
겨났다. 포유류는 물론이고 파충류도 의식이 있을 수는 있다. 하지
만 개념이 있다고 할 수 없다. 이처럼 개념은 중요하다.

　의식consciousness의 어원은 con전부+sci알다이다. 뇌는 뇌간, 구피
질, 신피질로 되어 있으며, 의식이란 신피질의 작용이다.《뇌가 나
의 마음을 만든다》의 저자 라마찬드란 박사에 의하면 의식은 신피
질의 전두엽이 아니라 청각정보를 처리하는 측두엽에서 일어난다
고 주장한다. 전두엽은 논리적 사고를 담당하고 측두엽은 청각정
보를 처리하는 곳으로 인간의 의식은 타인의 생각을 듣는 것으로
부터 의식이 출발했을 것이다. 현재까지 인간의 의식에 대한 연구
가 계속되고 있지만 여전히 인간의 의식은 아무리 걸어가도 그 경
계를 알 수 없는 광대한 공간이다.

　오랫동안 의식은 과학이 아닌 철학의 영역이었다. 실험은 의
식이라는 난제의 핵심에 도달할 수 없다는 회의가 철학자는 물론

이고 과학자들 사이에서도 뿌리 깊었기 때문이다. 과학적 논의의 대상이 될 수 없었던 의식을 과학의 영역으로 가져온 사람이 크리스토프 코흐Christof Koch 였다. 제임스 왓슨과 프랜시스 크릭이 DNA 이중나선구조를 발견한 이후 뇌과학은 집중적인 연구의 대상이 되었다. 크리스토프 코흐는 프랜시스 크릭과 함께 의식에 관한 연구를 수행하면서 뇌과학은 급속도로 발전하기 시작한다. 코흐는 동물은 물론이고 곤충들에게도 의식이 있다고 생각한다. 꿀벌은 각자의 얼굴을 인식하며, 8자 춤을 추면서 식량원의 질과 위치를 소통하며, 단기기억에 저장된 신호를 바탕으로 복잡한 미로를 비행한다. 그러나 자신을 인식하는 자의식은 다르다. 인간은 많은 자의식을 가지고 있지만 유인원은 어느 정도의 자의식만을 가지고 있다. 개도 물론 의식을 가지고 있지만 자의식은 매우 적다. 이들은 자기를 인식하는 거울실험을 통과하지 못한다.

의식의 문제

사람이 암벽등반을 할 때 그 사람의 의식은 내면의 걱정과 불안을 잊고 오로지 주변세계에만 집중한다. 그 사람의 의식이 주변이 아니라 내면에 집중하게 되면 추락하기 때문이다. 의식에는 기억을 저장할 수 없다. 그래서 한 번에 한 가지만 생각해야 한다. 의식은 입력된 정보를 확인하고, 비교하며, 분석하고, 결정한다. 이 과정이 끝나면 의식은 잠재의식에게 맡겨 행동을 취하게 한다. 잠재의식은 의식과 무의식 사이에 위치한다. 어떤 것을 경험 한 뒤 그 경험과 관련된 사물이나 사건을 일시적으로 의식하지 못하는 경우도 있지만 그것이 필요하면 다시 의식할 수 있는 상태가 된다.

인간은 극심한 피로상태 혹은 과도한 스트레스로 인한 정신적인 압박을 받고 있을 때 부주의로 인한 문제가 발생할 수 있다. 부주의란 의식의 공백, 의식의 저하, 의식의 중단, 의식의 우회 등의 상태를 말한다. 우리의 생활 주변에서 의식의 공백현상은 드물지만 의식의 우회현상은 종종 발생한다.

의식의 수준을 나타내는 주의력에는 동시에 두 개의 방향에 집중할 수 없고 한 곳에만 집중해야 하는 선택성, 한쪽 방향에만 집중하면 다른 곳에서는 약해지는 방향성, 장시간 집중할 수 없고 주의력의 수준이 높아졌다가 낮아지기를 반복하는 변동성, 한 가지에 집중하면 다른 것에 주의가 가지 않는 일점 집중성 등 3가지가 있다. 인간의 의식은 주의의 깊이와 넓이에 따라 달라진다. 아래 그림에서 세로축은 주의의 깊이, 가로축은 주의의 넓이를 뜻한다. 세로축에서 0이하로 내려가면 주의의 깊이가 낮아지고, 가로축

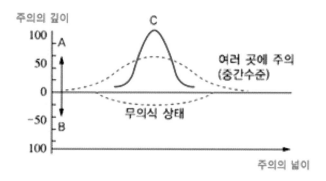

에서 우측으로 가면 갈수록 주의가 분산된다. 따라서 매우 중요한 일을 할 때는 아래의 그림에서 C의 상태가 되어야 한다.

부주의는 보통 4가지 현상으로 나타난다. 의식의 저하, 의식의 혼란, 의식의 단절, 의식의 우회이다. 의식의 저하는 피로한 경우나 단조로운 반복 작업을 하는 경우 의식의 강도가 약해져 정신이 혼미해지는 현상이다. 의식의 혼란은 주변의 복잡한 환경으로 인해 인지과정의 지장을 초래하여 판단이 혼란해지는 현상이다. 의식의 단절은 의식의 흐름이 중간에 끊어져 공백이 생기는 것이며, 의식의 우회는 일에 집중하는 과정에서 내면의 걱정과 불안, 고민거리, 욕구불만 등으로 의식의 흐름이 옆으로 빗나가는 현상이다. 의식의 중단은 발생빈도가 적지만, 의식의 저하나, 혼란, 우회는 종종 발생하여 많은 문제를 일으킨다.

이러한 의식수준은 뇌전도EEG, Electro Encephalo Graphy라는 장치를 통해 관찰할 수 있다. 1875년 영국의 생리학자인 리차드 케이튼Richard Caton은 처음으로 토끼와 원숭이의 대뇌피질에서 나온 미약한 전기활동을 검류계로 기록하여 뇌파에 대해 연구했고 나중에 한스 베르거Hans Berger가 외상으로 두개골에 손상을 입은 환자의 뇌파를 최초로 관찰하여 심전도ECG, 근전도EMG와 같이 뇌전도EEG로 명명한다.

인간의 두뇌는 복잡한 신경다발로 이루어져 있으며 학자들은 뇌 속에 약 100억개의 신경세포가 존재한다. 뇌는 신경계와 수많은 정보를 주고받는데 신경계를 구성하는 세포를 뉴런이라 한다. 뉴런은 전기적 신호를 이용해 멀리 떨어진 거리에서도 정보를 빠르게 전달한다. 뉴런은 세포체, 가지돌기, 축삭돌기로 구성되어 있으며, 나트륨Na, 칼륨K 등의 이온통로를 통로 전기적인 신호를 주고받는다. 또한 인접한 뉴런들과는 시냅스라는 기관을 통해 화학적 신호를 주고 받음으로써 다양한 정보를 받아들이고 저장한다.

각 신경계에서 뇌신경계로 정보가 전달될 때에는 전기적인 신호가 발생하는데 이를 뇌파brain wave 라고 한다. 뇌파는 심신의 상태에 따라 각각 다르게 나타나며 뇌의 활동 상황을 측정하는 가장 중요한 지표이다. 사람의 뇌파는 뇌의 활동 상태에 따라 델타, 세타, 알파, 베타, 감마 등으로 나뉜다.

뇌파의 종류	주파수대역	의식모드
델타(δ)파	0.5~Hz	무의식, 실신
세타(θ)파	4~7Hz	몽롱, 피로
알파(α)파	8~12Hz	정상
베타(β)파	15~18Hz	뚜렷한 의식
하이베타(High-β)파	18Hz 이상	긴장, 불안

하버드대 리처드 데이비드슨Richard Davidson 박사의 연구에 의하면 수양이 깊은 티벳의 승려는 자신의 체온과 뇌파까지도 스스로 조절할 수 있다. 승려들이 깊은 명상에 빠졌을 때 내는 7Hz의 진동수는 지구의 고유진동수인 슈만주파수Schumann frequency 와 같다. 슈만 주파수란 독일의 물리학자 빈프리트 오토 슈만Winfried Otto

Schumann이 처음 발견한 것으로 지표면과 전리층사이의 공간에서 공명하고 있는 주파수이다. 슈만주파수를 지구의 심장박동수라 하여 가이아Gaia 주파수라고도 한다. NASA에서는 우주비행사들을 위해 우주공간에서도 편안함을 느끼게 하기 위해 우주선에 슈만주파수를 인공적으로 설치하기도 한다. 따라서 티벳 승려들의 명상은 지구의 가이아 주파수와의 공명이다.

최근에는 뇌파에 대한 연구가 더 발전되었다. 테슬라의 창업자 일론 머스크Elon Musk는 2017년에 뇌 연구를 위하여 '뉴럴링크Neuralink'라는 스타트업 회사를 세웠는데 2021년 4월에 손을 전혀 움직이지 않고 뇌파를 이용해 게임을 하는 원숭이 영상을 공개했다. 원숭이가 조이스틱을 이용하여 게임을 하는 동안 뇌의 뉴럴링크 장치는 손의 움직임을 제어하는 신경에 2,000개 이상의 전극을 설치하여 모니터링하면서 뇌 활동을 기록했고, 짧은 기간 동안에 원숭이의 신경패턴을 해석하여 마침내 조이스틱 없이 생각만으로 게임을 하도록 하는데 성공했다.

앞으로 이 뉴럴링크 기술이 더 발전하면 중추신경이 손상되어 뇌에서 근육으로 신호를 보낼 수 없는 하반신 마비 환자가 뇌파를 이용하여 다리를 움직이게 할 수도 있다. 또한 눈의 깜박거림만으로도 컴퓨터에 저장된 백과사전과 같은 데이터를 전송받을 수 있고, 또한 머릿속의 생각을 컴퓨터에 저장할 수도 있다. 여러 언어를 사용할 수 있어 별도의 번역기가 필요 없게 되고 음악을 듣고 싶으면 바로 음악이 재생되게 할 수도 있게 된다. 임상시험의 한계 때문에 아직 여러 가지 난관이 있지만 충분히 실현가능한 기술이다.

그때가 되면 인간의 부주의로 인한 사고에 대한 보다 구체적인 대책도 나오겠지만 현실적으로 부주의에 대한 대책을 세우기는 쉽지만은 않다. 부주의 중에서 의식의 우회가 깊어지면 위험신호가 나오거나 경계경보가 발령되어도 그것을 알아차리지 못한다. 산업현장에서 의식의 우회에 대한 대책을 고민해야 하는데 인간에게서 고민이나 불안을 완전히 없앨 수는 없기 때문에 매우 어려운 일이다.

다만 다른 생각을 얕게 하고, 그러한 생각의 횟수를 줄이는 것이 최선의 방법으로, 관리감독자가 의식의 우회를 겪고 있는 사람에게 말을 걸어 그들의 고민을 들어주고 적극적으로 해결을 시도해 볼 필요가 있다. 친한 사람과 대화를 통해 해결하게 하거나 운동이나 주위환기로 빨리 괴로움을 털어버리도록 해야 한다. 개인적인 고민이나 문제 등의 스트레스를 가능한 한 빨리 해소하여 머릿속으로 다른 생각에 빠져들지 않게 해주는 것이 가장 중요하다.

의식과 무의식
(무의식의 힘)

무의식의 영향력

영화 〈포커스〉에서 주인공 윌 스미스는 중국인 갬블러에게 내기를 제안한다. 판은 점점 커지면서 윌 스미스는 가진 돈 100만 달러는 모두 잃는다. 여자 친구가 말리지만 윌 스미스는 마지막 내기를 건다. 그리고 중국인 도박사에게 운동장에 보이는 한 미식축구선수의 백넘버를 생각하면 그 숫자를 맞혀보겠다고 한다. 그리고 윌 스미스는 내기에서 이겨 200만 달러를 챙기고 경기장에서 나온다.

윌 스미스는 55라는 숫자를 어떻게 맞췄을까? 방법은 간단하다. 그 중국인 갬블러는 경기장에서 그와 우연히 만난 것이 아니다. 윌 스미스는 그에게 55숫자를 각인시키기 위해 온갖 트릭을 썼다. 그가 보는 시계, 호텔의 룸 번호, 호텔 벨보이 넘버, 엘리베이터, 거리, 버스 등 그가 시선을 보내는 곳마다 55라는 숫자가 무의식에 인식되도록 사전에 조치를 취한 것이다. 그리고 여자 친구에게는 그의 친구를 55번 선수로 뛰게 하여 55번을 고르게 했다. 그결과 월 스미스는 중국인 갬블러뿐만 아니라 자신의 여자 친구에게도 55라는 숫자를 고르게 유도했다.

인간은 정보를 감각기관을 통해 받아들이는데, 눈이나 귀 같은 감각기관이 외부의 자극을 받아들이는 과정을 감각이라 하고, 감각된 신호를 해석하는 것을 지각이라 한다. 감각기관을 통해 받아들인 정보는 지각이라는 과정을 거쳐 그 의미를 해석한다. 감각된 신호는 인간의 감정을 관장하는 변연계에 전해져 바로 정서적인 반응을 일으키지만, 대뇌의 전두엽이 감각 자극의 의미를 파악하는 지각 과정은 좀 더 많은 시간을 필요로 한다. 따라서 감각하기에 충분하지만 지각하기에는 모자랄 만큼만 아주 짧게 자극을 제시하면, 인간의 뇌는 전두엽보다는 변연계만 작동하게 된다. 생명의 위협을 느끼는 일측 촉발의 상황에서 상황판단이 늦어지면 생명을 잃을 수도 있기 때문에 전두엽보다는 변연계이 반응이 더 빠른 것이다.

또한 정보처리과정은 주의 집중에 따라서 의식을 역하상태 subliminal state, 전의식 상태 preconscious state, 의식상태 conscious state 등 3가지 영역으로 구분하기도 한다. 의식 상태는 자극이 충분하여 주의 집중을 통해 의식적으로 인식할 수 있는 상태이다. 전의식 상태는 주의 집중이 부족하여 감각정보가 의식 상태에 이르지 못하지만, 추후 처리를 위해 정보가 이용 가능한 상태로 남아 있는 상태이다. 역하상태는 감각자극이 약하기 때문에 정보처리가 발생하지 않는 상태이다. 역하자극은 인간이 감지할 수 있는 최소한의 자극인 절대역 absolute thresholds 이하의 자극이기 때문에 의식화가 쉽지 않지만 느낌을 일으키는 약한 반응을 유발할 수 있다.

영화 포커스는 인식 가능한 전의식상태에서 이루어지는 지각을 다루고 있지만 인식 불가능한 역하지각은 서브리미널 subliminal 효과를 이용한 마케팅기법으로도 활용된다. 지각하기 어려울 정도의 자극을 통하여 잠재의식 subliminal 에 영향을 미치는 현상을 서브리미널 효과라고 한다. 1957년 마케팅 전문가 제임스 비카리 James Mcdonald Vicary 는 피크닉이라는 영화 중간 중간에 팝콘과 콜라라는 내용의 글자들을 짧은 시간화면에 노출하는 실험을 진행했다. 이 메시지는 1/3000초 동안만 보여 어떤 사람도 이를 알아차리지 못했는데 영화 종료 후 팝콘과 콜라의 판매량이 57.8%, 18.1%나 증가했다고 한다.

하지만 당시의 기술로는 1/3000초의 짧은 순간에 원하는 메시지를 영화 중간에 끼워 놓을 수 있는 기술이 없었고 그 실험은 나중에 조작된 것으로 판명되었지만 이후, 1999년 예일대 존 바그 John Barg 교수와 2010년 네덜란드 위트레흐트대의 루드 쿠스터스 Ruud Custers 에 의해 서브리미널 효과가 재조명된다. 역하상태란 인간의 의식구조로 보면 무의식의 상태이다. 무의식은 인간정신의 대부분을 차지하지만 아직도 그 실체가 제대로 밝혀지지는 않았다.

인간의 의식 구조

인간의 의식구조에 대해 관심을 가지고 세계 최초로 연구를 시작한 사람이 프로이트였다. 프로이트는 인간의 성격의 기본구조를 원초아Id, 자아Ego, 초자아Super Ego로 구분했다. 원초아는 무의식의 깊은 층에 있는 본능적 충동이다. 원초아는 인간의 밑바탕을 이루는 기초에너지인 리비도Libido에 의해 지배된다. 자아Ego는 생각과 감정을 통해 외부와 접촉하여 행동하는 나 자신을 말한다. 자아는 현실의 원리에 지배를 받는다. 초자아Super Ego는 자아 이상Ego-Ideal이라고도 하며 도덕적 원리를 따르는 인간의 심성을 뜻한다. 이것은 선대의 도덕기준이 자식에게 전해져 마음속 깊이 내면화된 것으로 양심의 소리와도 같다.

자아가 인간의 의식의 영역이라면 원초아는 인간의 무의식의 영역이며 초자아는 인간의 의식과 무의식 모두를 지배한다. 자아는 인간의 본성과 도덕적 양심이 현실의 원리에 의해 변형되고 조정되어 직접적으로 외면에 표출된다. 그렇기 때문에 자아는 본성과 쾌락을 추구하는 원초아와 도덕적 이상을 추구하는 초자아 사이에서 왔다 갔다 하는 조정자 역할을 담당한다. 항상 본능과 이상 사이를 조율해야 하기 때문에 쉽게 지치게 되어 자아가 느슨해지는 순간에 사람들은 편안함을 느끼게 된다.

술을 마시면 사람이 달라지는 이유는 자아에 의해 억제되어 있던 본능Id이 자아가 쉬는 틈에 봇물처럼 쏟아져 나오기 때문이다. 인간은 술에 취하기도 하지만 군중 속 분위기도 취한다. 인간

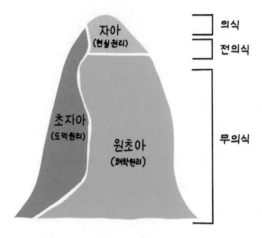

프로이트의 의식수준 및 성격의 구조

이 군중 속에 있으면 잔인한 야수로 변하기도 하는데 개인이 집단 속에 합류되면 양심을 움직이는 초자아Super Ego 가 기만당하기 때문이다.

의식이란 인간이 자신에게 주의를 기울이는 바로 그 순간에 알아차릴 수 있는 경험과 감각들로 인식하고 있는 상태에서 나타나는 정신활동으로 정의한다. 의식은 감각기관을 장악하여 외부세계와 내부세계를 통합하여 인식활동을 한다. 하지만 프로이트에 의하면 의식이란 인간의 정신에서 빙산의 일각에 불과하다. 인간의 정신의 대부분은 무의식이 지배한다. 전의식은 의식과 무의식의 중간지대에 위치하며 이 두 의식을 잇는 교량역할을 한다. 현재는 의식하지 못하지만 조금만 노력하여 집중하면 전의식에 저장된 기억이나 지각을 의식의 영역으로 가져올 수도 있다. 따라서 전의식은 이용 가능한 기억의 영역이다.

인간의 의식과 무의식은 인지과학에서 다루는 주제 중 가장 난해한 주제로, 그동안 심리학자들은 이 주제에 대하여 매우 다양한 이론들을 제시해왔지만 아직도 제대로 정립된 이론이 없을 정도이다. 무의식은 우리가 자각하지 못하는 경험과 기억으로 구성된 인간정신의 가장 깊은 곳에 위치하며, 인간 행동의 근간을 이루는 기본 뼈대로 작동한다. 인간의 행동의 구체적인 근거를 제시할 수 없는 방어기제도 무의식의 지배를 받는 영역이다. 무의식은 인간의 욕구나 본능이 깊게 자리하고 있는 영역이다. 쉽게 인식할 수 없고, 직접 확인할 수도 없는 접근 불가능한 창고와도 같지만 사실 인간의 모든 행동을 지배한다.

습관의 비밀

인간에게 습관은 정보처리과정에 사용하는 에너지를 대폭적으로 감소시켜준다. 컴퓨터 타이핑에 익숙한 사람은 컴퓨터 키보드의 글자를 쳐다보고 자판을 누르지는 않는다. 이들은 특정 단어를 생각함과 동시에 손이 저절로 움직인다. 충분한 훈련과 연습을 통해 의식이 무의식의 영역으로 넘어왔기 때문이다. 하나의 예를 더 들어보자. 우리는 운전을 처음 배울 때는 엑셀, 브레이크, 방향지시등 켜기 등을 의식적으로 생각하고 행동한다. 하지만 어느 정도 익숙해지면 이러한 행동들이 자동적으로 이루어지게 된다.

운전초보자는 자동차의 모든 조작순서가 머리 속에 꽉차 있기 때문에 옆 좌석에 있는 사람이 뭐라고 해도 전혀 들리지가 않는다. 우리가 자전거를 탈 때 '우측 페달 밟은 후 좌측 페달 밟아야지' 인식하지 않는다. 타는 법을 처음 배울 때는 그렇게 하겠지만, 완전히 배운 후에는 거의 자동적으로 다리가 돌아가기 때문이다. 이러한 자동적인 행동들은 표면적으로 매우 단순하고 쉬워 보이지만, 외부로부터 정보를 모두 받아들여 해석하고 감각기관에 전달하여 운동신경을 조절하는 등의 복잡한 과정을 통해 이루어진다. 이러한 방식으로 우리의 지각과 행동과 사고의 대부분은 의식되지 못한 채 무의식의 영역으로 이동한다.

안전분야에서도 마찬가지다. 새로 일을 시작한 근로자는 사고가 날 확률이 압도적으로 높다. 베테랑이라 할지라도 익숙하지 않은 처음 현장에 배치된 사람은 사고위험이 높기 마련이다. 미국의 심리학자 스콧 겔러Scott Geller는 인간의 행동을 다음과 같이 4가지 영역으로 구분했다.

1단계: 무의식적 불안전 행동
2단계: 의식적 불안전 행동
3단계: 의식적 안전 행동
4단계: 무의식적 안전 행동

먼저 1단계인 무의식적인 불안전한 행동은 차를 처음 타는 사람이 몰라서 안전벨트를 매지 않는 것과 같다. 이러한 사람에게 안전벨트를 먼저 매야한다고 교육과 훈련을 시키면, 불안전한 행동을 의식적으로 인식하는 2단계로 넘어간다. 하지만 의식적으로 위험을 인식하는 단계로 넘어왔더라도 불완전한 행동을 할 수 있다. 그렇게 해선 안 된다는 걸 알면서도 갖은 이유로 불안전한 행동을 하는 게 인간이기 때문이다.

불안전한 행동임을 알면서도 지키지 않는 이유는 태도의 문제이다. 귀찮아서, 가까운 거리에 가는데 안전벨트는 생략하지 하는 등의 생각이 지배하게 되면 알면서도 불안전한 행동을 하게 된다. 이러한 태도를 바꾸기 위해서는 불안전한 행동을 할 때마다 왜 안전하게 행동해야 하는지 그 가치와 의미를 반복적으로 일깨워 주어야한다. 그러면 3단계 의식적으로 안전한 행동을 하는 사람으로 넘어간다.

3단계인 의식적인 안전 행동의 단계로 넘어왔다고 해도 끝난 것이 아니다. 모든 일을 할 때마다 의식적으로 행동한다는 것은 두뇌활동에 에너지를 과하게 소비한다는 것이고 에너지소비를 최소화하기 위해 인간은 이러한 의식적인 행동을 언제든지 생략할 수 있다. 그래서 4단계가 필요하다.

의식적으로 안전하게 행동하는 사람을 칭찬과 격려를 통해 안전을 습관화시켜 의식하지 않아도 몸이 알아서 반응할 정도로 무의식의 영역으로 행동을 이동시켜야 한다. 그러면 특정 상황에서도 무의식적으로 몸이 먼저 반응하여 안전하게 행동하게 된다. 이것이 4단계인 무의식적인 행동이다. 이는 마치 차를 타게 되면 자동적으로 안전벨트를 착용하는 것과 같다.

조직내부에서 근로자들의 안전문화 수준을 향상시키기 위해서는 우리조직의 근로자들의 안전행동 수준이 어느 영역에 해당하는 아는 것이 중요하다. 1단계 수준이라면 몰라서 행하지 못하는 경우이기 때문에 지식에 초점을 맞추어 교육과 훈련을 실시해야 한다. 2단계 수준이라면 지식이 아닌 의지와 의식의 문제이기 때문에 안전에 대한 동기부여가 필요하다. 그래서 안전에 대한 지식보다는 자세와 태도를 바꾸어야 한다. 3단계 수준이라면 4단계의 무의식적 안전행동으로 변화하기 위해서 의식적 안전행동이 지속적으로 유지되어 습관화 되어야 한다. 어떤 특정한 행동이 습관으로 고착화되기 위한 기간은 주장하는 사람마다 다르다.

맥스웰 몰츠는 자신의 저서《맥스웰 몰츠의 성공의 법칙》라는 책에서 기존의 습관을 버리고 새로운 습관에 적응하는데 걸리는 시간을 21일로 이야기한다. 무엇인가를 바꾸어야 겠다는 신피질과 구피질을 거쳐 뇌간에 도착하여 습관화되는 기간이 21일이라는 것이다. 성형외과의사였던 그는 자신에게 성형수술을 받은 환자가 새로운 얼굴에 익숙해지는데 21일 정도의 시간 소요된다는 점을 발견했다. 반면, 런던 대학교 필리파 랠리Phillippa Lally 교수는 21일이 아니라 최소한 66일의 시간이 필요하다고 이야기 한다. 21일은 일종의 적응기간으로 몸에 밴 것이 아니라 아! 이런 거구나라는 느낌정도만 드는 기간이다. 머리가 기억하고 몸이 기억해서 무의식적으로 자동화되는 수준까지 이르려면 66일이 필요하다고 이야기한다.

뇌가 일하는 법
(뇌의 정보처리 방법)

인간은 정보를 어떻게 처리하는가?

안전분야의 덴마크 인간공학자인 젠스 라스무센Jens Rasmussen은 인지 프로세스의 종류에 따라 산업현장에서 이루어지는 작업을 숙련기반행동Skill Based Behavior, 규칙기반행동Rule Based Behavior, 지식기반행동Knowledge Based Behavior 3가지로 구분했다. 숙련기반의 행동은 몸이 기억하고 있는 행동이고, 규칙기반의 행동은 규칙에 따라 행하는 행동이며, 지식기반의 행동은 지식에 따라 행하는 행동이다.

인간의 정보처리는 에너지를 최소화하는 방법으로 진행되는데 초보자와 숙련자의 처리절차가 다르다. 초보자는 어떤 일을 수행할 때 작업에 대한 경험과 정보가 없기 때문에 지식을 기반으로 하여 감각→지각→인지→추론→계획→실행이라는 모든 정보처리단계를 거쳐야 한다. 하지만 좀 더 작업이 몸에 익숙해진 중급자는 이 모든 과정을 거칠 필요가 없다. 상황이나 외부 자극에 대해 형성된 자신만의 규칙을 이미 알고 있기 때문이다. 그래서 초보자의 작업 단계에서 필요한 인지와 추론이 필요 없어지고 감각→지각→계획→실행으로 간략화 된다. 숙련자의 경우는 이러한 절차가 더욱 간략화 된다. 중급자의 지각과 계획의 단계가 생략되고 바로 감각에서 실행으로 이어진다. 이것을 라스무센의 3단계 사다리 모형이라 한다.

라스무센의 의사결정 사다리모형(decision ladder model)

라스무센의 인지 프로세스인 3단계 사다리모형에 따르면 인간의 정보처리는 에너지를 최소화하는 방법으로 진행된다. 초보자는 감각→지각→인지→추론→계획→실행의 순으로 작업에 임하지만 숙련도가 높아질수록 감각→지각→계획→실행에서 감각→실행으로 이행한다. 숙련자들에게서 발생하는 사고는 정보처리과정에서 중간의 과정들을 생략하고 바로 실행으로 옮기기 때문이다.

일반 단순작업에서는 숙련기반의 행동으로 충분하지만 기계장치를 조작할 때는 규칙기반의 행동이 필요하고, 복잡한 시스템의 제어에는 지식기반의 행동이 필요하다. 숙련기반으로 이루어지는 작업에서도 작은 일상적인 트러블이 생기면 매뉴얼에 따라 대처하는 규칙기반으로 변하고, 그것으로 해결되지 않으면 지식기반으로 변하는 과제가 된다. 이것이 잘못될 때 휴먼에러가 발생하기 쉽다. 숙련자라 하더라도 처음 보는 기계를 매뉴얼 없이 조작해야

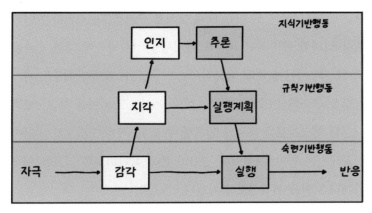

라스무센의 3단계 사다리 모형

할 때에는 머릿속에서 복잡한 판단과정을 거쳐야 하기 마련이고, 이러한 복합적인 행동가운데에서는 휴먼에러를 발생할 수 있는 소지가 많다.

행위스키마

스키마Schema란 과거의 경험이나 반응에 의해 생성된 구조화된 지식,개념들의 구조화된 군집, 반응체계로 정의할 수 있다. 인간은 스키마를 통해 환경에 대해 적응하고 주위환경에 대한 체계적인 대응을 할 수 있다. 철학자 칸트에 의하면 인간은 사물을 판단할 때 감각기관으로부터 받아들인 정보와 선천적인 능력인 지성이 함께 작동한다. 감성과 지성을 묶어주는 연결고리를 스키마라고 했다.

인간에게 스키마가 없다면 외부에서 주어지는 자극에 대하여 신속하게 대처할 수 없게 되고 생존율이 급격하게 떨어지게 된다. 독사에게 물리는 경험했던 사람은 과거의 경험이나 반응을 알기 때문에 무의식적으로 이에 대해 대처할 수가 있다. 스키마는 어떤 대상에 대한 유형화된 체계와 과거행동이나 반응에 대한 결과들로 외부의 자극에 대해 적극적으로 반응할 수 있도록 해주는 과거 경험을 구조화한 인지적 틀frame 이다. 우리는 스키마를 가짐으로써 다양한 입력정보를 빠르게 인지할 수 있고, 적은 노력으로 판단이 신속해지는 반면, 지식이나 경험의 틀에 적합하도록 정보를 왜곡하거나 오인할 위험성도 증가한다.

개인은 많은 스키마를 갖고 있지만 선행 경험에 따라 어떤 스키마가 활성화되고 있는 경우 나중에 오는 자극을 그 스키마를 사용해 인지할 가능성이 높아진다. 행위의 스키마Action schema 는 어떤 목적을 가진 행동의 실행에 관련된 동작의 기억을 포함하는 인지적 틀이다. 도널드 노먼Donald A. Norman 은 어떤 목적을 달성하기 위해 행위가 계획되면, 행위의 스키마가 활성화되고, 실행의 계기가 되는 자극이나 타이밍이 오면 행위가 실행된다는 ATSAction-Trigger-Schema 를 제안하였다. 이 모델은 동작의 오류를 잘 설명하고 분류할 수 있다. 예를 들어 목적에 맞지 않는 잘못된 스키마가 활성화되면 여러 가지 유형의 휴먼에러가 발생하게 된다.

GEMS 모델에 기반한 휴먼에러 대책

영국의 심리학자 제임스 리즌James Reason 은 라스무센의 3단계 사다리모형과 도널드 노먼Donald A. Norman 행위 스키마를 통합하여

GEMS_{Generic Error Modeling System} 모델을 만들었다. 그에 의하면 인간의 불안전한 행동의 원인을 크게 2가지로 분류한다. 리즌의 GEMS 모형은 인간의 불안전한 행동은 의도되지 않은 비고의적 행동과 의도된 고의적 행동으로 구분한다.

여기서 가장 최악의 것은 고의적 행동이다. 고의적 행동이 위험한 이유는 자신의 행동이 틀렸다는 것을 알지 못하기 때문에 중간에 수정이 불가능하고 큰 사고가 발생하고 나서야 비로소 알아차린다는 것이다. 고의적 행동은 자신이 틀렸다는 것을 모르고 행하는 착오_{Mistake}가 있고, 알면서도 행하는 위반_{Violation} 있는데, 위반은 다시 위반 행동은 일상적 위반, 상황적 위반, 예외적 위반으로 나뉜다. 의도되지 않은 비고의적 행동은 숙련기반행동에서 주로 나타나는 것으로 기억을 못해 발생하는 망각_{lapse}과 주의를 기울이지 못해 발생한 단순한 실수_{slip}가 있다.

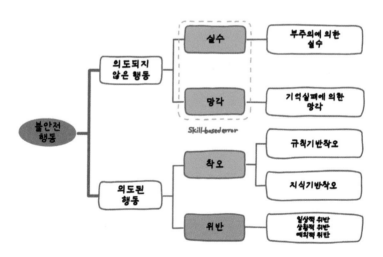

GEMS(Generic Error Modeling System) 모델

결과만을 보고 따졌을 때에는 모두 같은 에러 같지만 제임스 리즌의 GEMS 모델로 좀더 깊이 있게 추적해 보면 각각의 원인이 모두 다른 것을 알 수 있다. 예를 들어보자. 여기에 적합하지 않은 안전모를 착용해 사고가 발생한 일곱건의 사례가 있다.

첫 번째 근로자는 안전모를 착용하고 있지 않았다. 그는 현장에 출입하기 전에 안전모 착용하는 것을 깜박 잊고 그냥 왔다. 이것은 의도하지 않은 행동 중에서 망각(lapse)으로 인한 기억의 실패에 해당한다. 두 번째 근로자의 안전모를 확인해보니 추락방지용 안전모(AB형)이 아니라 낙하비래용 안전모(A형)안전모를 착용하고 있었다. 손에 잡히는 대로 가져온다는 것이 다른 것을 가져온 부주의에 의한 단순실수(slip)였다.

세 번째 근로자는 전기작업자로 전기작업에 필요한 AE형 안전모가 필요했지만 AB형 안전모를 착용했다. 그는 AB형 안전모가 전기작업자용 안전모인줄 알았다. 규칙을 잘못 알고 있던 규칙기반의 착오이다.

네 번째 근로자도 AE형의 안전모가 필요했지만 A형을 썼다. 그는 안전모가 다 동일한 것으로 알고 있었다. 안전모의 종류가 있는지도 몰랐고 교육을 받지도 못했다고 한다. 안전모의 종류가 있다는 지식을 알지 못했던 지식기반의 착오이다.

다섯 번째 근로자는 안전모를 착용하고 있지 않았다. 이 근로자는 전기작업에 필요한 AE형 안전모를 착용해야 하는 것을 알고 있었다. 그러나 감전위험이 높지 않다고 판단했고, 안전모 착용이 불편하다고 생각했다. 그리고 전기작업 시 다른 근로자도 대부분 착용하지

않아 자기도 그렇게 했다고 한다. 이는 위반 중에서 일상적 위반에
행동이다.

여섯 번째 근로자도 안전모를 착용하고 있지 않았다. 이 근로자도 안
전모를 착용해야 하는 것을 알고 있었지만, 현장 출입 시 자신의 안
전모가 없는 것을 발견했고, 시간이 급해 어쩔수 없이 그냥 들어왔
다고 했다. 이것은 위반 중에서 상황적 위반에 해당한다.

일곱 번째 근로자는 전기작업시 A형 안전모를 착용하면 안 되는 것을
알지만 AB형이 없어서 우선 급한 대로 A형을 착용했다고 한다. 이
근로자는 예외적 위반을 했다고 볼 수 있다.

	인적오류		내용	근로자의 반응
의도적 행동	착오 (mistake)	규칙기반착오	규칙의 잘못적용	앗, 그게 아니었나요
		지식기반착오	추론,유추의 잘못	앗, 전혀 몰랐어요
	위반 (violation)	일상적위반	평상시의 위반	다들 그렇게 해요
		상황적위반	특수한 상황시 위반	급해서 그랬어요
		예외적위반	긴급한 상황시 위반	불가항력적인 상황에서 불가피한 조치였어요
비의도적 행동	숙련기반 오류	망각(lapse)	단기기억 불능	깜박했어요
		실수(slip)	부주의로 인한 단순오류	단순한 실수였어요

안전모의 착용만을 가지고 단순하게 휴먼에러를 분류하였지
만, 복잡하고 고도화된 현대기술사회에서 휴먼에러는 더욱 더 복
잡한 형태로 발생한다. 따라서 휴먼에러를 원인별로 분류하고 이

에 대한 구체적인 대책을 강구하는 것이 필요하다.

1. 숙련기반착오 대책

인간의 실수는 1만 번 중에 한 건 정도로 발생한다. 숙련기반의 행동에서 발생하는 실수slip 에 따른 휴먼에러는 인간의 부주의 및 단기기억의 실패로 인해 발생하기 때문에 동시에 여러가지 작업을 동시에 하지 않는 것이 중요하다. 꼭 해야 한다면 구두로 지시하는 것이 아니라 메모나 문서로 전달하는 것이 바람직하다. 깜박하는 망각lapse 으로 인한 휴먼에러는 작업장에 안전정보를 가까이 제공하고 안전보건표지판을 부착하며, 작업 절차서를 제시해야 한다. 숙련기반의 착오는 대부분 부주의로 발생한다. 인간의 주의력에는 한계가 있고, 동시에 여러 가지 작업을 처리할 수 없다. 동시에 두가지 작업을 동시에 수행하지 않도록 작업을 설계하고 떨어진 주의력을 환기할 수 있도록 적절한 휴식시간 등을 제공해야 한다.

2. 규칙기반착오 대책

규칙기반의 착오를 방지하려면 상황 적응력을 높일 수 있는 교육훈련을 강화해야 한다. 규정이나 절차를 잊었거나 전혀 이해하지 못하면 작업자는 작업할 때 잘못된 결정을 할 수 있다. 작업자가 효율적으로 작업할 수 있도록 작업 시간을 더 세밀하게 계획하며, 작업자 훈련을 병행한다. 또 작업자의 실수를 방지하기 위해 기계 설비의 미비 사항을 보완하는 조치도 병행한다.

3. 지식기반착오 대책

지식기반 착오를 방지하려면 교육훈련 강화와 함께 처음 맞닥뜨리는 상황에서도 불안전 행동이 나타나지 않도록 기계, 설비 등의 디자인을 인간이 생각하는 바 대로 인지적 부조화를 일으키지 않도록 쉽게 설계하여야 한다. 작업자는 작업 목표를 숙지했더라도 실수와 잘못된 행동을 할 수 있다. 이를 방지하려면 숙련되기까지 반복적인 교육과 훈련이 필요하다.

4. 일상적위반 대책

일상적인 위반은 조직내에서 발생하는 휴먼에러 중 가장 고질적인 문제이다. 위반 행동을 반복하여 관찰해야 한다. 이러한 원인은 크게 두가지로 나뉜다. 하나는 구성원들이 조직의 규정이 잘못되었다고 생각하는 것이고, 위반이 만연화되어 있는 조직의 안전 풍토 문제이다. 먼저 조직의 규정에 문제가 없는지를 살펴봐야 하고, 상명하달식 규정이 아니라 구성원이 직접 규정의 제정에 참여하도록 하는 것이 필요하다. 자신이 만든 규정은 대부분이 지켜려고 노력하기 때문이다. 그래도 위반이 계속되면 이러한 위반 행동을 방지하기 위한 작업자 관리 감독을 강화해야 한다.

5. 상황적 위반과 대책

비상상황에 대한 비상대응절차Emergency Procedure를 수립하고 비상대응계획을 구체화해야 한다. 비상상황에 맞추어 관련된 자원을 충분하게 공급하는 노력이 필요하다. 비상상황이 발생하면 허둥

대기 마련이고, 평소에 잘 지켜지던 규칙들도 깨지기 쉽다. 그렇게 되어서는 조직 내 규정이 존재할 필요가 없어진다.

6. 예외적 위반과 대책

예외적 위반이 원칙에 비추어 제한적으로 해석되지 않는다면 그러한 위반은 빈번하게 계속될 것이다. 원칙의 본래 취지는 없어져 퇴색될 것이고 실효성을 상실하게 될 것이다. 구성원들은 예외 없는 원칙은 없다고 하며 위반에 대한 책임을 지지 않으려고 애쓸 것이다. 예외는 비상상황에서 요구되는 생존전략일지는 모르나 무분별하게 계속된다면 항구적으로 존재해야 할 조직의 규정은 소멸될 것이다. 예외적 위반조차 엄중한 잣대로 재단하는 풍토를 조성해야 한다.

독일 지멘스사의 12가지 휴먼에러 대책

1.작업 시간 → 압박 표준 시간 완화

2.주의 산만 → 휴식 시간 부여

3.작업 미숙 → 교육훈련 강화

4.직무/작업 스트레스 → 직무 스트레스 완화

5.과도한 작업 부하 → 적정 작업량 부여

6.작업 변경 → 변경 내용 사전 교육

7.지식 부족 → 교육훈련 강화

8.일상적 작업 패턴 → 작업 결과 확인

9.동시 복합 작업 → 작업 단순화

10.혼돈되는 표시 장치와 조작 장치 → 인간공학적 디자인

11.신기술 → 교육훈련 강화

12.작업에 대한 가정 → 가정에 의한 판단 금지

영국의 산업안전보건청(HSE)의 휴먼에러 예방을 위한 7단계조치

1. 현장의 주요 유해 위험 요인을 파악하라.

2. 이러한 유해 위험 요인과 관련한 작업을 파악하라. (예: 중량물 운반 작업, 보수 작업)

3. 이러한 작업들의 주요 작업 순서나 단계를 파악하라. 근로자들의 의견을 청취하라.

4. 이러한 각 작업 단계별로 발생할 수 있는 잠재적 휴먼에러를 파악하라. (단순실수/망각, 착오, 위반)

5. 휴먼에러 발생 가능성을 높이는 작업 수행도 형성 요인들(PIFs)을 파악하라. (기계설비 요인, 작업자 요인, 작업 방법 요인, 작업 환경 요인, 조직 관리 요인 등)

6. 휴먼에러에 체계적인 대응 방안을 사용하라. 작업자를 휴먼에러 예방을 위한 최후 수단으로 여기면 안 된다. 자동화는 또 다른 문제를 야기할 수도 있다.

7. 휴먼에러가 발생하더라도 회복, 복구할 수 있도록 작업을 설계하라.

뇌의 병렬처리
(멀티태스킹)

이스턴 항공 401편 추락사고

1972년 12월 29일, 밤 11시 42분 이스턴 항공 401편이 미국 플로리다주 마이애미에서 추락했다. 이 사고로 탑승객 176명 중 101명 사망했다. 당시 최신예 항공기가 추락했기 때문에 상당히 면밀한 조사가 이루어졌다. 사고 당일 이스턴 항공 401편은 뉴욕주 퀸즈의 존 F. 케네디 국제공항을 출발해 플로리다주 마이애미의 마이애미 국제공항에 도착할 예정이었다. 베테랑 기장이 인도된 지 4개월 된 신형 기체로 정상 운항하고 있었는데, 마이애미에 접근할 때 착륙을 위해 랜딩 기어를 내렸지만 랜딩기어 램프가 켜지지 않았다. 랜딩 기어가 내려가지 않으면 동체 착륙을 해야 하기 때문에 기장과 부기장은 계속해서 랜딩기어를 내리려고 했다.

추락 후에 밝혀진 사실이지만 이미 랜딩기어는 내려져 있었다. 단지 램프의 등이 나가서 불이 들어오지 않았을 뿐이다. 조종사들은 비행기를 자동운항을 맞춰놓고 모두 랜딩기어 램프에 매달렸다. 이 와중에 자동운항이 풀려 비행기는 점점 고도가 낮아지고 있었다. 정상적인 상황이었다면 조종실의 누군가가 금방 알람을 듣고 알아차렸을 텐데 모두가 랜딩기어 램프에만 매달리느라 확인할 정신이 없었던 것이다. 나중에 기장이 이 사실을 알고 다시 조종관을 잡았을 때는 이미 늦은 후였다.

그나마 비행기가 추락한 곳이 에버글레이즈 습지였기 때문에 충격을 어느 정도 흡수했고 76명이나 생존할 수 있었다. 이 최신예 기종의 추락은 사고 조사관들에게도 많은 의문을 가져다주었다. 왜 조종사들은 아무도 항공기의 조종에 관심을 가지지 않았을까?

이들은 블랙박스의 음성 녹음 장치를 복원한 후에 사건의 전말을 알 수 있었다. 당시 최첨단 여객기였던 이 비행기에는 비행기를 수동으로 움직여야 할 때 조종사가 조종간을 쥐기만 해도 바로 자동운항장치가 해제되는 기능이 탑재되어 있었다. 기장은 당시 자동운항장치를 켜놓았는데 몸을 돌리면서 조종관을 살짝 건드렸다. 이로 인해 자동운항이 해제되었다. 마이애미 공항 관제사의 실수도 문제였다. 이들은 레이더를 보고 401편의 고도가 떨어지고 있다는 사실을 알았지만 그저 레이더의 오류인줄 알고 401편에 경고하지 않았다. 기장을 포함하여 조종사들이 자동운항장치를 너무 과신했다. 최신기종에 최신기능이 탑재된 비행기가 알아서 잘 하겠지 라고 하는 안일한 생각 때문이었다.

미국 연방교통안전위원회NTSB는 사고조사를 마치고 이스턴 항공의 조종사들이 항공기의 정교한 시스템을 잘 다루지 못하였다고 발표했고, 항공관제사들에게는 고도가 낮아지는 항공편이 있을 경우 경고하라는 새 권고사항이 추가되었다. 또한 자동조종장치가 강제로 해제될 때 조종사가 알 수 있도록 더 강하게 경고해줘야 된다는 지침도 추가되었다.

이 대형사고의 원인은 12달러짜리 랜딩기어 램프 하나로부터 비롯된 것이었다. 이렇게 상태가 완벽한 비행기가 땅으로 곤두박질치는 경우가 심심치 않게 일어나는 사고로 인해 만들어진 용어가 CFIT Controlled Flight Into Terrain 이다. CFIT는 정상적으로 제어되어 운항 중이던 항공기가 의도치 않게 지면이나 산 등의 장애물을 향해 비행하여 발생하는 사고를 의미한다. 이 신조어는 1970년대 말에 보잉사의 엔지니어들에 의해 제정된 용어로 처리해야 할 업무가 과도하게 많아진 업무포화상태에서 긴급한 상황에 당황한 나머지 비행기를 제어할 능력을 상실하는 것을 말한다. 민간 항공사뿐만 아니라 미 공군에서도 1987년부터 1998년 동안 CFIT사고로 조종사 190명 사망했고, 항공기가 98대가 파괴되어 17억 달러의 피해가 발생하였다.

이러한 문제가 발생하는 이유는 처리해야 할 업무가 과도하게 많아진 업무포화task saturation 때문이다. 여객기 조종실cockpit을 보면 전후 좌후는 물론이고 천장까지 수많은 계기들로 가득 채워져 있다. 인간의 뇌 용량은 수많은 정보들을 처리하기에 그 용량이 매우 작다. 그러한 상태에서 합리적인 판단을 통해 행동으로 옮기기 위해서는 주의력 Attention 이 필요하다. 주의력은 인간의 정보처리과정을 직접 담당하지는 않지만 정보처리 단계에 깊게 관여한다.

남자와 여자의 뇌구조

우리는 동시에 여러 가지 일들을 동시에 할 수 있는 능력을 멀티태스킹 multitasking 이라 한다. 확실히 여자들은 남자들보다 멀티태스킹 능력이 더 뛰어나다. 여자들은 애기를 안고 TV연속극 보며 냄비 속 음식 저으며 전화로 수다를 떨 수도 있는데, 남자는 TV를 보다 전화가 오면 TV를 끄고 받아야한다. 반면에 여자는 공간감각이 부족하여 네비게이션을 켜 놓아도 길을 잃기 십상이다. 남자 셋이 모이면 서열을 정하지만, 여자 셋이 모이면 평등한 친구가 된다.

동일한 공간 내에서 병렬적으로 일어나는 일의 인지와 처리에는 여성이 우위에 있지만, 동일한 사건의 시간적 전개와 관련된 사건의 인지 추론 및 처리에는 남성이 우월하다. 같은 대상을 보아도 남성의 머리에 그려지는 이미지와 여성의 머리에 그려지는 이미지는 달라서, 여성은 공간적인 확장을 통한 이미지를 갖는 반면, 남성은 시간적 추론적 확장을 통한 이미지를 갖는다.

인류학자들은 여성이 멀티태스킹에 남성보다 뛰어난 점을 역사적인 관점에서 이야기한다. 남자는 달아나는 동물을 사냥하기 위한 집중력이 필요했다. 동물을 쫓다가 나무에 매달린 먹음직스러운 과일들을 보고 한눈을 팔았다가는 그 사냥감을 놓치고 만다.

가족들에게 고기를 가져다주지도 못해 쫄쫄 굶어야만 한다. 그래서 남성은 실패건 성공이건 그 사냥이 끝나야만 비로소 주위에 관심을 갖게 된다. 반면 여자는 숲속에 과일을 따러가거나, 강가에 조개를 주우러 가거나, 숲에서 식물을 채집하기 위해 주위를 샅샅이 훑어보는 능력이 발달했다. 물론 중간에 발견된 다른 먹거리도 순간적으로 잘 포착한다. 그래서 여자들의 채집통에는 온갖 다양한 먹거리들로 가득 차있다.

여자가 남자보다 멀티태스킹이 강한 이유는 인간의 뇌구조를 살펴봐도 알 수 있다. 여성의 뇌량Corpus callosum 이 남성보다 12%이상 크기 때문이다. 잘 알다시피 인간의 뇌는 이성을 관장하는 좌뇌와 불규칙한 감정을 좌우하는 우뇌로 구성된다. 이를 연결하는 다리가 뇌량이다. 뇌량이 클수록 좌뇌와 우뇌를 오가며 생각하고 행동할 수 있다. 즉 여성이 남성에 비해 좌뇌와 우뇌를 오가며 동시에 쓰기에 편하다는 것이다.

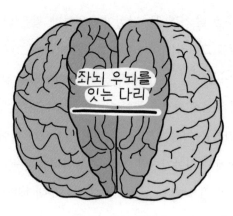

뇌량(Corpus Callosum)

그렇다면 여성이 남성보다 정말 멀티태스킹에 강한 것일까? 컴퓨터의 CPU의 성능이 높으면 동시에 여러 가지의 계산을 수행하는 다중처리 기능multitasking 이 가능하지만 인간은 그렇지가 못하다. 여성도 자세히 보면 멀티태스킹을 하는 것처럼 보이지만 사실은 스위치 태스킹Switch tasking 과 백그라운드 태스킹background-tasking 하는 것일 뿐이다. 스위치 태스킹switch-tasking 은 두 가지 이상의 작업에 주의를 나누어 쓰는 분할적 주의력Divided attention 을 이용한 처리하는 방식이고, 백그라운드 태스킹background-tasking 은 무의식적이고 반복적인 일을 하면서 동시에 다른 의식적인 일을 하는 것이다.

그렇다면 과연 인간의 뇌는 한꺼번에 몇 가지 일을 처리할 수 있을까. 뇌과학자들에 의하면 한 번에 두 가지 작업이 한계이다. 과거에는 이러한 실험이 불가능했지만 현대에 들어와서는 기능성 자기공명영상Functional MRI 덕분에 이러한 실험이 가능해졌다. 한꺼번에 두 가지 일이 가능하기 위해서는 좌뇌와 우뇌를 동시에 사용해야만 한다. 따라서 뇌량이 큰 여성이 유리하다.

요즘 사회는 사람들로 하여금 멀티플레이어가 되라고 요구하고 있지만 진정한 프로는 멀티플레이어가 아니라, 한 가지 일에 집중하는 사람이다. 캘리포니아대 어바인 캠퍼스의 정보학 교수인 글로리아 마크Gloria mark 는 어느 투자회사의 직원들을 대상으로 직장에서 멀티태스킹을 연구했다. 직원들이 사무실에서 하는 행동을 관찰하다가 행동이 바뀌는 시점을 일일이 기록했다.

이메일을 읽다가 걸려온 전화를 받고, 메모지에 무언가를 기록하고 하는 것을 말이다. 관찰결과 이들에게는 한 시간에 평균 20번의 업무방해횟수가 나타났다. 그 결과 직원들이 한 가지 업무에 집중하는 시간은 고작 3분 정도였다. 이들이 다시 본래의 집중력을 회복하는 데에는 약 15분이 걸렸다. 이 정도의 집중력으로 중요한 일을 신속하게 처리하기란 불가능하다. 일반적으로 우리가 멀티태스킹 작업을 하게 되면 작업속도와 생산성이 저하되고, 스트레스가 증가하여 실수를 유발한다. 단기기억력과 창의력이 떨어지고, 주의력이 떨어져 사고에 노출되기 쉽다.

뇌의 신경가소성(neuroplasticity)

런던과 파리의 길 구조는 매우 복잡한데 택시 운전사가 되기 위해서는 그 복잡한 길 구조를 모두 외워야 한다. 한 생리학자가 런던의 택시운전사의 뇌를 스캔해 보았는데 다른 사람보다 해마가 컸다. 처음 택시운전을 시작하는 사람의 뇌와 수년뒤에 같은 사람의 뇌를 비교해 보았더니 역시 후자의 해마가 더 커진 것이 발견되었다. 이러한 현상이 발생하는 이유는 뇌의 신경가소성neuroplasticity 때문이다.

뇌의 신경세포는 새로운 학습이나 경험을 통해 자라고 연결이 더욱 풍성해진다. 새로운 학습이 생기게 되면 하나의 신경세포에서 다른 하나의 신경세포로 연결되는 특수한 접점구조가 생기는데 이를 시냅스synapse 라 한다. 그 결과 신경세포간에 새로운 연결점이 생긴다. 반복과 연습이 신경세포의 연결을 강화하면서 점점 성장

한다. 반면에 사용하지 않는 신경세포들은 시냅스의 연결이 약화
되고 소멸한다.

　뇌의 신경가소성을 보여주는 또다른 사례가 환상지phantom limb
이다. 환상지는 16세기 프랑스의 의사 앙브루아즈 파레Ambroise para
에 의해 처음 알려졌다. 환상지란 사고로 팔과 다리를 잃은 사람이
없는 팔다리에서 느끼는 통증으로 절단을 받은 사람의 60~80%가
환상지를 경험한다. 환상지의 고통은 칼로 베는듯한 통증부터, 타
거나 찌르는 통증, 쥐어짜는 통증까지 매우 다양하다. 환상지는 상
완 절단술에서 가장 강하고 하퇴 절단술에서 가장 약하며 양측인
경우 주로 많이 사용하는 사지에서 더 흔하게 나타난다. 절단환자
의 50% 이상이 절단 후 24시간 이내에 발생하고, 수년이 지난 후
에 발생하기도 한다. 중세시대에는 악령이 일으키는 통증으로 여
기기도 했고, 근대까지도 앓는 사람이 정신적인 문제가 있는 것으
로 착각하여 스스로 이 고통을 숨기는 경우가 많았다.

　인간의 신체는 감각정보를 대뇌피질로 보낸다. 대뇌피질위에
는 각 신체부위의 감각정보가 전해지는 위치가 정해져 있다. 이를
감각피질의 신체지도라고 한다. 왼손을 잃게 되면 손이 절단되어
없어졌다고 해도 손의 감각을 인식하고 운동을 처리하는 뇌의 영
역들이 없어진 것은 아니다. 왼손에서 감각정보가 더 이상 들어오
지 않으면 다른 신체부위들의 감각이 이 영역을 침범한다. 팔에 자
극을 주면 팔에 감각이 손의 감각 영역을 침범하는 식이다. 이것이
뇌가 변하는 성질인 가소성이다.

　이러한 뇌의 신경가소성은 매우 뛰어나다. 뇌종양을 앓던 사

람이 수술로 좌뇌가 통째로 없어졌지만 나중에 좌뇌가 담당하던 영역들을 우뇌가 담당하기 시작하면서 거의 정상으로 돌아오는 경우도 있고, 우뇌의 손상으로 왼발과 왼손이 거의 마비되었던 사람도 꾸준한 걷기 운동을 통하여 정상기능을 회복한 경우도 있다. 이처럼 우리의 뇌는 놀라운 가소성을 보인다.

나이가 들면 머리가 굳어져 두뇌 회전이 잘 안되는 것은 틀린 말이다. 책을 읽으면 읽을수록 전두엽의 신경세포는 더욱 성장한다. 그 결과 경험과 경험, 지식과 지식을 연결하는 힘이 생기고 이것이 창조와 지혜로 발전한다. 운동신경도 마찬가지다. 사람의 신체 일부를 많이 사용하면 할수록 대뇌의 각 피질의 영역도 발전한다. 기타리스트는 손가락에 색소폰 연주자는 입술에 더 많은 뉴런이 있고, 지휘자들은 청각이 더 많이 발달한다.

스몸비(smombie)

인류가 스마트폰을 발명한 이후 스마트폰은 인간과 떼려야 뗄 수 없는 관계가 되어 버렸다. 걸어 다니면서도 스마트폰을 보느라 주위를 미처 살피지 못해 큰 사고가 나기도 한다. 이러한 스마트폰 사용의 급증으로 인해 스몸비smombie 라는 신조어가 만들어질 정도이다. 슴모비는 스마트폰 좀비Smartphone Zombie 의 약칭으로 주변을 살피지 않고 길을 걷는 사람들을 이르는 말이다. 복잡한 거리를 나서보면 스마트폰만 쳐다보며 주위에 집중하지 않고 느리게 걷는 보행자들을 흔히 볼 수 있다.

이렇게 산만한 보행자들로 인해 크고 작은 안전사고가 급증하고 있어 중국 충칭이나, 벨기에의 안트베르펜과 같은 도시는 2014년과 2015년에 스마트폰을 이용하는 보행자에게 방향을 지시하고 이들을 관리하기 위해 특수한 보도를 도입하였다. 스웨덴 스톡홀름에는 스마트폰을 보며 걷지 말라는 안전표지판을 설치했고, 미국 홀로룰루시에는 스마트폰 관련 법안을 제정하여 길을 건널 때 스마트폰을 이용하다 적발될 경우 35달러가 부과되고 1년 이내 두 번째 적발시 78달러, 세 번째 적발 시 99달러를 내야 한다.

국내에서도 시청, 연세대, 홍익대, 강남역, 잠실역 보도 바닥에 걸어가며 스마트폰을 보면 위험하다는 교통안전표지를 설치했다. 문자를 보내며 걷는 보행자는 다른 보행자와 부딪히거나, 보도의 연석을 넘다 넘어질 수도 있고, 차 앞까지 다가가거나, 마주오는 차량을 피하지 못해 대형 사고를 당할 수도 있다. 보행 중에 스마트폰을 사용하면 거리감각은 평소보다 40%줄어들고, 시야폭은 56% 좁아진다. 사물을 정확하게 분별할 수 있는 정상시각범위는 스마트폰을 사용하지 않은 보행자의 시야의 5% 정도밖에 되지 않는다.

특히나 산업현장에서 휴대폰 사용 중 사고가 발생하면 거의가 부상 또는 사망이다. 그래서 부상 위험이 큰 산업현장에서 근로자의 휴대폰 사용 금지를 확대해야 한다는 목소리가 커지고 있다. 국내 최대의 물류회사 노조가 "물류센터 내 휴대전화 반입 금지 정책은 노동자 인권과 안전하게 일할 권리를 훼손한다"고 인권위에

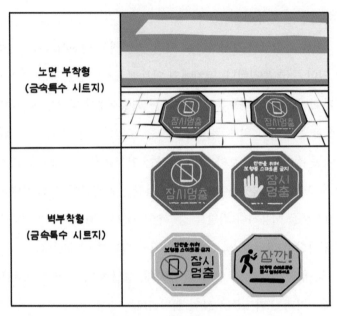

스마트폰 사용에 대한 홍보물 디자인

진정을 냈지만, 국가인권위원회는 차별시정위원회를 열어 "물류
센터 내 휴대폰 제한이 차별이라는 진정을 각하한다"고 결정했다.
이미 선진국에서는 대형 트럭, 중장비, 산업 장비를 운영하고 있는
사업자에서 안전상의 이유로 휴대폰사용을 제한하고 있다. 미국은
보잉사를 비롯, 제네럴 모터스GM도 안전 우려로 직원들이 보행
중 휴대폰 사용을 2018년부터 금지했다.

　한국에서도 2022년부터 삼성전자, 삼성바이오로직스, 볼보건
설기계 코리아, SK하이닉스 등이 보행 중 휴대전화 사용을 금지했
다. 이스턴 항공 401편 추락사고는 4분간의 주의력의 공백으로 빚
어진 참사였다. 이 사고는 인간의 주의력을 과신하면 안된다는 가

장 큰 교훈을 준 사고였다. 이러한 부주의로 인한 사고는 산업현장뿐만 아니라, 우리의 생활주변에서도 흔히 볼 수 있는 현상이다. 멀티태스킹은 매우 위험하다. 특히 중요하고 위험한 일을 하는 산업현장에서는 더욱 그러하다.

전체를 만들어내는 뇌
(게슈탈트 법칙)

뇌가 선택한 허상

우리의 감각기관이 외부로부터 사물을 감지하게 되면 다음과 같은 정보처리과정을 거치게 된다. 감각→지각→선택→조직화→해석→의사결정→실행 등의 과정을 거치게 된다. 이렇게 복잡한 과정을 거치는 동안 정보처리 과정의 오류로 인해 발생하는 것이 휴먼에러이다. 휴먼에러는 감각의 과정에서 착시 등의 현상이 발생하기도 하며, 부주의로 인해 단기기억을 장기기억으로 제대로 옮기지 못해 발생하기도 하며, 장기기억 속에 들어있는 정보를 인출하는데 실패하여 발생하기도 한다.

감각이란 물리적 자극을 감각기관을 통해서 받아들이는 과정이며, 지각은 감각기관을 거쳐 들어온 신호를 장기기억 속에 담긴 기존 기억과 비교하여 인식하는 과정이다. 선택은 여러 가지 물리적 자극 중에서 인간이 필요한 것을 골라내는 과정으로 형태의 본질을 파악하기 위한 가장 기본적인 탐색과정 중에 하나이다. 외부로부터 받아들인 정보를 지각한 후에는 선택을 해야 한다.

아래의 그림을 자세히 살펴보면 백조와 물고기가 보인다. 그림 윗부분에서는 백조가 물체로 보이는 전경Foreground 이 되지만, 아랫부분에서는 백조가 배경Background 이 되고, 물체는 물고기로 전경Foreground 이 된다.

Escher 작. Sky and Water 1.

아래의 그림은 어떻게 보면 오리이고, 어떻게 보면 토끼이다. 하지만 이 두 가지를 동시에 볼 수 있는 사람은 없다. 백조와 물고기의 그림에서처럼 전경과 배경을 동시에 볼 수 없는 것과 같이 오리와 토끼라는 사물을 동시에 받아들일 수 없고 선택적으로만 볼 수 있을 뿐이다. 이를 선택적 지각이라 한다.

이처럼 선택을 통해 형태의 본질을 파악했다면 그 다음에 거치는 과정이 조직화이다. 조직화란 선택된 자극을 인간이 빠르게 인식하기 위해 거치는 게슈탈트 과정이다. 게슈탈트 과정은 감각현상이 하나의 전체적이고 의미 있는 내용으로 체계화 되는 과정이다.

여기서 파생된 것이 게슈탈트 심리학이다. 게슈탈트 심리학은 독일의 막스 베르트하이머 Max Wertheimer, 볼프강 쾰러Wolfgang Köhler, 쿠르트 코프카Kurt Koffka에 의해 이론화된 것으로 지각된 내용을 하나의 전체로 통합하고 분리된 자극들을 의미 있는 유형으로 통합하는 데 초점을 둔다. 그리고 학습, 기억, 문제해결 등의 지적 활동에서는 지식을 기반으로 한 해석방법이 아닌 지각 중심의 해석을 강조한다.

게슈탈트 법칙(Gestalt laws)

우리가 사물을 보는 과정은 매우 복잡한 과정을 거친다. 외부로 받아들인 시각정보는 망막과 시신경을 거쳐 이미지는 해체되어 선과 윤곽을 기술하는 전기신호가 되고, 이 신호들은 뇌 속을 돌아다니면서 재부호화를 거친다. 그리고 그것은 게슈탈트규칙과 사전 경험을 토대로 재구성되고 다듬어져서 우리가 지각하는 이미지가 된다. 게슈탈트는 독일어로 영어로는 영어에서의 Form 혹은 Shape에 해당된다. 게슈탈트 심리학에서는 인간은 어떤 대상을 개별적 부분의 조합이 아닌 전체로 인식하는 존재라고 이해한다. 과거 심리학의 주류를 이루고 있던 구성주의였다.

빌헤름 분트Wilhelm Wundt와 같은 구성주의자들은 물질을 분석하고 분류하는 생물학자, 화학자, 물리학자들과 같이 마음을 구성하는 요소들을 분석하고 이러한 구성요소가 어떻게 상호 작용하는지 알아내려고 하였다. 그러나 베르트하이머는 인간을 개별적 부

한명의 노인과 여인이 또 하나의 노인을 구성한다.

분의 조합으로 인식하기보다는 하나의 전체로 인식하려고 시도하며 전체는 부분의 합이 아니라 그 이상이라고 이야기한다.

베르트하이머와 같은 학자들은 구성주의 심리학자들에 대해 인간의 정신적 경험을 그것의 각각의 부분으로 분석해 내려는 시도를 벽돌과 시멘트의 심리학이라고 비웃었다. 이와 같이 게슈탈트 심리학은 감각들을 의미 있는 지각들로 조직함에 있어서 정신의 활동적 역할을 강조함으로써 심리학에 새로운 방향을 제시하게 된다. 게슈탈트 이론에 의하면 인간의 정보수용은 지각되는 정보의 복잡함과 애매함을 정리하고 단순화하여 수용하려는 방식으로 진행된다. 이것은 지각이 우리의 사고와 연계되어 있고 조형의 수용이 감성과 이성의 결합에 의한 시각적 사고의 결과임을 시사한다. 즉 우리가 어떤 자극에 노출되면 그것들을 하나하나의 부분으로 보지 않고 완결, 근접, 유사의 원리에 입각하여 자극을 하나의 의미 있는 전체 혹은 형태로 만들어 지각하려고 한다.

인간은 행동에 대한 통유성여럿이 공통으로 가지는 성질을 가지고 있는데 이러한 특성이 있는 이유는 조건이 허용하는 한 최소한 에너지로 최대효과를 올리기 위해서이다. 이렇게 행동하는 것은 본능에 가까운 것으로 유한의 에너지를 갖는 인간시스템으로서는 당연한 것이다. 게슈탈트 법칙에 의하면 인간이 이미지를 볼 때 시각인지에서 두뇌로 해석되는 과정에서 정보들은 6가지 원리에 의해 특정한 형태로 재형성되는데 그 원리는 다음과 같다.

1. 폐쇄성(Law of Closure)

기존의 지식을 토대로 완성되지 않은 형태를 완성시켜 인지한다. 아래의 그림에서 흰색의 삼각형은 보이지 않지만 우리는 이 삼각형이 있는 것으로 인지한다.

2. 유사성(Law of Similiarity)

유사한 자극 요소들을 함께 묶어서 지각하는 방식으로, 비슷한 요소들을 하나의 집합적인 전체나 총합으로 인식한다. 이때 비슷한 요소들이란, 색, 크기, 질감 등이기도 하며, 성격이나 개성이 유사한 것끼리 무리를 집단화시키기도 한다.

3. 근접성(Law of Proximity)

시간과 공간 차원에서 근접해 있는 자극 요소들을 함께 묶어서 지각하는 경향이다. 멀리 떨어져 있는 물체보다 가까운 물체들에 대해 연관 지어 시각적으로 집단화 하려는 지각방식이다.

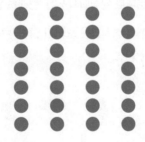

4. 연속성(Law of Continuity)

형태를 구성하는 요소들을 급격한 움직임의 변화가 아닌 부드러운 연속성에 따라서 함께 묶여 지각하는 방식이다. 단순히 시각뿐만이 아니라 청각, 움직임에까지 적용할 수 있다.

5. 단순성(Law of Simplicity)

특정 대상을 주어진 조건 하에서 최대한 가장 단순하고 간결하게 인식하는 경향이다. 아래의 그림에서는 완전한 원 한 개와 부분적인 원 두 개가 있는 이를 모두 원으로 인지함에 있어 불편함을 느끼지 못한다.

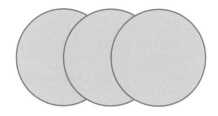

6. 공동운명의 법칙(공통성)(Law of Common Fate)

움직이는 요소들을 방향이 같은 것끼리 집합적으로 묶어서 인식하거나 배열이나 성질이 같은 것끼리 집합적으로 묶어서 지각하려는 경향이다.

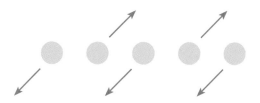

7. 대칭성(Law of Symmetry)

대칭적인 것은 균형과 안정감을 주기 때문에 아름답게 보인다. 따라서 서로 대칭하는 형태를 그룹으로 나누어 인지한다.

　인간의 정보처리과정에서 조직화에 실패하면 위험한 일을 위험하지 않은 것으로 해석하는 오류를 범하기도 한다. 이것은 때로는 작업현장에서 인간에게 불안전한 행동을 범하는 원인이 되기도 한다. 인간이 지각을 통해 수용한 정보를 조직화하는 이유는 최소한 에너지로 최대효과를 올리기 위해서이다. 게슈탈트 법칙 중 단순성Law of Simplicity의 법칙에 의하면 사물을 최대한 단순하고 간결하게 인식하는 것은 인간의 대표적인 정보처리 특징 중 하나이다.

　이러한 간결성의 원리는 착각, 오해, 단락본질을 무시하고 다른 내용을 논의하는 것 등의 심리적 요인이 된다. 인간이 간결성의 원리에 지배되는 이유는 피로, 걱정, 질병, 초조 등과 같이 심신의 활동이 정상적이지 않거나, 감정이 흥분상태에 있을 때, 과거의 추측에 의해 지배될 때 등이다. 예를 들어 작업장의 정리정돈이 잘 되어 있지 않은 상태에서는 휴먼에러가 발생하기 쉽다. 작업장이 어지럽혀 있으면 어떠한 물건을 찾는 데에 있어 많은 정보를 처리해야 하므로 인지적인 에너지 소모가 크기 때문이다. 체력이 떨어지거나, 피곤할 때 취하게 되는 지름길 반응도 이와 같다. 지름길 반응은 육체적, 정신적으로 피곤에 지쳐 있을 때 상황을 이성적이고 합리적으로 해결하려 하지 않고, 충동적 직관적으로 반응하는 것을 말한다.

4차산업 혁명시대에 들어서면서 대부분의 노동이 정신적인 노동으로 형태로 변해가고 있다. 인간의 육체적인 피로도는 낮아졌지만 오히려 정신적인 피로도는 높아지고 있는 상황이다. 인간의 뇌가 사용하는 에너지는 전체 사용하는 에너지의 20%에 달한다. 따라서 인간의 정보처리과정에서의 오류를 방지하기 위해서는 인간의 인지적 부담을 최소화하는 방법으로 작업장을 배치하고 우리의 뇌가 작동하는 조직화의 원리에 기반하여 설계하는 것이 필요하다.

없는 감각을 만들어 내는 뇌
(간츠펠트 효과)

요코이 쇼이치

1972년 1월 24일. 괌에서 57세의 어느 남성이 마을에서 새우를 훔쳐 먹다가 차모로족 주민들에게 발견되었다. 경찰이 이 남성의 신원을 확인해 보니 1944년 2차 대전 당시 괌에 배치되었던 일본군 요코이 쇼이치였다. 전쟁이 끝난지 한참이 지난 뒤였지만 28년 동안이나 땅굴 속에서 숨어 지내다가 발견된 것이다. 1915년 일본 아이치현에서 태어난 그는 1944년에 괌에 배치되었다.

그후 미군이 괌을 점령하게 되면서 일본군은 2만명이나 전사했고, 남은 대다수의 일본군은 보급이 끊겨 밀림과 바위굴에서 얼어 죽거나 굶어 죽어, 결국 살아남은 100여명은 항복하기로 했다. 하지만 요코이 쇼이치는 동료 2명과 함께 괌의 깊은 대나무 숲속으로 도망쳐 땅굴을 만들어 몸을 숨기고, 물고기, 개구리, 쥐, 과일

등으로 목숨을 연명해 나갔다. 입고 있던 군복이 모두 헤어져 버리자 나무껍질을 엮어 옷을 만들어 입었다.

괌은 열대우림 기후여서 춥지는 않았지만 먹을 것이 부족했고 결국 다른 동료 2명은 8년 만에 죽고 말았다. 1945년 일본이 패망하면서 전쟁은 끝이 났지만 그는 알지 못했다. 그로부터 7년 후에 우연히 미군의 전단을 발견하면서 일본이 전재에서 패해 항복했다는 것을 알았다. 하지만 일본군에게 항복은 곧 치욕이었으므로 치욕을 당하느니 동굴에 계속 남아 살기로 한다. 그가 발견되었을 때 그는 수십 년 동안 사람들과 대화를 하지 않았기 때문에 말하는 법을 잊은지 오래였고, 좁은 토굴에서 오랫동안 숨어살은 탓에 똑바로 서지도 걷지도 못했다. 3개월간 치료를 받자 요코이는 언어능력을 회복했다.

일본에 돌아온 그는 고향에 잘 정착하여 전국을 돌며 강연도 하고, 토기를 구워 생활하다가 1997년 82세의 나이로 세상을 떠났다. 그의 삶을 마치 로빈스 크루소의 삶과 같았다. 그는 꼼꼼하고 내향적인 성격으로 수십 년동안 밀림에서 고독과 싸워 이겨냈던 것도 그의 성격 덕분이었다. 혼자 살면서도 그의 생활에는 규칙성이 있었고, 앞으로의 일들을 계획적으로 수행했다. 그가 수십 년 동안의 고독을 견뎌낸 비결이었다.

감각 박탈 실험

대부분의 사람들은 외로움을 못견뎌한다. 1950년대 캐나다 맥길대학에서는 한 가지 특이한 실험을 했다. 성인 남성을 한 번에

한 명씩 방음된 작은 방에 있는 침대에 눕히고, 시각을 차단하는 특별한 안경을 쓰게 하고, 귀에는 한 가지 주파수의 소리만 나오는 백색소음 귀마개를 씌웠다. 그리고 손도 통모양의 케이스로 덮어 인간의 감각을 차단했다. 이들은 가능한 한 오랫동안 실내에 머물게 했지만 아무리 강한 의지력을 가진 사람도 3일이 한계였다. 좁은 방에서 감각이 차단된 이들은 입실 후 바로 주의력이 흐트러지기 시작하며 감정도 격하게 요동쳤고, 곧 불안감에 휩싸이게 되었다. 그리고 곧 환상과 환청이 몰려왔다.

이후에도 이와 같은 실험은 세계 각국에서 행해졌는데 일본 나고야 대학교에서도 이와 비슷한 실험을 여러 명을 대상으로 실행했다. 지름이 2.3m 높이가 3.3m인 방에는 안락의자, 책상, 수도꼭지, 변기가 놓여있고, 실내의 조명은 40lux, 온도는 24℃로 유지했다. 그리고 그 방안에서 한 명이 3일 동안 지내게 했다. 이 사람에게는 방속에 갇힌 자신의 감정을 기록한 종이를 제출할 때마다 벽에 난 구멍을 통해 먹을 것이 전달되었다. 방에 있는 사람의 음성은 외부의 사람들에게 전달되지만, 외부인의 목소리는 들을 수 없다. 이들은 처음에는 무료함을 이기기 위해 노래를 부르기도 했지만, 곧 피해망상이나, 환상이 나타나기 시작했고, 그러한 환경에 저항할 의욕이 사라지자 무기력해지기 시작했다.

외향적인 성격을 갖고 있는 사람은 3일이 지나자 심한 허탈감에 빠졌지만, 내향적인 사람은 전반적으로 차분해지기 시작하여 이들보다 더 오래 버틸 수가 있었다. 2006년 영국의 방송사인 BBC도 완전한 감각 박탈이 인간 심리에 어떤 영향을 미치는지 한

가지 실험을 한다. 건강한 자원자를 모집한 후 빛과 소리가 완전히 차단된 독방에서 48시간을 지내도록 한 것이다. 이들은 독방에서 지내는 동안 끊임없는 환각과 불면증에 시달렸고, 알 수 없는 불안감이 물밀듯이 엄습해왔다. 48시간이 지난 후에 이들의 기억력이나 계산 능력 등을 점검했을 때, 이들은 매우 혼란스러워했으며 피암시성이 높아져서 연구진들의 지시에 무조건 복종하는 모습을 보였다.

캐나다, 일본, 영국 등에서 이들에게 한 실험은 일종의 감각 박탈 실험이다. 자연은 진공을 싫어한다는 아리스토텔레스의 말처럼, 인간의 뇌는 아무런 감각이 들어오지 않는 것을 극도로 못견뎌 한다. 생후 6개월 이내의 영아에게 외부에서 아무런 자극이 주어지지 않으면 이들의 뇌는 더 이상 발달하지 않는 것과 같다. 1930년대 독일의 심리학자인 볼프강 메츠거Wolfgang Metzger는 인간에게서 시각, 청각 등의 자극을 박탈했을 때 감각을 상실되는 것을 막기 위해 뇌가 환각과 환청을 보게되는 현상을 발견하고 이를 '간츠펠트 효과Ganzfeld effect'라고 이름 붙였다. 간츠펠트라는 독일어는 한국말로는 전체 시야total field 정도로 해석된다.

간츠펠트 효과는 인간의 뇌에 가해지는 아무런 자극이 없을 때에는 뇌는 무언가 대체할 자극을 만들어내는 현상을 말한다. 시각과 청각을 차단하여 어떠한 자극도 입력되지 않도록 하면, 뇌는 거짓 신호를 만들어내서라도 절대적인 감각 박탈이 일어나지 않도록 유지하려고 한다. 이것이 환각과 환청이다. 이러한 감각박탈로 인한 이상 현상은 독방에 감금되어 있는 죄수, 광산 붕괴사고로 수십 일 동안이나 매몰된 광부나, 온통 하얀 눈밖에 안 보이는 남극에서 몇 달을 보내야 하는 연구원들에게도 나타난다.

인간은 사회적 동물

현대사회에서의 인간들은 손만 뻗으면 쉽사리 닿는 스마트폰과 같은 첨단기기 덕분에 감각박탈에 놓일 상황은 거의 없고 오히려 감각의 홍수 속에 살고 있다. 이러한 상태에 놓여 있다가 이러한 기기들이 주변에서 갑자기 없어진다면 마치 우리는 감각 박탈 상태에 놓인 것처럼 불안과 초조감에 시달리고, 무기력해 질수 있다. 지루함과 무료함은 마음을 갉아먹는 어두운 힘이다.

예로부터 노인들의 4대 고통을 생활고, 질병고, 고독고, 무위고라고 했는데 이중 가장 큰 고통은 무위고이다. 중세시대 교부들은 무기력과 나태 등과 같은 것을 아케디아$_{acedia}$라고 하여, 인간의 마음을 점령하여 생동감을 말려버리고, 소멸시키는 악마라고 하여 죄악시하였다. 이러한 무기력에 빠진 사람들은 더욱 자극적인 감각을 추구하지만 그 역시 오래가지 못하고 다시금 무기력에 빠져버리는 악순환이 반복된다.

고립 효과(Isolated Effect)

우리는 수많은 사람들과의 관계의 홍수 속에서 살고 있다. 하지만 때로는 그 관계들로 인해 숨 막혀 하거나, 정신적인 스트레스에 시달리게 된다. 하지만 너무 고립되는 것도 문제이다. 잠수함을 오래 타는 승조원들, 남극에 파견된 연구원, 우주 공간에서 오랫동안 우주인들은 좁은 지역에서 답답함과 심각한 고립감으로 인해 감정과 행동이 격해지는 심각한 '고립 효과'에 노출되기 쉽다.

2009년 7월 21일 밤 11시 35분쯤 남극 세종기지에서 이해할 수 없는 사건이 발생한다. 세종기지의 총무 박모46씨가 주방장 A38씨를 식당에서 무자비한 폭행을 가한 것이다. 박씨는 A씨를 밀쳐 쓰러뜨린 뒤 의자와 식당 집기를 집어던졌고, 주먹과 발로 A씨를 난타했다. 박씨는 옆에서 말리는 김씨를 업어치기로 메다꽂고, 양주를 담는 얼음 통으로 A씨의 머리를 내리쳤다. 반항도 못하고 계속 맞기만 하던 A씨는 박 씨가 소화기를 집어 들자 식당 밖으로 도망쳤고, 박 씨는 웃통을 벗어던진 채 A씨를 쫓아 식당을 뛰쳐나갔다. 살해 위협에 시달린 A씨는 추위에 떨면서 새벽 4시까지 창고에 숨어 있어야 했다.

문명과 철저하게 고립되어 있는 남극, 그와 같은 곳에서 이들이 견뎌야 하는 정신적 스트레스는 우리가 상상을 못할 정도이다. 장기간 고립된 상황에 따른 심리적 압박과 정신적 스트레스, 영하 30도를 넘나드는 극저온의 날씨와 몇 날 며칠이고 밤만 계속되는 나날들, 그렇게 고립된 기지에 오랫동안 갇혀 있는 생활을 하다 보면 그들은 극단적인 감각박탈과 같은 현상을 경험하게 된다. 결국 그들은 그러한 상황을 견디지 못하고 심리적 고립감, 불안감 등으로 신경이 예민해진다. 그리고 때로는 정서 장애나 간혹 이상 행동을 일으키기도 하는데, 1984년 아르헨티나 기지에서는 기지 대장이 정신착란을 일으켜 자신의 기지에 불을 지르는 사건까지 발생하였다.

현대사회의 인간은 복잡한 문명과 정보의 홍수 속에서 살아가기에 매우 지치고 피곤하다. 그렇기 때문에 "나는 자연인이다"라는 프로가 그리 인기를 끄는 지도 모르겠다. 하지만 감각의 박탈속에서는 더더욱 살수 없다. 근래에는 코로나로 인해 수많은 대인관계가 축소되어 코로나 블루라는 신조어도 생겨났다. 코로나 전에는 많은 사람들과 교류하고 수 많은 관계와 집단 속에서 생활했지만 이들과 맺고 있는 관계와 환경에 대해 고마움을 의식하지 못하고 살았다. 하지만 코로나가 이 모든 상황들을 변화시켰다.

이러한 변화는 제조업에서도 일고 있다. 최근에는 제조업은점점 스마트 팩토리화되어 가고 있어서 공장에서도 단독작업이 점점 늘어나고 있다. 교대 근무자가 심야에 혼자서 기계의 점검이나감시에 투입되는 경우도 많다. 이때 이들은 말할 수 없는 불안감이나 고독감에 싸이게 된다. 건설업에 있어서는 타워크레인 조종사들은 하루 종일 높은 타워크레인 꼭대기에 올라가서 혼자서 일을 해야만 한다. 이처럼 사회적 접촉이 단절되어, 인간관계의 소통이 어려운 직종에 종사하는 사람들은 '간츠펠트 효과Ganzfeld effect'에 노출되기 쉽다. 이제 우리는 직접적으로 발생하는 여러가지 안전사고들과 더불어 이들이 겪어야 하는 정신적인 스트레스에도 관심을 가져야 한다.

의식 유도의 법칙
(사람을 움직이는 방법)

동기부여 방법

리더십의 본질

리더십의 본질은 사람을 움직이게 하는 힘이다. 그 힘이 동기부여능력이다. 조직의 성과는 구성원들의 능력과 동기로부터 나온다. 개개인의 능력ability도 중요하지만 더 중요한 것이 동기motivation이다. 어떻게 하면 조직원들을 동기부여 시킬 수 있을까. 이것이 모든 리더들의 숙제이다. 많은 학자들이 그동안 사람의 동기부여에 대해서 고민해 왔는데 그 내용들을 살펴보면, 동기유발의 과정은 어떻게 이루어지는가에 대한 과정이론, 무엇이 동기를 유발시키는가에 대한 내용이론, 부여된 동기를 어떻게 지속시키는가 관한 강화이론에 대한 연구들이었다.

동기유발의 과정이 어떻게 이루어지는가에 대한 과정이론의 예화가 있다. 어느 마을에 혼자 사는 노인이 있었다. 노인은 한적한 마을에서 잔디밭이 깔린 마당을 갖고 있었는데 조용하게 사는 것을 좋아했다. 그러던 어느 날부터 노인의 앞 마당 근처에서 동네 꼬마들이 모여들어 놀기 시작했다. 이들이 시끄러워서 참을 수 없던 노인들은 꼬마들을 불러서 이야기 했다. "심심하고 지루하던 차에 너희들 같은 어린아이들의 목소리를 들으니 참 좋다. 그런데 귀가 잘 안 들려서 그러니 앞으로 우리집 잔디밭에 와서 더 큰 소리로 떠들면서 놀아다오. 그러면 하루에 25센트를 주마." 다음날 아이들은 더 신이 나서 더 큰 소리로 떠들면서 놀았다. 노인은 25센트를 주었다. 이후 아이들은 더 큰 소리로 떠들면서 놀았다. 매일 그렇게 하다가 노인은 어느 날부터 돈의 액수를 줄여나갔다. 25센트에서 20센트, 그 다음엔 15센트, 이어 10센트까지…, 그리고 어느 날 노인은 돈이 없어 더 이상 돈을 줄 수가 없다고 했다. 아이들은 화를 내며 말했다. "이 돈 받고 우리가 놀아 드릴 수는 없어요." 그리고 아이들은 떠나갔다. 노인은 다시 평화를 찾을 수 있게 되었다.

과잉정당화 효과(Overjustification effect)

이 노인은 인간의 심리에 대해 매우 잘 알고 있는 사람이었다. 시끄럽게 떠들어대는 아이들보고 화를 내며 쫓아내었더라면 서로가 기분만 상하고 그다지 효과도 없었을 것이다. 노인과 꼬마들 사례를 보면 꼬마들은 보상이 없을 때는 그냥 신나게 놀았다. 그런데 노인이 노는 것에 대한 대가로 어떤 보상을 제시했을 때부터는 자신들의 놀이가 재미가 아니라, 돈이 되어 버렸다. 결국 돈의 액수가 적어지자 꼬마들은 노는 것에 대한 흥미를 잃어버렸고 떠나 버리게 된 것이다.

이처럼 어떤 일에 대한 지나친 보상이 오히려 역효과를 불러일으키는 현상을 과잉정당화 효과overjustification effect 라고 한다. 외부에서 귀인되는 외적 요인들로 인하여 내적 요인의 효과가 감소하는 것을 말한다. 사람들은 자신의 행위가 내적인 이유가 아니라 외적인 통제 때문이라 간주하게 되어 내적동기를 상실하게 된다. 뉴욕 로체스터 대학의 심리학 교수인 에드워드 데씨Edward Deci 는 외적 보상이 내적 동기에 미치는 영향을 알아보기 위해 한 가지 실험을 하였다.

사람들을 두 집단으로 나누고 A집단은 퍼즐을 풀 때마다 상금을 주었고. B집단은 퍼즐을 풀어도 돈을 주지 않았다. 이렇게 퍼즐을 몇 번 푼 후에 학생들은 실험실에서 나와 퍼즐을 할 기회가 주어졌다. 앞에서는 반드시 퍼즐을 풀어야 했지만, 이제는 하기 싫으면 안 해도 상황이었다. B집단이 A집단보다 더 많이 게임을 즐겼다. 외적인 보상을 받은 A집단은 상대적으로 내적인 욕구가 줄어들었기 때문이다.

과잉정당화효과는 아이들뿐만 아니라 성인들 사이에서도 흔히 볼 수 있는 현상이다. 이러한 현상은 우리 주변에서 많이 볼 수 있다. 물질적인 보상은 칭찬이나 관심보다 과잉정당화 효과를 일으킨다. 일을 얼마나 잘했는지 따지지는 않고 그 일을 수행한 결과로만 보상을 할 경우, 그 다음부터는 그 일을 잘하려고 노력하지 않는다. 인간에게 일을 함에 있어 성취감은 매우 중요하다. 성취도에 관계없이 주어지는 보상은 그것이 비록 비물질적 보상이라 할지라도 과잉정당화 효과를 유발할 가능성이 높다. 과잉정당화는 지나친 보상 때문에 생기는 것이 아니라 무의미한 보상으로 인한 것이다. 잘하거나 못하는 것과는 상관없이 주어지는 보상은 보상으로서의 의미가 없기 때문이다.

인지적 평가이론(Cognitive Evaluation Theory)

에드워드 데씨Edward Deci는 이 연구를 더 발전시켜 인지적 평가이론cognitive evaluation theory을 발표했다. 인지적 평가 이론에 따르면 사람이 어떤 활동을 수행하기를 좋아하는데, 그러한 행동에 보상이 주어지면 과잉정당화overjustification가 발생할 수 있다. 외적보상이 이루어지면 그 사람은 자신의 자유의지에 따라서 수행 하는지에 대해 의문을 갖게 되고, 내적동기수준이 감소된다. 이제까지 받아왔던 보상이 제공되지 않는데 그럼에도 행동수행이 일어나면, 내적 동기는 증가된다. 이러한 현상이 발생하는 이유는 자신의 태도와 행동이 서로 모순되어 양립할 수 없다고 느끼는 인지부조화 때문이다.

집단의 영향력은 규범적인 영향normative influence과 정보적 영향informational influence으로 나뉜다. 규범적인 영향은 집단이 가지고 있는 강제적, 보상적인 영향이다. 반면에 정보적 영향은 집단이 개인에게 제공할 수 있는 강제적인 아니라 긍정적이고 신뢰할만한 참조적 영향이다. 개인은 집단의 가치와 태도 이미지를 자신의 것과 비교하면서 자신의 자아 이미지를 강화시키며 자신의 정체성을 확립해 나간다. 규범적인 요인은 금전적 보상에 내포되어 있어서 그 금전적 보상이 원하는 수준인지 아닌지에 관심을 두게 만들고 결과적으로 행동을 통제하지만 정보적 요소는 언어적 보상 같은 경우로 유능성에 피드백을 제공해 주게 되며, 이것이 내적동기를 증가시켜 준다. 따라서 정보적 요소는 인간으로 하여금 자기 결정성과 자기 유능성의 욕구를 자극시킨다.

인본주의적 심리학자 매슬로우

동기가 유발되는 과정이론을 통해 우리는 돈이라는 게 인간의 내적동기부여로는 약하다는 사실을 알았다. 그렇다면 무엇이 인간의 동기를 유발시키는 것일까? 애이브러햄 매슬로우Abraham Harold Maslow는 인간의 동기유발에 대해 욕구단계설을 주장했다. 매슬로우는 인본주의적 심리학을 창시한 인물이었다. 매슬로우가 등장하기 전 당시 심리학의 주류는 프로이트의 정신분석과 스키너의 행동주의였다. 매슬로의 인본주의적 심리학은 사람을 잠재의식에 의해 질질 끌려다니는 존재로의 인간과 환경에 반응하여 기계적으로 움직이는 인간, 둘 다를 부인하고 창의적이고 자유로운 의지를 가진 인간, 자신의 잠재력을 최대로 끌어올려 자아실현을 이루는 인간으로 규정한다.

자아실현이라는 개념을 처음 만들어낸 사람은 쿠르트 골트슈타인Kurt Goldstein 이지만 이 개념을 대중화시킨 인물은 매슬로우이었다. 자아실현이란 삶이 내게 무엇을 의미하는지를 정의하고, 자신의 욕구를 충족시키기 위해 실제의 자신과 이상적 자신의 균형을 찾아 최상위의 욕구로 이동하는 과정이다. 매슬로우에 의하면 인간의 욕구에는 각각의 단계가 있으며 하위의 욕구가 성취되어야 상위의 욕구단계로 올라갈 수 있다. 인간은 본능적으로 안전을 추구한다. 하지만 일정수준의 안전이 확보된다면 사회적 욕구를 추구하려고 한다. 인간이 추구하는 사회적 가치에는 여러 가지가 있을 수 있다. 하지만 그보다 더 가치 있는 일은 존경의 욕구와 자아실현, 자아초월의 욕구이다. 안전에 대한 동기부여의 방법을 매슬로우의 이론대로 실천하려 한다면 우리는 인간의 욕구가 성장하는 각 단계마다 거기에 부합하는 안전정책을 펼쳐야 한다.

매슬로우가 욕구단계설을 주장하였다면 앨더퍼Clayton Paul Alder-fer는 매슬로우와는 달리 동시에 두 가지 이상의 욕구가 작용할 수 있다고 했다. 앨더퍼에 의하면 인간은 존재의 욕구Existence needs, 관계의 욕구Relatedness needs, 성장의 욕구Growth needs가 있다. 존재의 욕구란 생명을 유지하기 위해 필요한 저차원적, 생리적, 물질적 욕구이다. 관계의 욕구란 다른 사람과의 상호작용을 통하여 만족을 추구하는 대인욕구이다. 성장의 욕구란 개인적인 발전과 증진에 관한 욕구이다. 인간은 자신의 안전을 추구하는 욕구도 있지만 자신의 동료, 주변사람, 사회관계망 속에 있는 모든 사람들의 안전을 추구하려는 욕구도 있다.

허즈버그Frederick Irving Herzberg는 인간의 욕구를 동기요인motivation과 위생요인hygiene으로 구분했다. 인간은 하나의 요소가 충분하면 만족하고, 부족하면 불만족 하는게 아니다. 만족요인과 불만족 요인은 같은 선상에 있는 것이 아니라 서로 다른 선상위에 있는데 직무만족을 주는 요인을 동기요인, 불만족을 주는 요인을 위생요인이라 한다. 안전에 대한 동기부여를 하려면 위생요인이 아니라 동기요인을 자극해야 한다. 위생요인의 만족의 결과는 직무만족이 아니라 직무불만족의 원인만을 제거하는 것일 뿐이다. 위생요인은 유지욕구이고 동기요인은 만족 욕구이다. 안전동기를 이룩하기 위해서는 만족 욕구를 강화시키는 방법을 찾아야 한다.

동기부여 이론 중 과정이론에 해당하는 브룸Victor Vroom의 기대이론에 따르면, 개인의 동기부여 정도가 개인의 행동양식 결정한다. 동기부여에 행동양식을 결정하는 수단을 브룸을 기대감, 수단성, 유의성으로 보았다. 동기부여를 일으키는 행동을 촉진시키는 것은 열심히 노력하면 좋은 성과를 얻을 수 있다는 기대감Expectancy, 자신이 노력의 결과로 내적 및 외적인 보상이 이루어질 것이라는 수단성Instrumentality 그리고 그 결과에 대해 내가 느끼는 가치를 뜻하는 유의성Valence이다. 내가 아무리 노력해도 구조적인 문제로 안전을 달성할 수 없고, 노력의 결과가 나타났다고 할지라도 내게 돌아올 보상이 없으며, 그 결과가 쓸모없는 것이라고 생각한다면 사람은 안전한 행동을 하지 않는다.

브룸의 기대이론

안전으로 유도하기

동기란 단어 모티베이션Motivation 은 움직이다라는 뜻의 라틴어 무버move 에서 유래한 것이다. 즉 동기란 어떤 목표를 추구하는 행동을 일으키는 요인을 말한다. 한국인의 안전의식은 OECD국가들 중에서 심각한 수준이지만 법규강화 등과 같은 제도적인 측면만으로는 개선의 한계가 있다. 사람들 스스로가 안전을 준수하려는 의지를 갖고 있어야 한다. 안전에 대한 동기가 부여되고 기대하는 목표가 이루어졌을 때 심리적인 만족이 나타난다.

조직이 정한 목표를 달성하는 방법에는 직원의 선발과정부터 시작하여 교육, 훈련 등에 이르기까지 다양하다. 또한 금전적인 수단을 통해 목표에 달성할 수도 있다. 하지만 금전과 같은 외적보상의 효과는 오래가지 못하며 지속적이지 않다. 돈은 중요하다. 하지만 인간은 빵으로만 살 수 없다. 먹고사는 문제가 해결되면 돈은 더 이상 동기부여제로 작용하기 어렵다.

미국의 사회학자 킹슬리 데이비스Kingsley Davis 의 인간의 성취는 능력과 동기로부터 나오는데 사람이 능력이 있다는 것은 어떠한 지식과 그 지식을 활용할 줄 아는 기술이 있다는 뜻이다. 동기는 동기를 유발할 수 있는 상황과 그 상황에 대한 태도에서 나온다.

지식과 기술이 있는 사람을 뽑아 동기부여만 잘 시킬 수 있다면 그 조직은 성공한다. 그러면 어떻게 하면 조직원들을 동기부여 시킬 수 있을까? 동기부여의 핵심은 태도이고, 태도는 환경에 의해서 만들어진다. 쿠르트 레빈Kurt Lewin 의 장이론field theory 에 의하면 인간은 환경의 동물이다. 환경의 영향이 개인의 특성보다 오히려 더 크게 작용한다. 모두가 성장을 원하고, 그것을 위해 강력한 동기가 부여된다고 해도 목표를 이루기 위해서는 몇 가지 기술이 필요하다.

에드윈 로크Edwin Locke의 목표설정이론goal setting theory에 의하면 우리가 무엇인가를 성취하기 위해서는 목표의 설정이 중요하다. 첫째 목표는 구체적Specific이어야 한다. 범위 목표의 수가 구체적이어서 세부적으로 달성하는 내용이 제시되어야 한다. 둘째는 측정가능Measurable해야 한다. 즉 수량, 비율, 시간, 금액으로 측정되어야 한다. 셋째는 달성가능Achievable해야 한다. 구성원의 능력 범위 내에 있어야 동기부여와 성취감이 생긴다. 넷째는 현실적Realistic이어야 한다. 조직의 여건 내에서 추구할만한 정도여야 하며 비현실적인 것은 제거해야한다. 다섯째는 기한Time specific이 있어야 한다. 목표에 따른 단·장기적인 기간을 설정해 두어야 한다.

중요한 것은 누가 지시하거나 강압에 의해 설정된 목표보다는 자신이 참여하여 정한 목표가 더 실현성이 높다. 따라서 동기를 유발하기 위해서는 먼저 조직의 구성원들에게 조직이 추구하는 가치에 대해 이해와 동의를 구해야 한다. 조직에서 안전을 추구하는 이유가 개인의 가치보다 조직의 가치만을 추구하는 게 목적이라면 구성원들은 자신의 가치와 이념에 일치하지 않는다고 판단하게 되고, 목표달성에 대한 동기도 사라질 것이다. 두 번째는 현재 상황을 바탕으로 목표를 명확히 설정해야 한다. 현재 산업재해 발생 건수가 100건이었다 내년도에는 70건으로 줄이자는 명확한 목표를 세워야 한다. 산재사고 목표를 0Zero으로 설정하는 것은 비현실적이고 실현가능성이 전혀 없는 공허한 메아리일 뿐이다. 셋번째는 피드백이다. 내가 노력한 결과를 알 수 없다면 아무도 노력하려 들지 않는다. 인간이 도박과 게임에 쉽게 중독되는 이유는 빠른 피드백이 있기 때문이다. 따라서 이때 피드백은 빠르면 빠를수록 좋다. 넷째는 내가 취한 행동에 대한 상 또는 벌이다. 다섯째는 경쟁과 협동이다. 경쟁만 해서도 안되고 협동만 강조해서도 안된다. 이를 적절하게 섞을 줄 알아야 한다.

일관성을 좋아하는 뇌
(인지부조화이론)

태도와 행동의 모순 이용하기

세뇌의 방법

이솝 우화 중에 여우와 신 포도라는 이야기가 있다. 한 배고픈 여우가 탐스러운 포도송이를 발견하게 되었다. 포도가 먹고 싶어서 발돋움도 하고, 펄쩍 뛰어 봤지만 결국 닿을 수가 없었다. 그러자 여우는 돌아서면서 이렇게 혼잣말을 말한다. "저 포도는 신 포도라 어차피 못 먹어." 여기서 여우는 포도를 따먹지 못하자 자신의 태도를 바꾼다. 먹을 수 없는 상황에서 먹을수 있다고 생각하면 그 희망이 현실에의 적응을 방해한다. 이것은 정신건강에 그리 좋은 일이 아니다. 그래서 인간은 생각과 행동사이에 부조화가 일어나면 자신의 불편함을 잠재우고, 일관성을 유지하기 위해 특정한 방향을 선택하게 되는데 이러한 특성을 설명하는 것이 인지부조화 이론cognitive dissonance theory이다. 이 이론은 장이론field theory으로 유명한 레빈Lewin의 제자였던 레온 페스팅거Leon Festinger가 발표했다.

1957년 미국에 '사난다'라는 우주인을 신으로 믿는 광신도 집단이 있었다. 이들은 1957년 12월 21일에 대홍수가 발생하여 인류가 종말을 맞이한다는 신의 계시를 듣고 종말을 피하기 위한 준비에 들어간다. 미네소타 대학의 심리학교수인 레온 페스팅거Leon Festinger는 이들을 취재하기 위해 신도로 위장하고 교단에 잠입한다. 이때 거실의 양탄자 밑에서 이상하게 생긴 주석조각이 발견되고, 이 발견을 자신들을 구조하러 올 우주선에 타려면 자신의 몸에 걸친 모든 금속조각을 제거해야 한다는 의미로 해석한다. 모든 금속조각을 제거하고 신도 모두가 자정을 기다렸다. 10분 전이 되자 긴장은 극에 달했다. 하지만 시간이 흘러 자정이 지났지만 아무일도 일어나지 않았다.

일부 신자들은 충격을 받고 두 손으로 얼굴을 감쌌다. 그때 커튼 사이로 조명이 새어 들어왔다. 혹시 우주선인가 커튼을 젖혔지만 그것을 흥밋거리를 취재하러온 방송국 차량의 조명이었다. 새벽이 되자 이들은 방송국 기자들을 집안으로 안내해 차를 대접했다. 이들은 예상과 달리 흥에 들떠 있었다. 방금 사난다 신으로부터 신자들이 밤새 열심히 기도했기 때문에 홍수를 내리지 않겠다는 메시지가 들여왔기 때문이다. 페스팅거는 이 장면을 보고 인간은 합리적인 존재가 아니라 자기를 합리화 시키는 존재라는 생각을 했고, 인지부조화 이론cognitive dissonance theory을 내놓았다.

한국전쟁 중에는 많은 미군 병사들이 중공군 포로수용소에 수용되어 있었다. 군사 정보를 캐내기 위해 북한군은 미군 포로를 모질게 고문했지만 중공군은 이들에게 고도로 정교화된 심리전을 바탕으로 한 유화정책을 펼쳤고 이들의 전략은 매우 성공적이었다. 중공군은 미군 포로들로 하여금 서로가 서로를 감시하게 만들었고, 서로를 고발하게 만들었다. 그래서 이들의 수용소의 탈출 계획은 번번히 실패로 돌아갔다. 적진에서 동료들을 사지로 몰아넣는 이러한 배신행위는 2차 대전 중에는 거의 그 유래를 찾아볼 수 없는 현상이었다. 전쟁이 끝난 뒤 미국의 심리학자들은 이 현상을 이해하고자 귀환 포로들의 심리상태를 집중적으로 연구했다. 중공군들의 전략은 매우 간단했다. 작은 것에서부터 시작하여 크게 만든다는 전략이었다.

이들은 먼저 미군 포로들에게 "미국이 완벽한 것은 아니다." "공산주의 국가에서 실업은 전혀 사회 문제가 되지 않는다." 등의 매우 하찮은 것으로 보이는 주제를 가지고 글을 쓰게 했다. 그 답례로 그들이 받은 것은 담배 한 개비였다. 미군 포로들로부터 가벼운 승낙을 받아내면 좀 더 심각한 그다음 단계로 넘어간다. 이를테면 어떤 측면에서 미국이 완벽한 나라가 아닌가에 대하여 구체적으로 종이에 쓰도록 했다. 그리고 자신의 이름이 서명된 이 종이를 직접 공개하면서 포로들간에 토론하도록 했다. 이러한 과정이 계속하여 반복되면 미국이 완벽한 나라가 되지 못하는 이유를 계속하여 생각해 내게 되고, 나중에 중공군은 미국 포로의 이름과 미국에 비판적인 작문내용을 라디오 방송으로 흘려 보냈다.

미군 포로들은 처음에는 담배와 같은 유치한 상을 받기 위해 자신의 신념과 상반된 행동을 한 자신에 대해 괴로워했다. 글을 쓰고 유치한 포상을 받은 상당수의 미군들은 자신의 행동과 신념 사이에 작은 균열이 생기기 시작했고, 자신의 행동을 정당화 하기 위해 자신의 신념을 바꾸는 선택을 했다. 공산당으로 변절한 것이다. 이들은 자신의 유치한 행동을 정당화하기 위해 자신은 사탕 몇 개와 담배 몇 개비에 넘어간 것이 아니라 정말로 공산주의가 좋아서 전향한 것이라고 자신을 합리화했다. 중공군은 비록 인지부조화 이론은 몰랐지만, 인간의 심리를 완벽하게 이해했던 심리학의 대가들이었다. 이들은 왜 이렇게 쉽게 넘어간 것일까?

어느 심리학자가 재미없는 놀이를 한 후 실험참가자들에게 돈을 주면서 재미 있다고 말하라고 하는 실험을 하였다. 20달러를 받은 참가자들은 재미 없어도 돈 때문에 했다는 명분이 생겨 나중에 자신이 거짓말을 한 사실을 실토했다. 하지만 1달러를 받은 참가자들은 1달러를 받고 거짓말을 했다는 사실을 부끄럽게 여겨 자신이 거짓말을 한 것이 아니라, 실재로 재미있는 놀이를 했다고 스스로를 합리화 했다. 중국 공산당의 세뇌 공작에서도 이들이 처음부터 거창하게 큰 보상을 주면서 미군포로들을 설득했더라면 그들은 넘어가지 않았을 것이었다. 이 작은 것에는 엄청난 힘이 숨어 있었다.

한국의 독특한 집단주의

홉스테드의 문화차원이론에 의하면 개인주의 지수IDV, individualism vs. collectivism는 미국과 호주가 가장 높다. 동양에서는 일본이 46

으로 가장 높고, 중국 20, 한국 18이다. 오히려 중국이 한국보다 개인주의가 높다. 한국의 개인지수는 세계평균이 38.7인데 비해 한국은 18점일 정도로 개인주의 지수가 매우 낮다.

　개인지수가 낮다면 한국은 과연 집단주의 국가일까? 결론적으로 말하자면 아니다. 일본은 집단주의 국가가 맞지만 한국은 집단주의 국가처럼 보이지만 사실은 관계주의 국가이다. 일본인들은 집단에 충성을 다해 자살 폭탄공격, 할복 등의 말도 안되는 행위를 할 수 있지만 한국인들이 집단에 목숨을 바쳐 충성한다는 것은 본 적이 없다. 한국 사람들은 집단이 아니라 집단에서 관계를 맺고 있는 사람에게 충성을 한다.

　일본인들은 집단 내에서 서열을 중요시하지만 한국인들은 내 옆에 있는 동료와의 서열에 더 민감하다. 이러한 관계주의 문화 속에서 개인의 취향은 그리 중요하지가 않다. 집단이 원하면 개인의 주장은 무시되기 일쑤이다. 따라서 개인의 가치나 취향도 항상 일관성 없이 상황이나 분위기에 따라 바뀐다. 4명이 같이 밥을 먹으러 가도 3명이 동조하여 한 가지 메뉴를 정하면 나머지 한 사람도 자신의 결정을 번복한다. 서양인들은 이렇게 사회적 맥락에 따라서 수시로 변하는 한국인을 보고 일관성이 없다고 이야기 한다.

　사실 사회적 맥락은 매우 중요하다. 우리가 살아가는 환경조건에 따라 우리의 태도와 행동을 바꾸지 아니하면 생존이 불가능할지도 모른다. 한국은 사회적 맥락이 매우 높은 사회이다. 맥락 context 은 text를 서로 연결co 해 놓은 것으로 단어의 전후와 앞뒤를 살펴보고 판단하는 것을 뜻한다. 예를 들어 김이 모락모락 나는 만두를 여름에 보았을 때보다는 겨울에 보았을 때 더 맛있게 느끼는 것과 같은 것이다.

다만, 한국 사람들의 일관성이 없는 태도, 개인주의 보다는 관계를 중시하는 특성들이 우리나라 사회 전반의 안전에 악영향을 끼치기도 한다. 안전의식은 일관성이 매우 중요하다. 안전의식이 높고, 규칙과 규정을 잘 지키는 사람이 그렇지 않은 집단으로 옮겨 갔을 경우 이들은 자신의 가치관이나 태도를 버려야 그 집단에서 원만하게 적응할 수 있다. 이래서는 안전수준이 향상되지 않는다. 최근 한국의 사회갈등은 매우 높은 상황이다.

특히 기성 세대들와 신세대로 대표되는 MZ세대들간의 갈등은 더 심하다. 이러한 현상은 최근 한국사회의 트랜드가 변화하고 있기 때문인데 MZ세대들은 관계를 중시하는 기성세대들과 달리 개인주의를 신봉한다. 남들이 뭐라고 하던 간에 자신의 신념과 가치대로 행하기를 좋아한다. 기존의 기성세대들은 이러한 MZ세대들 틀렸다고 생각한다. 자신의 과거의 생각과 기준으로 그들을 판단하고 상대방의 문제를 적극적으로 고쳐 주고자 한다. MZ세대들의 생각이 틀린 것이 아니다.

다만 그들과 다를 뿐이다. 이러한 인식의 한계가 한국의 꼰대문화를 만든다. 게다가 그러한 관계사회에서 지나치게 나 자신의 존재를 드러내고 싶어하는 갑질문화가 생겨났다. 그래서 갑질과 꼰대문화는 한국인만이 가지고 있는 관계주의의 그릇된 발로라고 할 수 있다. 한국의 문화는 점점 서구화되어 가고 있다. 개인주의 지수도 세대를 거듭할수록 더욱 증가할 것이다. 우리가 세대 간의 갈등을 좀 더 완화시키고, 안전수준을 향상시키기 위해서는 젊은 세대들의 개인주의를 이해하고 내 주위의 사람들을 너무 인식하고, 내 존재를 더욱 드러내고자 하는 지나친 관계주의에서 벗어나야 한다.

전혀 합리적이지 않은 인간
(전망이론)

합리적인 동물

인간은 합리적인 동물이다. 그래서 오로지 경제적 합리성에만 기초를 두고 행동하는 인간이라는 뜻의 호모 이코노미쿠스Homo economicus라는 용어를 사용한다. 그런데 합리성에는 3가지 종류의 합리성이 있다.

첫째는 절대적 합리성이다. 이는 공학자와 경제학자 등과 같이 관련업계 전문가집단이 선호하는 합리성이다. 이들은 과학적 원리에 근거하여 위험을 평가하도록 훈련받는다. 특정분야에 대한 전문성을 획득한 까닭에 세부적인 면에는 강하지만 전체적인 맥락을 파악하고 종합적으로 판단하는 것은 서툴다. 또한 전문가는 자신의 전문지식에 매몰되어 일반인보다 폭넓은 상호작용의 가능성을 인식하는 능력이 떨어진다. 아무리 뛰어난 기술과 안전장치를 개발하였다고 하더라도 그것을 다루는 사람은 불완전한 존재로 태어난 인간이다. 완벽한 설계자가 디자인을 하고 완벽한 제조자가 시스템을 만들었다고 할지라도 그것을 운용하는 사람이 그렇지 못하다면 그 시스템은 불완전할 수밖에 없다.

둘째는 제한적 합리성이다. 전통적인 경제학에서는 완전정보, 인간의 합리성, 효용의 극대화 등을 가정한다. 개인은 시장에 대한 완전한 정보에 기반하여 자신의 효용을 극대화시키는 합리적인 결정을 내린다. 하지만 허버트 사이먼Herbert Simon은 인간이 모든 정보를 이용하여 합리적인 의사결정을 내린다는 것이 쉽지 않다고 생각했다. 따라서 제한된 합리성 안에서 의사결정을 하는 것이 현실적이다. 현실에서는 모든 사실을 토대로 종합적인 정보처리 과정을 거쳐 선택하기보다 훨씬 단순한 과정을 거쳐 선택이 이루어진다.

주어진 정보가 복잡하고 많을 때 이를 모두 활용하기는 어렵다. 주어진 상황과 경험에 의해 최선의 선택을 하게 되는데 이는 인간의 인지적 한계성 때문이다. 그래서 사고과정을 연구하는 인지심리학자들은 대체로 절대적 합리성의 시각을 공유해 왔지만 실험을 통해 상반되는 결과를 숱하게 접하면서 절대적 합리성의 개념을 버리고 제한적 합리성의 개념을 수용하기 시작했다.

셋째는 사회적 합리성이다. 인간의 이성을 논할 때 강조하는 부분은 알고리즘적 사고이다. 알고리즘은 어떠한 문제를 해결하기 위해 논리적으로 풀어가는 과정들을 말한다. 알고리즘은 데이터를 가지고 연산하는 과정을 중심으로 진행되며 데이터가 충분하지 않을 경우에는 주어진 데이터를 가지고 자동화된 추론과정을 거친다. 하지만 인간의 두뇌는 알고리즘대로 정보를 처리하기에 최적화 되어 있지 않다. 모든 정보를 입수하여 모든 상황을 분석하고, 체계적인 연산과정을 거쳐 최종의사결정을 하기에는 너무나 많은 시간이 소요된다. 그래서 인간은 잠재의식 속에 쌓여 있는 오래된 실제경험에서 비롯되는 추론을 근거로 의사결정을 내린다. 따라서 합리적 선택에 따르는 인지적 한계를 인정해야 한다. 이러한 인지적 한계가 우리를 인간답게 만들어 준다. 사람들마다 장점과 단점이 모두 다르고 이러한 다양한 능력은 상호보완적인 기능을 하며 그에 따라 사회적 결속이 이루어진다. 능력의 다양성에 토대를 둔 사회적 결속은 능력의 균질성에 토대를 둔 사회적 결속보다 더 안정적이며, 심리적 만족감을 제공한다. 상황에 따라 서로 다른 능력이 필요할 때 강력한 사회적 기반이 구축된다.

2002년 노벨경제학상을 받은 미국의 심리학자이자 행동경제학의 창시자 대니얼 카너먼은 수상소감에서 다음과 같이 말했다. "저는 고정관념에 기초한 인간의 두루뭉술한 사고와 편향성에 대해 연구했습니다. 인간이 모두 비합리적이라고 말하는 것은 아닙니다만, '합리성'이라는 개념은 매우 비현실적입니다. 저는 '합리성'이란 개념 자체를 부정하고 싶을 뿐입니다." 행동경제학이 등장하기 전까지 경제학의 기본관점은 인간은 이성적인 동물이라는 것이었다. 여기에 확실히 8000만원을 얻을 수 있는 대안과 1억을 얻을 수도 있지만 성공 확률이 85%인 대안이 있다. 당신은 어떠한 선택을 할 것인가?

수학적으로 따져보면 확실한 8000만원을 얻을 수 있는 기댓값은 8000만원인 반면, 85%의 확률로 1억을 얻을 수 있는 기댓값은 8500만원으로 전자보다 높다. 후자를 선택하는 것이 현명한 선택이지만 대부분의 사람들은 전자를 선택한다. 반대로 무조건 8000만원을 잃는 대안과, 85%의 확률로 1억을 잃는 대안이 있다. 전자의 기댓값은 8000만원이고, 후자의 기댓값은 8500만원으로 훨씬 손해가 크지만 대부분의 사람들은 후자를 선택한다.

왜 이러한 현상이 발생하는 것일까? 사람들이 이익을 추구하는 대안을 선택할 때는 대부분이 위험회피 성향을 보이지만 손실에 대한 선택을 할 때는 오히려 위험을 선호하는 경향을 보인다. 대니얼 카너먼은 이러한 인간의 심리를 연구하여 전망이론Prospect theory을 발표하여 노벨 경제학상을 받았다. 카너먼은 이러한 현상을 설명하기 위해 효용함수 그래프를 이용했다.

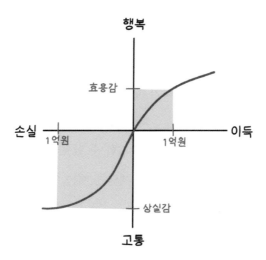

그래프에서 이익과 손실에 대한 수치는 같지만 심리적 상실감은 손실이 훨씬 크다. 이익이 발생할 때 효용은 완만하게 증가하지만, 손실이 발생할 때는 가파르게 감소하기 때문이다. 같은 금액이라도 이익이 발생할 때 증가하는 효용보다는 감소할 때 상실감이 훨씬 크다는 것이다. 이러한 인간의 성향으로 인해 인간은 손실이 발생하는 상황에 직면하게 되면 손실을 회피하기 위해 위험을 무릅쓰는 경향이 크게 나타낸다. 즉 사람들은 이익을 보는 것에 비해 손해를 보는 것에 더 민감하게 반응한다.

인간의 착오

그럼 카너먼의 전망이론을 휴먼에러에 적용해 보자. 휴먼에러를 세분화하면 의도적인 것과 비의도적인 휴먼에러로 구분할 수가 있고, 의도적인 휴먼에러는 자신이 잘못 알고 있는 지식과 규칙에 의한 착오와 고의로 인한 위반으로 구분할 수 있다. 일반적으로 우리는 위반과 착오는 다른 것이라고 생각하지만 이는 잘못된 생각이다. 휴먼에러에서 사실 가장 위험한 것은 의도적인 행동으로 인한 실수mistake 이다. 왜냐하면 실수를 행하는 사람이 자신이 제대로 하고 있다고 착각하기 때문에 더 나쁜 쪽으로 일이 악화되기 쉽다. 실수Slip 나 망각Lapse 처럼 사건 초기에 자신의 실수를 깨닫게 되면 즉시 자신의 행동을 수정할 수 있으나, 의도적인 행동은 그렇지가 못하다. 자신의 실수를 깨닫는 때는 이미 늦여 버린 시점이다.

위반Violation 은 조직의 규정과 규칙이 있음에도 불구하고 지키지 않는 것이다. 위반의 종류로는 대부분의 사람들이 습관적으로 행하는 일상적인 위반routine violation, 위반할 수밖에 없는 상황 속에서 행하는 상황적 위반situational violation, 예외적인 긴급한 상황 하에서 행하는 예외적 위반exceptional violation 이 있다.

사람들이 위반을 하는 경우는 크게 두 가지로 조직의 룰과 규칙이 틀렸다고 생각하는 경우와 위반을 행함으로써 얻을 수 있는 이익이 위험보다 더 크다고 생각하는 경우이다. 또 하나가 있다면 조직적으로 위험을 범할 수밖에 없도록 만드는 큰 목표가 있어 위험을 피했을 때 당하게 되는 불이익이 매우 큰 경우이다. 이러한 위반의 문제는 위반자 개인의 문제가 아니라 조직의 문제라고 할 것이다.

가장 큰 문제는 일상적 위반이 만연화되어 있는 조직이다. 남들 모두가 규칙을 지키고 있지 않고 있는 상황이고, 규칙을 지키지 않아도 주의를 주거나 벌을 주지 않는다면 누구나 쉽게 규칙을 위반할 것이다. 이것이 조직문화의 중요성이다. 상황적 또는 예외적 위반도 위험하기는 마찬가지이다. 전망이론에서 살펴보았듯이 인간은 손실이 발생하는 상황에 직면하게 되면 손실을 회피하기 위해 더 큰 위험을 무릅쓰는 경향이 강하다. 게다가 이러한 상황에서는 전두엽보다 편도체의 기능이 활성화되어 이성적이고 합리적인 사고를 하기 어렵다. 따라서 조직은 아무리 예외적인 상황이 발생하더라도 직원들이 위반행위를 하지 않도록 조직문화를 구축하는 것이 필요하다.

휴먼에러를 개인의 문제로만 국한시키고 조직적인 해결책을 제시하지 않는 사업장은 휴먼에러가 끊임없이 발생할 것이다. 여기에 휴먼에러가 많은 사업장의 12가지 특징이 있다. 당신의 사업장은 어떠한가?

1. 서면화된 절차보다는 암묵적인 약속, 의사결정이 많다

2. 시간에 쫓기면 규정, 안전은 후순위로 밀린다

3. 실수를 조직 전체차원이 아닌 부서차원에서 해결하려고 한다

4. 실수한 개인만을 질책한다

5. 실수를 보고하지 않고 숨기는 것이 만성화되어 있다

6. 대책을 말로만 세우고 본질적인 대책은 세우지 않는다

7. 책임소재가 불분명하다

8. 세워진 대책을 보면 당사자 중심으로만 되어 있다

9. 조직내 기록이 전수되지 않는다

10. 실패를 숨기거나 감싸주는 풍토가 만연하다

11. 실수에 대한 원인분석이 미흡하고 대책도 구체적이지 않다

12. 과도한 기업의 목표가 있다

　　한국의 대부분의 사업장은 이 12가지 특징에 모두 해당할 것이고 아무리 안전문화가 잘 정착된 조직이라 할지라도 50점을 넘기는 힘들 것이다. 제임스 리즌은 오늘날의 대부분의 휴먼에러문는 개인적인 사고가 아니라 조직적 사고organizational accident라고 했다. 모든 산업재해의 88%가 인간의 불안전한 행동으로 인해 발생한다는 하인리히의 주장은 틀렸다. 오늘날 휴먼에러는 개인의 문

제가 아니라 조직의 문제이다. 우리나라의 모든 조직들의 안전의
식혁명은 이러한 인식으로부터 출발해야 한다.

뇌가 아닌 몸의 기억
(가르시아 효과)

몸의 기억력

1955년 미국의 심리학자 존 가르시아는 쥐들을 대상으로 한 실험에서 쥐에게 사카린이 들어있는 단물을 먹게 하고 한참 시간이 지난 뒤 쥐에게 감마선을 쬐어 고통을 주어 먹을 물을 토하게 했다. 감마선은 아주 강력한 방사선의 하나로 투과력이 강하여 동물에게 피폭될 경우 내부 장기에 심한 손상을 준다. 이후 쥐들에게 다시 사카린이 든 물을 주었지만 쥐들은 다시는 그 물을 마시지 않았다. 쥐들은 마신 물을 토하게 한 이유를 그들이 마신 사카린 물에서 찾았고 그로 인해 미각혐오학습Taste aversion learning이 발생한 것이다.

이후에 사카린 이외에도 소리나 시각자극을 주어 다시 실험했지만 쥐들은 유독 맛에 대한 자극에만 반응했다. 이 실험은 종을

치고 먹이를 주는 행위를 반복하면 종소리만 들려도 침을 흘리는 파블로프의 개 실험와 비슷하지만 파블로프의 개 실험에서는 인지과정이 개입하지만 가르시아 효과에서는 인지과정이 생략되고 몸이 먼저 반응한다는 점에서 차이가 있다.

알레르기(Allergy)의 원리

알레르기가 일어나는 밑바닥에는 불안이라는 심리적 원인과 스트레스가 작용한다. 쥐들의 이러한 현상은 사람에게도 흔히 나타나는 현상이다. 어릴 적 삶은 계란을 먹고 구토를 했던 경험이 있던 사람은 커서도 삶은 계란을 먹지 않는다. 비록 구토의 원인이 삶은 계란이 아니었음에도 불구하고 말이다. 커서도 평소에 자기가 좋아했던 음식이라도 그로 인해 탈이 났거나 굉장히 고생을 했다면, 머리로는 괜찮다고 생각하지만 몸 자체에서 거부반응이 나타나게 된다. 이처럼 어떠한 경험으로 인해 학습된 특정한 맛에 대한 혐오현상을 가르시아 효과Garcia Effect라고 한다.

어떤 맛에 대한 불쾌한 경험을 겪은 사람은 시간이 한참 지나서 발생한 메스거움, 복통, 구토의 원인을 자신이 먹은 음식에서 찾는데 그 음식이 처음 접해보는 음식일 경우 그 강도는 더 강하다. 수렵과 채집을 통해 식량을 섭취하고 영양을 공급받았던 인간은 먹을거리의 안전성에 매우 민감하게 진화해 왔다. 음식은 생존과 직결되는 문제였기 때문이다. 그래서 가르시아 효과는 인간을 비롯한 모든 유기체들이 가지고 있는 생존 본능과 밀접한 관계를 갖는다.

사회심리학에서 음식에 대한 트라우마를 갖는 것을 가르시아 효과로 해석한다면, 산업심리학에서 산업재해에 대한 트라우마를 사고반발자이론Accident prone 으로 해석한다. 사고빈발이론은 산업재해에 대한 원인을 한 개인의 특성에서 찾는 것으로 사고에 대한 책임이 사고를 당한 당사자에 비난이 돌아가는 것을 말한다. 사고를 유발하는 사람은 소심한 성격의 소유자거나 운동감각이 떨어지는 사람으로 한번 산업재해를 유발한 근로자는 다시 재발가능성이 높아 산업재해를 방지하기 위해 이러한 재해빈발자에 대한 특별한 관리가 필요하다고 보는 견해이다. 산업재해의 통계를 살펴보아도 한번 재해를 경험한 사람이 여러번 반복하여 경험한 사례가 있으며, 이와 같이 재해를 여러번 일으킨 사람은 또 재발의 위험성이 높다고 보는 것이다.

사고빈발자이론(Accident prone)

사고빈발이론에는 기회설, 암시설, 재해빈발경향설이 있다. 기회설은 재해가 빈번하게 발생하는 것은 한 개인의 성향때문이 아니라, 작업 자체에 위험성이 높기 때문이라는 설이다. 그래서 재해빈발이론의 기회설은 재해의 원인을 재해빈발자에게서 찾을 것이 아니라 작업 자체에서 찾아야 한다고 주장한다. 매우 합리적인 접근방식으로 위험작업에 대한 근본적인 대책과 함께 작업환경을 바꾸어야 한다.

반면에 암시설은 이와는 반대로 한번 재해를 경험한 사람은 겁이 많아지거나 신경이 예민해지기 때문에 개인적인 대응능력이 감소되고 이로 인해 재해발생빈도가 높아진다고 주장한다. 암시설에 의하면 갑작스러운 환경의 변화나 스트레스가 근로자 개인이 감내할 수 있는 일정한 한도를 넘어가면 재해로 이어진다. 마지막으로 재해빈발경향설은 인간의 능력에는 차이가 있다고 보고, 동일한 상황이나 문제에 직면하더라도 능력에 따라 그 대응방법이 다르다고 주장한다. 재해빈발경향설에 따르면 재해빈발자는 미숙성빈발자, 상황성빈발자, 습관성빈발자, 소질성빈발자가 있다.

먼저 미숙성 빈발자는 작업중에 요구되는 기능이 미숙하거나 환경에 익숙하지 못해 사고가 발생하는 초보자이다. 이들은 과거의 학습된 경험이나 축적된 기술이 없어 사고발생시 대응능력이 충분하지 않다. 따라서 이들은 교육과 훈련을 통해 안전한 행동을 하도록 유도해야 하며, 대응방안을 훈련시켜야 한다.

상황성빈발자는 수행하는 작업자체가 어렵거나, 작업중에 이용하는 기계설비의 결함으로 인해 발생하는 사고에 연루되는 사람이다. 작업자체가 위험하거나 열악할 경우 고도로 숙련된 베테랑이 아니라면 대부분의 사람들은 재해에 그대로 노출될 수밖에 없다. 따라서 이때의 대책은 교육과 훈련보다는 작업방법이나 기계설비 변경 등을 통해 위험환경을 개선해야 한다.

습관성빈발자는 성장과정에서 발생한 누적적인 영향으로 인해 재해빈발 요인을 습관적으로 만들어내는 경우이다. 어떠한 특정한 사건에 대한 트라우마, 갑작스러운 가족의 불행이나 예상치 못한 사건의 경험 등으로 인한 트라우마로 인해 습관성빈발자가 되기도 한다. 슬럼프에 빠져 있는 사람, 수용하기 어려운 사건이나 재해의 경험에 의해 겁쟁이가 된사람, 신경과민이 된 사람 등은 모두가 습관성빈발자가 될수 있다. 관리감독자는 이러한 근로자들을 잘 관찰하여 이러한 사람들에대한 사회적인 배려가 필요하다.

소질성빈발자는 원래부터 주의력이 산만하여 지속적인 행동이 불가하거나, 주의집중의 범위 협소 편중되어 있거나, 치밀하지 못하고 경솔하거나, 침착하지 못하거나, 비협조성, 소심함 등의 성격적 결함이나, 감각 운동능력의 부족 등으로 인해 실질적으로 산업재해에 노출될 위험성이 높은 사람들을 말한다. 매사에 신중하고 심사숙고하는 사람들은 사고를 잘 내지 않지만 이러한 사람들은 사고발생확률이 당연히 높다. 따라서 이들은 개인의 성향에 맞는 작업배치가 필요하다.

관리감독자나 안전관리자가 근로자들을 면밀히 관찰하고 분석하여 그들의 소질과 성향에 맞추어 그들을 통제하고 관리할 수 있다면 좋겠지만, 본질적으로 재해발생의 모든 원인을 작업자 자체에서 찾는 것은 올바른 접근법이 아니다. 물론 재해빈발자에게 공통된 상황적, 소질적, 정신적 경향을 발견할 수도 있다. 그러나 그런 사람들이 반드시 재해를 일으킨다고 볼 수는 없다. 또한 재해빈발자에게 산재를 일으키는 공통된 특징이 있다는 점을 인정하더라도 재해빈발자를 사전에 테스트하여 선별하는 것은 매우 어려운 일이다. 사전에 적절한 직무분석을 전제로 한 선발과정도 필요하지만, 일단 뽑은 근로자를 능력과 적성에 따라 배치해야 하는 것이 더 중요하다. 따라서 산업재해를 줄일수 있는 보다 효과적이고 실질적인 조치는 위험기계의 안전화, 작업방법 및 작업환경의 개선이라고 할 수 있다. 교육과 훈련 등을 통해 안전한 직무수행을 할 수 있도록 하는 것도 필요하지만 근본적인 대책으로 작업환경을 바꾸는 것이 훨씬 더 효과가 크다. 이러한 조치가 이루어지고 나서 재해빈발자에 대한 대책을 세우는 것이 올바른 순서일 것이다.

재해빈발자에 대한 대책

그렇다면 재해빈발자에 대한 대책에는 무엇이 있을까. 가장 대표적인 대책은 기술적, 교육적, 관리적, 심리적 대책이다. 기술적 대책은 위험성이 큰 작업은 사람대신에 기계로 대체하고, 어렵고 복잡한 작업은 쉽고, 간단한 작업으로 변경해야 한다. 교육적 대책은 재해빈발자에 대한 개인의 특성을 파악한 후에 교육계획을 짜고, 지식과 태도에 대한 교육과 훈련을 실시하는 것이다. 관리적 대책은 적성검사를 통해 적정작업에 배정하고, 사고 우려자를 집중관리하는 것이다. 심리적 대책은 모랄 서베이 기법을 활용하거나, 관찰법, 사례연구법, 태도조사법 등을 활용하거나 개인면담을 실시하는 것이다. 최근에는 근로자의 불안전한 행동으로 인하여 발생되는 산업재해예방을 위하여 근로자의 부적응적인 심리를 진단하고 상담활동을 통하여 근로자의 정서적 안정과 동기부여를 하는 산업안전 심리상담사도 생겼다.

심리적 대책 중 모랄 서베이Morale survey 기법이란 사기조사법, 태도조사법이라고도 하는데 직원이 자신의 직무, 직장, 상사, 처우 등에 대하여 어떻게 생각하고 있는지 측정하고 조사하는 것을 말한다. 이 측정결과를 토대로 인사관리, 노무관리 및 복리후생 등을 개선하여 직원의 근로의욕을 높임으로서 산재를 방지하고 조직의 목적에 기여하게 된다. 기업들이 점차 대형화되어 감에 따라 조직의 관료화가 고착되고, 경영자와 근로자사이의 직접적인 의사소통이 어렵게 되자 모랄 서베이 기법이 주목을 받고 있다. 모랄 서베이 기법은 관찰법과 태도조사법이 있다. 관찰법은 관찰을 통해 직원의 활동과 성과를 기록하고, 그 추세와 갑작스러운 변화의 주의하여 근로의욕과 태도를 파악한다. 불평불만의 횟수와 내용, 결근율, 이직율, 재해율, 작업실패율 등이 그 지표가 된다. 태도조사법은 인터뷰나 설문지 등을 이용하여 근로자의 태도와 의식상태를 조사하는 방법으로 인터뷰는 시간과 비용이 들어가기 때문에 주로 설문지에 의한 방법이 채택된다.

가르시아 효과는 뇌가 아닌 몸이 기억하는 것이다. 인간의 기억에도 뇌가 아닌 몸이 기억하는 것이 있다. 수영을 하거나 자전거를 타거나 하는 것은 머리가 수영하는 법을 기억하는 것이 아니라 몸이 기억하는 것이다. 마치 몸이 알아서 움직이는 것과 같이 느껴지는 이 현상을 절차기억이라 한다. 절차기억은 반복된 신체동작이 뇌를 계속 자극하여 장기기억으로 옮겨진 것으로 특별한 노력 없이도 언제든지 꺼내 쓸 수가 있다. 산업안전분야에서 이러한 원리를 활용한다면 평소 작업습관을 교정하여 안전한 작업습관을 내재화 할 수 있다.

몸이 기억하는 정신적 상처
(트라우마)

트라우마

트라우마trauma란 라틴어로 큰 상처를 뜻한다. 서양에서는 정신적 상처를 'psychological trauma', 육체적 상처를 'physical trauma'로 구분하지만 한국과 일본에서는 트라우마를 보통 정신적 상처psychological trauma로 인식한다. PTSDpost traumatic stress disorder는 트라우마 이후에 겪게 되는 스트레스 장애를 말하는 것으로 트라우마로 인해 생긴 결과를 뜻한다. 인류학자들에 의하면 인간의 뇌는 뇌간, 구피질, 신피질 순으로 진화해왔다. 뇌간은 생명유지에 필수적인 호흡. 심장박동 등에 관여한다. 구피질은 두려움, 공포, 분노, 스트레스 등에 관여하며, 신피질은 인간의 이성작용에 관여한다.

뇌의 정보처리순서도 뇌의 진화과정과 유사하여 생명유지를 위한 정보처리를 최우선적으로 처리한다. 화가 머리끝까지 났을 때 우리는 이성을 잃었다고 표현한다. 이는 뇌의 정보처리과정이 신피질까지 이르지 못하고 구피질에서 멈췄기 때문이다. 인간의 감정을 담당하는 부위는 구피질에 있는 편도체이다. 인간의 뇌는 이성을 담당하는 전두엽보다 감정을 담당하는 편도체의 반응을 항상 최우선적으로 처리한다. 인간의 생명과 관계되기 때문이다. 우리가 매우 화가났을 때 이성적인 사고를 못하는 이유도 이 때문이다. 감각기관이 외부로부터 정보를 받아드릴 때 정보는 편도체를 먼저 거치고 해마를 통해 전두엽으로 간다. 유리상자안에 든 독사가 당신을 공격하려 든다면 유리 상자가 뱀의 공격으로 당신을 지켜주리라고 생각하기도 전에 당신은 놀라서 뒷걸음질 칠 것이다. 전두엽보다 편도체가 먼저 반응하기 때문이다.

편도체는 기억을 담당하는 해마와 이성을 담당하는 전두엽과 연결되어 있고 이들의 관계는 항상 밀고 당기며 주고 받은 관계이다. 편도체는 전두엽에 영향을 주기도 하지만 받기도 한다. 긴박한 상황이 발생하면 부신피질에서 코티솔이라는 호르몬이 분비되는데 코티솔은 전두엽의 기능을 억제하고 편도체의 기능을 활성화시키는 역할을 한다. 극심한 스트레스가 발생할 경우 코티솔의 영향으로 인간의 이성을 담당하는 전두엽 기능은 마비되는데 이것이 패닉현상이다. 이것저것 생각하지 말고 먼저 본능적인 생존모드로 전환하라는 인체의 신호이다.

이렇듯 인간은 이성보다 감정의 영향을 직접적으로 받는다. 이것은 신경학적으로도 설명이 가능하다. 편도체에서 전두엽으로 가는 신경망이 고속도로인 반면, 전두엽에서 편도체로 가는 길은 편도1차선이다. 이렇기 때문에 감정의 뇌가 사고의 뇌를 지배하는 현상이 발생한다. 과거 과학자들은 감정에 너무 휘둘리는 사람은 이성적 사고를 하기 위해서 편도체의 기능을 인위적으로 저하시키면 어떨까 하고 생각을 하고 실험을 했다. 하지만 곧 그들의 생각이 틀렸음이 드러났다. 편도체의 기능을 저하시키자 가장 상식적인 수준의 이성적 판단도 할 수 없었기 때문이다. 편도체를 제거한 쥐는 고양이의 귀를 물어뜯었고, 뱀에게 물린 경험이 있는 원숭이가 겁도 없이 또 뱀에게 달려들었다. 이렇게 되면 이들은 자연 상태에서 생존이 극히 불가능하다.

인간도 마찬가지여서 인간의 합리적 판단의 근거는 수많은 정서적 정보를 참고로 하여 이루어진다. 그래서 편도체의 기능은 매우 중요하다. 편도체는 감정뿐만 아니라 기억에도 깊이 관여한다. 인간의 기억에는 서술적 기억, 절차적 기억, 정서적 기억이 있다.

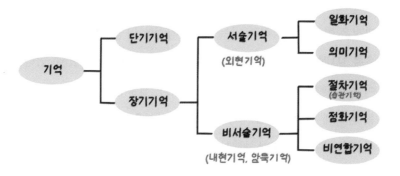

우리가 흔히 말하는 일반적인 기억을 서술적 기억이라 하고, 자전거를 타는 것과 같이 습관에 남아있는 기억을 절차적 기억이라 한다. 그리고 마지막은 정서적 기억인데 가장 강력하게 잊히지 않고

일상을 지배하는 기억이다. 엄청난 충격과 함께 기억된 정서적 기억은 편도체에 저장되고 중요한 순간에 회상된다. 이것은 일종의 생존을 위한 방어기제인데, 이것이 큰 재난을 경험한 사람이 겪게 되는 트라우마이다. 트라우마는 무의식속에 자리 잡아 오랫동안 인간을 괴롭히는 원인이 된다.

감정은 반드시 몸으로 나타난다. 대표적인 것이 눈이다. 그 사람이 거짓말을 하고 있는지 알아보려면 그 사람의 눈을 보면 된다. 눈뿐만 아니라 감정은 얼굴, 피부, 심장박동, 혈압 등의 변화로도 나타난다. 감정의 과도한 증폭은 몸과 정신을 파괴한다. 정신과의사들은 극심한 트라우마로 찾아오는 환자들에게 강력한 부정적인 감정에 휩싸이게 될 때 관찰을 통해 그 감정의 원인과 실체를 파악해내려고 노력하라고 조언한다. 원인모를 걱정과 근심에 휘둘리는 사람은 사실 그 감정의 실체를 잘 모르는 경우가 많다. 자신의 감정을 정확히 파악하고, 그 감정이 어떻게 유발되었는지 파악하는 과정은 이성을 담당하는 전두엽에서 감정을 감당하는 편도체에 신호를 보내어 감정과 이성과의 조화를 꾀하는 작업이라 할 수 있다. 이 일은 훈련과 연습이 필요한 작업이다. 전두엽은 편도체의 지배를 강하게 받지만 편도체가 전두엽의 영향을 받기 위해서는 훈련이 필요하기 때문이다. 자신의 감정을 잘 관찰하고 인정하고 해석하는 연습이 바로 전두엽의 기능을 활성화하는 방법이다.

감정 조절의 최전선

대부분의 사람들은 자신의 감정을 관찰할지 모르는 경우가 많다. 전두엽이 편도체를 지배하는 기능을 사용하지 않으니 무뎌져 가고, 세밀하게 구분하고 판단하는 능력은 점점 퇴화한다. 나의 온 몸을 휘감는 감정들이 두려움인지, 분노인지, 외로움인지, 그리움 인지 구분하지 못하게 된다. 그렇게 되면 우리의 감정은 걷잡을 수 없이 증폭되어 격랑에 휩싸이게 된다. 그래서 물이 차기 시작하면 넘치듯 감정도 방출해 주어야 신체의 조화를 유지할 수 있다.

감정방출의 가장 쉬운 방법이 대화이다. 슬픔이나 분노를 말로 표현하면 그 감정이 누그러진다. 감정이 방출되는 것이다. 감정을 느껴 활성화된 편도체는 말을 통해 그 활동이 현저히 줄어들고 전두엽이 활성화 되어 비로소 절제된 사고를 할 수 있게 된다. 그래서 우리가 큰 감정의 파도에 휘말리게 될 때 그 감정의 실체를 파악하는 것이 중요하다. 그 감정은 분노인가? 두려움인가? 그리고 원하는 것이 무엇인가? 하고 스스로에게 물어보아야 한다. 이것이 편도체와 전두엽의 의사소통을 조화롭게 만드는 방법이다.

이 일을 위해서 친구가 필요하다. 나의 감정을 받아주고, 내가 알아채지 못한 감정도 구분해 주는 그런 친구가 있어야 사람은 건강한 정서를 유지할 수 있다. 친구가 없다면 지금 내가 느끼는 감정을 글로 적어보는 것도 효과적인 방법이다. 글은 생각으로 가는 연결고리이다. 감정에 지연효과를 만들어 생각할 수 있도록 해준다. 글로 표현하면 이미 감정은 사라지거나 순화된다. 내가 느끼는 감정 단어를 매일 적어서 세밀한 감정표현 언어를 갖추는 것은 매우 효과적인 일이다.

자신의 감정을 관찰하는 요령은 이렇다. "이 감정의 의미는 무엇인가? 내게 뭘 말하려고 하는가?" 이러한 관찰은 감정의 순간에는 쉽지 않지만 훈련이 되면 매우 효과적이고 감정에 대한 해석력도 함께 키울 수 있다. 감정에 대한 해석력이 커지면 타인의 감정을 해석할 수 있는 능력도 생긴다. 종교생활은 매우 좋은 방법이다. 칼 마르크스Karl Marx는 종교를 "인간을 나약하게 만드는 인민의 아편이다"라고 말했지만 완전한 신적인 존재가 될 수 없는 인간에게 종교보다 더 큰 위안은 없다.

인간은 배신을 하고 때로는 친구도 그럴 수 있지만 종교는 그럴 위험이 없다. 그래서 친구보다 더 의지할 대상이 된다. 인간은 종교생활을 통해 나의 감정을 내려놓고 무거운 짐을 벗게 해준다. 한 발자국 물러나서 객관적으로 나를 바라 볼 수 있는 힘도 준다. 세상은 점점 복잡해지고 있어 정신적으로는 더 살기 어려운 세상이 되어가고 있다. 불과 몇 년 전만 하더라도 우리는 코로나 블루라는 단어를 모르고 살아왔다. 사회는 더욱더 복잡해 지고 혼란스러워지고 있다. 그 결과 인간은 앞으로 더욱더 생소한 위험에 직면하게 될 것이다. 그때 우리를 지켜주는 것은 우리의 마음이다. 성경에는 이러한 구절이 있다. 무릇 지킬만한 것보다 더욱 네 마음을 지키라 생명의 근원이 이에서 남이니라잠언 4:23. 우리는 앞으로 이 금언의 의미를 더욱 실감하게 되는 세상을 살게 될 것이다.

4장

인간

사용설명서

뇌의 사용설명서
-휴리스틱

그리스의 현인

아주 먼 옛날 그리스에 스팔로네라는 아이가 있었다. 그는 호기심이 많아서 무엇이든지 꼬치꼬치 물어보는 성격의 아이였다. 소년은 지혜를 찾는 여행을 떠나기로 결심하고 아폴론 신전에 가서 세상에서 가장 지혜로운 사람은 누구냐고 신에게 물어보았다. 아폴론 신은 이렇게 대답했다. 그는 소크라테스이며, 아테네에 살고 있다. 소년은 우연히 만난 한 노인과 함께 길을 떠났고, 곧 가장 큰 권력을 가진 칼리클레를 만났다.

그는 자신이 세상에서 가장 큰 힘을 가졌기에 가장 지혜로운 사람이라고 했다. 그러면 소년이 대답했다. 만일 당신이 내일 당장 권력을 잃어버리면 그 지혜도 잃어버리겠네요? 소년은 다시 길을 떠났고, 공부를 많이 하기로 유명한 역사가인 아스테리오네의 집으로 갔다. 아스테리오네는 자기가 알고 있는 것 중에 나쁜 것을 하나도 없다고 했다. 세상에는 나쁜 것도 있는데 그걸 인정하지 않는다면 모든 것을 안다는 당신의 말은 거짓이군요? 이번에 소년은 말을 잘하기로 유명한 테르판도라는 웅변가를 찾아갔다.

나는 황소를 참새로 만들 수 있다는 것을 설득시켜보기도 하였고, 황소가 날 수 있다는 것도 증명해 보였다고 말했다. 그러자 이번에는 소년과 동행했던 노인은 그러면 나 같은 무지한 사람이 현인이 되는 것도 증명할 수 있겠구려? 당신같이 보잘 것 없는 사람을 어찌 현인이라고 증명해 보일 필요가 있겠소? 그러자 노인은 당신은 틀렸소, 날 이해시키지도 못하는데 어찌 모든 사람을 이해시킨다고 할 수 있단 말이오? 결국 지혜로운 자를 찾을 수 없던 스팔로네는 그 노인의 제자로 들어가는데, 그 노인이 소크라테스였고 스팔로네는 매우 뛰어나 철학자가 되는데 그가 바로 플라톤이다. 아폴론이 소크라테스가 가장 현명하다고 했던 이유는 소크라테스가 진정한 지혜란 바로 "나의 무지함을 아는 것이다"라고 했기 때문이다. 나의 무지를 아는 것 이것이 메타인지이다.

뇌를 속이는 뇌

인간의 뇌는 회백질gray matter 과 백질white matter 로 이루어져 있는데 회백질은 뇌에 들어오는 정보를 받아들이는 역할을 하고, 백질은 주로 받아들인 정보를 다시 꺼내 뇌의 다른 영역으로 보내거나 새로운 정보를 재구성하는 역할을 한다. 인간과 동물의 가장 큰 차이점은 전전두엽prefrontal cortex에 있다. 전전두엽은 대뇌 피질 중에서 논리적 판단, 추리력, 문제 해결 능력 등 고차원적 인지와 계획 능력을 담당하는데 전전두엽의 회백질에 다른 동물과는 구별되는 인간 특유의 능력과 관련이 있다.

미국 뉴욕대학교 인지신경과학센터의 스테판 플레밍Stephen M. Fleming 박사는 자기 성찰 능력이 뛰어난 사람들은 전전두엽 부위에 회백질이 많다는 사실을 밝혀냈다. 여기서 자기성찰능력이란 메타인지를 말한다. 메타인지는 미국 발달심리학자인 존 플라벨J. H. Flavell이 1976년에 처음 사용한 용어로 자신의 인지 과정에 대해 한 차원 높은 시각에서 관찰하고 발견하고 통제하는 정신 작용을 말한다. 메타인지는 고차원을 의미하는 메타meta와 어떤 사실을 안다는 인지cognition가 합쳐진 용어이다. 공부를 잘하는 아이들은 자신이 무엇이 부족한지를 알고 이를 조절할 수 있는 능력이 있다.

세상에는 두 가지 종류의 지식이 있다. 내가 알고 있다는 느낌은 있지만, 말로 설명할 수 없는 지식과 알고 있다는 느낌도 있고, 말로도 설명할 수 있는 지식이다. 우리는 후자만이 진짜 지식이며, 써먹을 수 있는 지식이라 한다. 그러면 전자는 무엇인가? 우리는 종종 친숙하다는 것과 잘 알고 있다는 것을 착각하곤 한다. 누가 대한민국의 수도를 아느냐고 물어보면 "예"라고 쉽게 답할 수 있다. 온두라스에서 5번째로 큰 도시를 아는가? 라는 질문에도 쉽게 "아니오"라고 답할 수 있다. 같은 질문을 컴퓨터에게 물어보면 하드디스크에 있는 정보를 모두 검색해보고 나서야 대답이 가능하다.

하지만 인간은 이러한 질문에 즉시 답을 한다. 그 이유는 우리가 친숙함에 기초해 판단하기 때문이다. 온두라스라는 나라조차 생소한데 5번째로 큰 도시를 알 수가 없다. 전혀 친숙하지 않은 탓이다. 메타인지는 내가 무엇을 알고 모르는지를 매우 빠른 시간에 답을 해줄 수 있게 한다. 하지만 이것이 우리를 치명적인 함정에 빠지게 할 수도 있다. 친숙함은 우리로 하여금 잘 알고 있다는 느낌을 가지게 하고 잘할 수 있다는 자신감을 갖게 한다. 이것이 숙련자가 치명적인 실수를 범하게 되는 이유이다.

첫 인상의 비밀

메타인지가 인간만인 갖고 있는 능력이라면 휴리스틱 또한 그러하다. 대부분의 인간관계는 그 사람의 첫 인상으로 결정된다고 이야기한다. 미국 프린스턴대의 알렉산더 토도로프Alexander Todorov 교수는 사람의 얼굴을 보고 호감도를 결정하는데 걸리는 시간이 0.1초라고 한다. 하지만 미국 다트머스대 폴 왈렌Paul Whalen 교수는 이보다 짧은 0.017초만에 상대방의 호감도가 결정된다고 한다. 하지만 인간의 뇌가 슈퍼컴퓨터도 아닌데 처음 보는 사람을 이토록 짧은 시간 내에 정확하게 판단할 수 있을까?

컴퓨터의 정보처리는 정보의 지각, 해석, 판단, 결정, 실행이라는 순서로 진행된다. 인간의 정보처리과정도 이와 비슷하지만 많이 다르다. 컴퓨터는 입력된 정보만을 가지고 해석하고 판단을 하지만 인간의 뇌는 입력된 정보가 불완전하여 판단을 내릴 수 없다면 뇌가 직접 없는 세상을 만들어 내기도 한다. 물론 이때 뇌가 만드는 세상은 사실과 매우 다르다. 사실이 그렇지 않음에도 불구하고 인간의 뇌가 이러한 결정을 내리는 이유는 우리의 뇌가 마치 한번 보면 모든 것을 다 알 수 있는 것처럼 스스로를 속이기 때문이다.

미국 뉴욕대와 하버드대의 연구진들은 실험대상자들을 정하여 처음 보는 사람의 첫 인상에 대해 물어보았다. 이때 뇌를 기능성 자기공명영상장치fMRI로 촬영하여 뇌의 어느 부위가 활성화되는지를 촬영하였는데 편도체와 후대상회posterior cingulate cortex 부위였다. 편도체는 인간의 두려움과 공포 등의 감정을 담당하는 부위이고, 후대상회는 외부로부터 받아들인 정보들을 통합하는 부위이다. 이 말은 우리의 뇌가 정보처리를 할 때 가장 먼저 고려하는 요소는 나에게 위협적인 존재인지, 그렇지 아니 한 지이다.

문제는 이러한 판단이 너무 짧은 시간에 순식간에 이루어진다는 것이고, 그렇게 내린 판단을 지나치게 과장되어 받아들인다는 점이다. 어떤 사람을 매우 짧은 시간동안에 그의 첫인상만 보고 판단하는 것은 매우 어리석은 짓이지만 대부분의 사람들은 자신의 직관을 그대로 믿는다. 물론 틀리는 경우가 더 많지만 맞았을 경우 자신의 직감에 대한 승률은 항상 100%라고 확신하게 된다.

휴리스틱(Heuristic)

인간은 모든 정보를 수집하여 꼼꼼히 따져보기보다는 경험에 의한 고정관념과 제한된 정보를 기초하여 직관적인 판단으로만 당면한 문제를 처리하려고 하는 특징이 있다. 이를 휴리스틱heuristic이라 한다. 휴리스틱이란 의미를 사전에서 찾아보면 '시간이나 정보가 불충분하여 합리적인 판단을 할 수 없거나, 굳이 체계적이고 합리적인 판단을 할 필요가 없는 상황에서 신속하게 사용하는 어림짐작의 기술'로 표현된다. 휴리스틱은 '발견하다'의 뜻을 가진 'Heutiskein'에서 나온 것으로 인공지능에는 없고 인간만이 가지고 있는 고유의 특징이다.

휴리스틱에는 대표성 휴리스틱representativeness heuristic, 가용성 휴리스틱availability heuristic, 재인 휴리스틱Recognition Heuristic, 앙각 휴리스틱angle of elevation heuristic, 감정 휴리스틱Emotion heuristic 등이 있다.

1. 대표성 휴리스틱(Representative Heuristic)

대표성 휴리스틱은 사물에 나타난 대표적인 특성을 바탕으로 전체를 판단하는 것으로 과거의 기억과 경험 중에서 대표적인 정보에만 의존하여 결정하는 방법이다. 즉 인간은 어떤 대상이나 상황이 나의 고정관념 또는 내가 기억하고 있는 원형과 얼마나 유사한지를 기준으로 판단하려고 한다. 예를 들면 흑인들은 모두 농구를 잘한다고 생각하거나, 외국 사람들이 한국인을 모두 태권도 유단자로 생각하는 것과 같다.

2. 가용성 휴리스틱(Availability Heuristic)

내가 지금 사용할 수 있는 정보만을 토대로 판단을 내리는 방식이다. 이러한 정보들로는 지금 바로 눈 앞에 있는 정보, 생생한 정보, 감정을 불러일으키는 정보 등이다. 대부분의 사람들은 내 기억 속에 선명하게 남아있는 것, 내가 자주 본 것, 내 가까이에 있어서 쉽게 사용할 수 있는 것, 최근에 가장 인상 깊게 경험한 것 등을 기준으로 판단하고 행동한다. 예를 들어 비행기의 추락사고는 선명하게 기억에 남아 있기 때문에 자동차보다 비행기가 더 위험하다고 생각한다.

3. 재인 휴리스틱(Recognition Heuristic)

이미 알고 있는 것을 다시 봤을때 알아보는 현상을 말한다. 재인 휴리스틱에 의하면 인간은 환경에 대한 정보를 활용하여 의사결정을 하며 판단을 내릴 때에도 자신을 둘러싼 환경의 구조를 활용한다. 그렇기 때문에 환경이 갑자기 바뀔 때 재인 휴리스틱은 잘 작동하지 않는다. 예를 들어 대전과 광주 중 어디가 더 인구가 많은가하고 외국인에게 묻는다면 어떨까? 한국인에게 묻는다면 잘 모르겠다고 대답 하겠지만 외국인들은 즉시 광주라고 대답할 것이다. 광주에서 국제행사를 더 많이 했기 때문에 광주라는 도시가 더 귀에 익기 때문이다. 하지만 실제로는 대전의 인구는 153만명이고, 광주인구는 150만명으로 대전이 좀 더 많다. 재인휴리스틱으로 인한 인적오류이다.

4. 감정 휴리스틱(Emotion heuristic)

객관적인 사실이 아닌 감정에 따라 무엇인가를 판단하는 현상을 말한다. 사람은 오랜 경험을 통해 유쾌하고 즐거운 반응을 가져오는 것은 긍정적으로 평가하고, 부정적인 반응을 가져오는 것은 해로운 것으로 여긴다. 예를 들면 어떤 죄수를 가석방을 시키는데 첫 번째 의견서에는 "이 죄수와 유사한 죄수들이 퇴소했을 때 나중에 폭력적인 행동을 할 확률이 20%"라고 설명되어 있었고, 두 번째 의견서에는 "이 죄수와 유사한 죄수 100명 중 20명이 퇴소한 후에 폭력적인 행동을 보였다"라고 설명되어 있다. 이 경우 가석방위원회의 위원들은 첫 번째 의견서의 상황에서는 20%가 죄수의 퇴소를 반대했고, 두 번째 의견서의 상황에서는 40%가 반대하였다. 이 위원들은 확률이라는 표현보다 폭력적인 행동이라는 표현에 더 감정적인 반응을 하였기 때문이다.

휴리스틱은 우리가 살면서 해결해야 하는 수많은 일들을 매우 효율적으로 처리하는 유용한 도구임에는 틀림없다. 문제는 이로 인한 인해 많은 착각과 잘못된 판단으로 치명적 사고를 불러일으킨다는 점이다. 사회가 정체되어 있고, 과거와 비슷하게 앞으로도 큰 변화가 없다면 과거에 내가 얻은 지식과 경험은 앞으로도 유용하게 사용될 수 있을 것이다.

하지만 세상은 그렇지가 않다. 시대가 변하게 되면 내가 가지고 있는 지식과 방법이 더 이상 문제를 해결하는 유일한 것일 리는 없고 새로운 해법들이 존재하게 된다. 경우에 따라서는 내가 갖고 있는 경험에 의한 관념이 지나치게 작동되어 과도한 자신감을 갖게 되는 경우도 발생한다. 대부분의 사람들은 정확하지만 자신감 없는 주장보다 정확하지 않더라도 자신감 넘치는 주장을 더 선호하기 때문에 이러한 사람들의 주장은 항상 설득력 있게 들리게 된다. 초보자보다 숙련자들에게 사고가 더 많이 발생하는 이유도 이와 관계가 깊다.

인간의 불완전성

인간이 외부로부터 받아들이는 정보는 우리의 감각기관을 통해서인데 감각기관의 불완전성으로 인해 사물이 내보내는 정보의 극히 일부분만을 지각한다. 청각세포의 경우 외부에서 내부로 전해지는 정보를 처리하는 신경세포가 전체의 10%라면, 내부에서 외부로 가는 신경세포는 90%나 된다. 이것이 의미하는 것은 우리의 귀가 외부로부터 어떤 소리를 들었다면 외부의 소리에 무엇을 들을지, 어떤 부분을 신경 써 들어야 하는지는 우리의 뇌가 스스로 결정한다는 것이다. 우리가 이전에는 전혀 들어보지 못한 소리라면 그 소리는 들리지 않는다. 즉 경험만큼 들린다. 우리는 뇌가 만들어놓은 세상만을 볼 뿐이며 뇌가 학습한 세상만을 경험할 뿐이다. 뇌는 실제 세상을 이해하는 것이 아니라 뇌가 만들어주는 세상을 이해한다.

인간의 뇌는 많은 불완전한 특징들을 갖고 있다. 첫째는 인간은 정보를 종합적으로 지각하지 못하고 자신이 이해 가능한 정보만을 선택적으로 받아들인다. 이러한 특징을 선택적 지각이라 한다. 또한 외부로부터 받아들이는 정보는 자신에게 유리한 방향으로만 과장되게 인식하고 해석한다. 여기에는 과거의 자신의 경험과 태도 등이 큰 영향을 미친다. 우리가 어떤 문제에 직면했을 때 과거에 유사한 경험을 토대로 일을 해결하려고 하는 것은 바로 이러한 특징 때문이다.

둘째는 인간의 정보처리방식은 한꺼번에 많은 양을 동시에 처리할 수는 없고, 순차적으로 처리하는 특성을 가지고 있다. 컴퓨터는 동시에 병렬작업이 가능하지만 인간은 불가능하다. 우리는 한꺼번에 동시에 여러 가지 일을 처리하는 멀티 태스킹multi-tasking이 가능하다고 착각하지만, 실은 여러 가지 일을 번갈아가면서 처리하는 스위치 태스킹switch-tasking을 하고 있을 뿐이다.

셋째는 인간의 장기기억의 용량은 무한대이지만 단기기억 용량은 한정되어 있다. 따라서 가용한 모든 정보를 종합하여 최적의 해를 찾아낼 능력이 없다. 인간의 단기기억은 절대 식별에 근거하여 정보를 신뢰성 있게 전달할 수 있는 정보량은 7이하이다. 학생들에게 7가지 이상의 숫자를 불러주고, 이를 기억해 다시 쓰라고 하면 7개를 초과할수록 숫자를 기억해내는 학생 수가 급격하게 줄어든다. 이것이 프린스턴대의 교수인 조지 밀러George Miller 연구하여 발표한 밀러의 매직넘버 7이다.

넷째는 기억의 왜곡이다. 인간의 기억은 우리가 생각하는 것보다 훨씬 좋지 않다. 쉽게 잊어버리고, 기억을 띄엄띄엄 기억하고, 심지어 왜곡하기도 한다. 인간이 뇌 속에 무엇인가를 받아들이면 그 정보는 뇌 곳곳에 분산되어 저장된다. 이후에 그 기억을 다시 끄집어내려고 하면 분산되어 있던 정보의 조각들을 다시 연결시켜 재구성해야 하는데 여기서 왜곡이 발생한다.

인간의 뇌는 여러 신체기관에서 가장 많은 에너지를 소비하는 기관이다. 따라서 에너지 소모를 줄이기 위해 가급적으로 에너지를 덜 소모하는 방향으로 진화해 왔다. 우리는 인생을 살아가면서 수많은 선택과 의사결정을 해야 한다. 하지만 그때마다 오랜 시간을 들여 정보를 충분히 검토하여 최적의 결정을 내린다는 것은 에너지 소모 측면에서는 물론이고, 시간적인 측면에서도 불가능하다. 이때 휴리스틱은 논리적 추론보다 경험적, 직관적 사고체계를 이용해 단순하고 빠르게 의사결정을 할 수 있게 한다. 휴리스틱에 의해 인간은 불충분한 시간이나 정보로 인해 합리적인 판단을 할 수 없거나, 체계적이면서 합리적인 판단이 굳이 필요하지 않은 상황에서도 빠르게 판단을 내릴 수 있다. 문제는 휴리스틱을 사용하여 사물을 판단할 경우 인지편향이 발생하기 쉽다는 것이다.

알고리즘Algorithm 은 휴리스틱과 반대로 충분한 데이터를 가지고 논리적인 연산과정을 통해 문제를 해결하는 방식이다. 알고리즘이라는 단어는 페르시아의 수학자 알콰리즈미Al khwarizmi 에서 유래한 것이다. 영어로 대수학을 뜻하는 Algebra도 그의 저서 이차방정식 해법al-jabr wa al-muqabala 로부터 왔다. 알고리즘의 정보처리방식에서는 만약에 데이터가 충분하지 않을 경우에는 주어진 데이터를 가지고 자동화된 추론과정을 거치게 된다. 추론Inference 이란 이미 알고 있는 정보, 확인된 정보에서 근거하여 논리적인 결론을 도출하는 과정을 말한다.

인간의 추론방법은 본질을 모를 때 현상을 관찰하여 추론하는 귀납법inducation과 이미 알려진 본질을 통하여 추론하는 연역법deduc-tion이 있으나, 인공지능은 반복되는 현상을 관찰하는 방법을 통해 추론하는 귀납법적 형태를 취한다. 인공지능은 문제를 푸는데 필요한 단계의 순서를 명확히 명시하는 알고리즘적인 방법을 취하기 때문에 인간만이 가지고 있는 인지편향으로부터 자유로우며, 경로용량의 제한이 없어, 수많은 데이터를 바탕으로 개연성이 있는 결과를 빠른 속도로 이끌어낼 수 있다.

세상은 점점 복잡해지고, 긴밀해지고, 시스템화 되어 가고 있지만 인간에게는 편견과 오류가 작용하며 인지능력의 한계가 있다. 이러한 특성들로 인한 휴먼에러를 방지하기 위해서는 인간의 인지능력, 특히 휴리스틱적 사고 특성을 이해해야 한다. 이를 바탕으로 시스템을 설계하고 순간적인 실수가 발생하더라도 사고로 이어지지 않도록 하는 설계가 고려되어야 한다.

환영적 자신감
- 더닝 크루거 효과

더닝 크루거 효과(Dunning–Kruger effect)

과거 정부 모 기관에서 실시한 자격시험에 응시한 적이 있다. 관련 자격도 있고 해서 나름대로 전문가라고 자신해서 시험에 응시하여 합격했다고 생각했는데 예상 밖의 불합격 통지를 받았다. 공부량이 부족하여 틀린 답안을 써도 틀린 줄을 몰랐기 때문이다. 이와 같이 능력이 부족한 사람은 자신의 능력을 과대평가하고, 반대로 능력이 있는 사람은 자신의 실력을 과소평가하는 현상을 '더닝 크루거 효과'라고 한다.

더닝 크루거 효과에 의하면 능력이 없는 사람은 잘못된 결정을 내려 잘못된 결론에 도달하지만, 능력이 없기 때문에 자신의 실수를 알아차리지 못한다. 그로 인해 능력이 없는 사람은 환영적 우

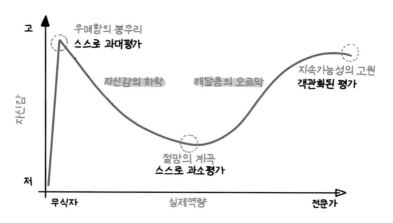

더닝-크루거 효과

고

우매함의 봉우리
스스로 과대평가

자신감의 하락 깨달음의 오르막

지속가능성의 고원
객관화된 평가

자신감

절망의 계곡
스스로 과소평가

저

무식자 실제역량 전문가

월감으로 자신의 실력을 실제보다 높게 평균 이상으로 평가하는 반면, 능력이 있는 사람은 자신의 실력을 과소평가하여 환영적 열등감을 가지게 된다. 능력이 없는 사람의 착오는 자신에 대한 오해에서 기인하나, 능력이 있는 사람의 착오는 다른 사람에 대한 오해에서 기인한다.

이 효과는 1999년 코넬 대학교의 사회심리학 교수였던 데이비드 더닝David Dunning 과 그의 제자 저스틴 크루거Justin Kruger 가 학부생들을 대상으로 실험한 결과를 토대로 제안한 이론이다. 그들은 독해력, 논리적 사고력, 문법지식, 체스, 자동차 운전능력, 테니스실력, 유머 감각 등의 부문으로 테스트를 했는데 대부분의 사람들이 점수가 낮을수록 성적에 대한 기대치가 높았고 오히려 높은 성적을 받은 피험자들은 그 반대 경향을 보였다.

사실 따지고 보면 이러한 가설은 그리 새로운 것이 되지 못한다. 우리가 잘 아는 인류의 지성들도 비슷한 말들을 하였다. 찰스 다윈은 "무지는 지식보다 더 확신을 가지게 한다."라고 하였고, 버트런드 러셀도 "이 시대의 아픔 중 하나는 자신감이 있는 사람은 무지하고, 상상력과 이해력이 있는 사람은 의심하고 주저한다."라고 했다. 마크 트웨인은 "사람들이 곤경에 빠지는 건 뭔가를 몰라서가 아니라 뭔가를 확실히 안다는 착각 때문이다."라고 하였다.

노자는 그의 책 도덕경에서 "아는 사람은 말하지 않고, 말하는 사람은 알지 못한다."라고 했다. 우리속담에도 '벼는 익을수록 고개를 숙인다.', '빈 수레가 요란하다.', '무식하면 용감하다.'라는 말이 있다. 무식하면 용감하다는 진리를 먼저 깨달은 것은 최고의 고등교육기관인 대학이다. 유대교의 최고지성인 랍비를 길러내는 율법학교 예시바에선 1학년을 '현자', 2학년을 '철학자', 3학년을 '학생'이라고 부른다. 오늘날 대학가에서도 학사는 "나는 무엇이든 다 안다", 석사는 "내가 모르는 것은 많다", 박사는 "나는 아무것도 모른다", 교수는 "난 진짜 뭣도 모르는데 내가 말하면 다들 그렇다고 믿는다"라는 우스갯소리가 있다.

조나라의 멸망

능력이 부족한데 자신을 과대평가하는 사람이 리더가 되면 나라는 망한다. 춘추전국시대 조괄은 조나라의 명장 조사의 아들이었다. 병법에 통달한 것으로 이름을 날렸으나 실상 장평대전에서 진나라 백기에게 참패하여 조나라를 멸망으로 이끈 장본인이다. 조괄은 어려서부터 병법을 배웠고, 군대의 일을 논함에 있어서는 천하에 당해낼 사람이 없었다. 일찍이 아버지인 조사와 더불어 군대의 일을 논하였는데, 조사조차도 그를 당해내지 못했다. 하지만 아버지 조사는 조괄이 잘한다고 한 번도 칭찬해주지 않았다. 조괄의 어머니가 그 까닭을 묻자 조사가 대답했다. "전쟁이란 사람이 죽고 사는 중대한 일인데 조괄은 이를 너무 쉽게 보고 판단하고 있소. 만약 훗날에 조나라가 조괄을 장수로 삼게 되면 나라가 망할 것이요"라고 하였다.

효성왕 7년, 진나라는 조나라를 공격하였다. 진나라는 뛰어난 장군인 염파가 있는 한 조나라를 이길 수 없음을 깨닫고, 진나라가 가장 두려워하는 것은 "조사의 아들인 조괄이 장수가 되는 것이다."라는 소문을 퍼뜨렸다. 결국 염파는 중요한 전투를 앞두고 싸워보지도 못한 채 조괄로 교체되었다. 이때 조괄의 어머니가 효성왕을 찾아왔다. "왕은 조괄을 장군으로 삼으시면 아니 됩니다. 남편은 생전에 이를 경계하여 조괄이 장군이 되면 조나라가 망할 것이라고 했습니다." 당시 조나라의 명 재상이었던 인상여도 거들었다. 하지만 효성왕은 이를 무시하고 조괄을 장군으로 삼았다.

한편, 진나라는 이 소식을 듣고 한 번도 패한 적이 없는 중국 최고의 명장 백기를 장군에 임명하고 이 사실을 비밀에 부쳤다. 장평에 도착한 조괄은 진나라 군대를 만만히 보고 곧바로 출병하여 진나라를 공격하였다. 백기는 패하여 달아나는 척하며 조나라 군대를 유인했고 조괄은 상대가 백기인 것을 모르고 적진 깊숙이 들어갔다가 보급로를 끊겼다. 식량보급로가 차단되자 조나라 군사들은 굶주리게 되었고 결국 서로를 죽여서 잡아먹는 지경에 이르렀다. 조괄은 수차례 탈출을 시도하였지만 패하여 결국은 사망하였고 백기에게 항복한 조나라 군대 45만 명은 산채로 구덩이에 파묻혀 죽임을 당하였다. 이 일로 조나라는 조사의 예언대로 멸망의 길로 들어서게 된다.

능력이 없는 사람이 높은 자리에 올라가면 이러한 비극이 생긴다. 이러한 사람들은 자신의 능력을 과대하게 평가하고 다른 사람의 진정한 능력을 알아보지 못한다. 곤경에 처해도 자신의 능력이 부족해서 생긴 것임을 인식하지 못한다.

뇌를 속이는 감각기관
- 맥거크 효과

착청

옛 말에 몸이 만 냥이라면 눈은 팔천 냥이라는 말이 있다. 인간은 감각정보의 80%를 눈이 담당할 만큼 외부에서 정보를 받아들일 때 시각에 지나치게 의존한다. 하지만 귀는 눈보다 정확하고 손은 눈보다 빠르다. 영화 〈타짜〉에서 보면 밑장 빼기 기술로 평경장을 속이려고 하는 고니에게 평경장은 "밑장을 빼면 소리가 달라, 소리가"라고 말하는 장면이 나온다. 눈은 그리 신뢰할 만한 감각기관이 아니다. 하지만 인간의 감각기관은 시각 정보와 청각 정보가 동시에 들어오면, 시각 정보를 먼저 받아들인다. 그래서 사람이 말하는 것을 보면서 얻는 시각적 정보는 소리를 듣는 방식조차 바꾸어 버린다. 청각 정보보다 시각 정보가 우세하기 때문에 발생하는 현상이다. 이를 맥거크 효과McGurk effect라고 한다. 맥귀크 현상은 영어 알파벳 b, f, d에 대한 입모양을 동영상으로 보여주고 실제로는 한가지 소리 b만 계속해서 들려준다. 하지만 비디오를 보는 사람들은 입모양 때문에 자신들이 3가지 다른 종류의 소리를 듣고 있다고 판단한다. 하지만 이들에게 눈을 감고 들어보라고 했을 때는 b만 듣게 된다.

이 실험은 인간의 뇌가 시각적인 정보 즉 입모양과 청각적인 정보를 동시에 접할 때는 우리의 뇌는 두 가지 상충되는 정보 때문에 혼란을 겪어 정확한 정보인 청각신호를 무시하게 되고 단지 추측함으로 통해서 주어진 정보만을 가지고 판단한다. 맥귀크 현상에 관한 실험은 신경과학 분야에서 널리 알려진 실험이다. 눈이 없는 동물들은 있지만 청각이 없는 동물들은 없다. 청각이 시각보다 더 뛰어나기 때문이다. 인간의 뇌에서 시각적 정보는 경우 초당 15~25번의 변화만 인식할 수 있지만, 청각적 정보는 초당 200회 이상의 변화도 쉽게 알아차릴 수 있다. 남성은 시각에 빠르게 반응하지만 여성은 시각보다는 청각에 대한 반응에 더 민감하다. 우리가 눈을 통해 알 수 있는 것은 사실 본질이 아닌 현상뿐이다. 게다가 그 현상도 왜곡과 착시현상 때문에 온전히 인식하기도 어렵다.

착시현상

인간은 아주 까마득한 옛날부터 들판에서 사냥과 채집을 하며 살아왔기에, 환경에 대한 정보를 시각을 중심으로 파악하는데 익숙하다. 물체가 발하는 신호를 눈으로 인지하고 뇌로 전달하여 뇌에서 재구성한 세계를 실재라고 믿는다. 하지만 실재하는 세계와 우리가 지각하는 세계는 서로 다를 수 있다. 인간은 대부분의 정보를 시각을 통해 얻지만 사실 시각은 그리 신뢰할만한 감각기관은 아니어서, 사물을 보는 시각은 매우 불완전하고, 사물을 사실과 다르게 왜곡하는 경우도 많다. 개는 시각보다는 청각과 후각이 더 발달되어 있고 박쥐는 아예 눈이 없고 귀가 눈을 대신한다. 하지만 이러한 동물들은 인간보다 더 사물을 온전하게 식별한다.

아래의 그림에서 A가 B보다 어둡게 보이지만 사실은 같다. B는 그림자 안에 있기 때문에 우리의 뇌는 원래보다 더 어둡게 해석한다. 더 어둡게 보이는 상태에서 A와 B의 밝기가 같다는 것은 B가 A보다 더 밝을 때만 가능하다. 그래서 우리의 뇌가 가짜를 만들어내는 것이다. 이처럼 인간의 지각은 뇌가 만들어낸 착각에 불과하기 때문에 지각을 그대로 믿을 수는 없다.

애덜슨 체스판(Adelson's checker board)

제주에는 눈으로 보면 분명히 오르막길이지만 실제로는 내리막길인 도깨비 도로가 있다. 이와같은 도로는 제주에만 있는 것이 아니라, 안양에서 판교로 가는 길에도, 세종시 비암사 입구에도, 제천시 청풍면 학현리의 경찰청 캠프장 앞에도 있다. 인간에게 이러한 착각이 발생하는 이유는 주변의 지형과 숲의 나무 등과 같은 배경들이 눈을 왜곡시키기 때문이다.

우리가 사물을 본다는 것은 외부로부터 받아들인 신호를 시신경으로 감지하고, 그 정보를 여러 단계를 거치면서 처리하여 뇌에서 재구성한 복제품을 보는 것이다. 그렇기 때문에 정보를 전달하는 과정에서 왜곡이 생긴다. 그리스의 철학자 플라톤은 인간의 감각기관을 의심하였다. 물속의 막대기가 굽어보이는 것처럼 감각기관이 사물을 그대로 지각하기 보다는 왜곡하여 지각하는 경우가 많다고 생각했다. 데카르트는 한발 먼저 인간의 감각기관을 신뢰할 수 없으니 모든 것을 의심해보자고 이야기 한다.

인간의 불완전한 감각기관인 눈은 여러가지 사고를 유발한다. 착시현상은 실제 작업장에서 작업자의 순간적인 판단 착오를 불러일으킴으로써 사고 발생의 주원인이 되기도 한다. 거리나 깊이, 모양 등에 대한 착시로 인해 발을 헛디뎌 추락하기도 하고, 기계를 오조작하기도 한다. 따라서 사업장에서 이러한 종류의 휴먼에러를 방지하기 위해서는 인간의 착시현상을 고려한 안전설계가 필요하다. 사실 착시현상으로 인해 사고가 가장 많이 발생하는 사고는 교통사고이다.

아래의 그림들을 살펴보자. 왼쪽의 그림에서 두 개의 사각형의 윗변의 길이는 모두 같지만 위쪽의 도형이 더 커 보인다. 오른쪽의 그림은 세 기둥의 길이가 같지만 가장 우측에 있는 기둥이 더 커 보인다. 그 이유는 기하학적 착시와 원근 착시 때문이다. 인간은 사물을 볼 때 따로 분리하여 보는 것이 아니라 상호관계를 통해 식별한다. 멀리 있는 것은 작게 보이고, 가까이 있는 것은 크게 보이는데 모두 그 크기가 같다는 것은 우측에 있는 기둥의 크기가 실제로 크기 때문이라고 생각한다. 고속도로에서 갓길에 정차된 차량이 크게 보이는 것도 이와 같은 원리이다.

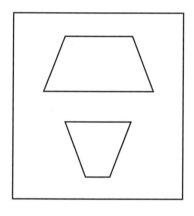

자동차의 사이드 미러의 경우 운전석 쪽의 거울은 평면거울이, 보조석 쪽의 거울은 볼록거울이 사용된다. 오른쪽 거울의 사각이 더 크므로 이로 인한 위험을 줄이기 위함이다.

볼록거울은 사각을 줄여주는 장점이 있지만 사물이 실제보다 작게 보이기 때문에 사고를 방지하기 위해 거울에는 "사물이 거울에 보이는 것보다 가까이 있음"이라는 문구를 적어놓는다.

보조석 사이드 미러

　앞에 가고 있는 차도 큰 차의 경우는 실제보다 가까이 있는 것처럼 느껴지고, 작은 차는 더 멀리 있는 것처럼 보이기 때문에 작은 차가 앞에 가고 있는 경우에는 주의해서 운전해야 한다. 터널에서는 후미등이 밝은 차량은 가깝게 느껴지지만, 어두운 차량은 멀리 있는 것처럼 느껴진다. 그래서 후미등이 나가거나, 브레이크 등이 들어오지 않는 차량은 터널에서 추돌되기 쉽다.

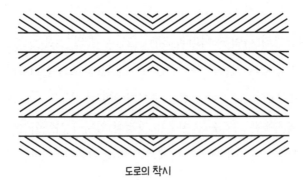
도로의 착시

왼쪽 그림에서 두 개의 직선은 모두 휘어져 보이는데 운전자들은 주변환경에 따라서 직선도로가 곡선으로 보이기도 하고, 곡선도로가 직선으로 보이기도 해서 과속을 하는 경우 사고로 이어질 수도 있다. 또한 터널이나 고속도로에서는 주행속도가 느리게 느껴져 과속하기 쉬운데 그 이유는 도로주변으로 지나가는 풍경이 없기 때문에 체감속도가 낮아지기 때문이다.

이러한 착시현상은 교통사고의 원인들로 작용하지만 착시현상을 이용하여 교통사고를 줄일 수도 있다. 스쿨존 등에서 착시 효과를 이용해 운전자의 서행을 유도하는 방법이다. 한 운전자가 어느 학교 앞을 지나가다가 도로에 기둥들이 솟아있는 것을 보고 깜짝 놀랐다. 그런데 차량 속도를 늦추며 천천히 다가가보니 실제 기둥이 아니라 도로 바닥에 그려진 3D그림이었다. 그 장소는 교통사고가 자주 발생하는 지역으로, 횡단보도에 3D로 그림을 그리자 교통사고가 급격하게 감소했다.

동물들이 보는 세상
- 초감각지각

초식동물과 육식동물의 시각차이

대부분의 동물들이 두 개의 눈을 가진 이유는 두 눈 사이에 이루어진 각을 이용해서 입체감을 느낄 수가 있고, 자신과 사물 사이의 거리, 즉 원근감각을 얻기 위함이다. 육식동물은 초식동물에 비해 시야각이 작지만 원근감이 좋아 사냥하기에 좋은 구조를 가지고 있다. 반면 초식동물은 원근감을 포기하는 대신에 시야각이 넓다. 육신동물들은 사냥의 성공률을 높이기 거리 감각이 중요하지만 초식동물은 일단 맹수를 발견하는 것이 더 중요하기 때문이다. 초식동물은 포식자를 발견했다 하면 바로 도망가야 하기 때문에 거리 감각을 포기하는 대신에 넓은 시야각을 가지는 것이다.

　대부분의 동물들이 두 눈을 가지고 있는데 이 두 눈으로 볼 수 있는 시야각이 저마다 다르다. 인간은 188~220도, 개는 250도, 새는 300도, 소는 330도, 토끼는 355도이다. 먹이사슬에 하위에 있는 토끼의 시야각이 가장 넓다. 인간의 시야각은 220도로 넓은 편이지만 사물을 선명한 색깔로 분별할 수 있는 시야각은 60도 범위이내이고, 모양을 구별할 수 있는 각도는 30도, 글을 읽을 수 있는 각도는 20도, 사물을 가장 명확하게 볼수 있는 각도는 상하 합쳐서 3도 이내이다.

이 중심시력이 가장 좋은 이유는 시신경세포가 바로 이 부분에 집중으로 분포되어 있기 때문이다. 60도에서는 색상을 검출할수 있지만 60도를 넘어가면 색상은 구별하지 못하고 흑백식별만가능하다. 흔히들 개가 컬러color 를 식별할 수 없다고 하지만 개는빨간색과 초록색을 구별하지 못하는 적록색맹일 뿐이며, 빨간색과파란색은 구별이 가능하다.

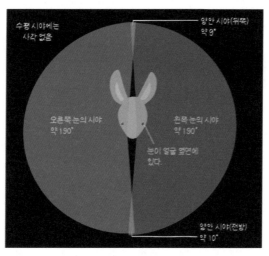

토끼의 시야각

인간이 볼 수 있는 빛의 파장은 380nm에서 700nm인 가시광 선에 한정된다. 동물들은 그 범위 이외의 영역까지도 볼 수 있지만 인간의 시력의 범위는 거기까지이다. 나비나 곤충류는 자외선을 볼 수 있고, 뱀은 적외선을 볼 수 있어 밤에도 사냥이 가능하다. 하지만 인간이 밤에 그들처럼 보기 위해서는 전쟁에서 사용하는 나이트비전night vision 이 필요하다.

인간의 눈은 인체장기 중에서 신경이 가장 많이 연결되어 있는 곳으로 무려 120만 개의 신경이 연결되어 있다. 현대 의학이 발달하여 심장수술도 할 수 있을 정도이지만 아직도 눈이식 수술을 하지 못하는 것도 이렇게 많은 시신경이 연결되어 있기 때문이다. 우리의 눈은 맹점Blind spot 을 가지고 있다. 맹점은 프랑스 과학자 에듬 마리오트Edme Mariotte, 1620~1684 가 발견한 것으로 마리오트 맹점이라고 부른다.

맹점이 위치한 점은 망막 안에 있는 시신경이 한데 모여서 빠져나가는 점이다. 그래서 이곳에는 시각세포가 없어 상이 맺히지 않고 이 부분에 맺혀야 할 상은 뇌가 주변 이미지를 토대로 채워넣는다. 모든 척추동물은 맹점이 이 부분에 있으나 오징어, 문어와 같은 두족류는 맹점이 망막 바깥에 있다. 분명 맹점이 존재하지만 우리는 보통 일상생활에서 그것을 잘 경험하지는 못한다. 그 이유는 사람은 두 눈으로 생활하기 때문에 시야 결손부분이 중첩되기 때문이다. 그래서 한 쪽 눈만으로 확인하였을때에는 미세하게 느낄 수가 있다.

맹점을 경험보자. 다음 하트 그림을 바라보며 한쪽 눈을 감는다. 오른쪽 눈을 감았으면 대각선 쪽에 있는 빨간색 하트를 응시한다. 그러면 검은색 하트가 사라진다. 반대로 왼쪽 눈을 감았으면 대각선쪽에 있는 검은색 하트를 응시한다. 곧 빨간색 하트가 사라진다. 이번에는 모니터에 눈을 가까이 대었다가 천천히 떨어뜨려 보자. 그러면 어느 순간 검은색, 빨간색 하트가 모두 사라진다.

인간의 시신경은 원추세포와 간상세포로 구성되어 있다. 원추세포는 색을 감지하지만 간상세포는 빛을 감지한다. 원추세포는 적색을 감지하는 적색원추세포red cone, 녹색을 감지하는 녹색 원추세포green cone, 청색을 감지하는 청색 원추세포blue cone로 구성된다. 이 세 가지 색깔을 원추세포들이 동시에 감지하는 강약의 정도차이의 조합들을 인간의 뇌는 다른 색깔로 인식한다. 색을 정상적으로 구분하지 못하는 생맹, 색약 등은 이들 원추체 중에 하나 이상에 문제가 생긴 경우이다.

두 개 이상의 원추체가 완전히 기능을 못하는 것을 전 색맹이라 한다. 인간의 망막에는 600만개의 원추세포와 9천만 개의 간상세포가 있다. 간상세포는 원추세포보다 100배는 더 민감해서 원추세포보다 적은 빛에도 작용할 수 있다. 그래서 야간에는 시각 대부분을 간상세포가 담당한다. 암순응이 명순응보다 시간이 더 오래 걸리는 이유는 신경전달물질인 로돕신의 합성속도가 분해속도보다 느리기 때문이다.

또한 인간의 시신경은 자율신경으로 의식하지 않더라도 눈이 피로하지 않도록 오른쪽과 왼쪽을 교대로 사용한다. 하지만 사격과 같은 특수한 상황일 때는 좌, 우측 눈을 번갈아 사용하는 자율신경이 오히려 방해가 된다. 그래서 한쪽 눈을 가리게 된다. 사람은 두 눈을 가지고 있지만 사물을 볼 때 양쪽 눈을 다 사용하는 것은 아니다. 사람에 따라서 왼손잡이와 오른손잡이가 있듯이 눈도 왼눈잡이, 오른눈잡이가 있고 우리가 주로 사용하는 눈을 주시_{eye dominance}라고 한다. 사람에 따라 다른데 현미경을 보거나 총을 겨눌 때 주로 많이 이용하는 눈이 주시가 된다.

오른손잡이라 해서 우안이 주시가 되지는 않으며 사람마다 모두 다른데 자신의 주시를 알면 일상생활에서 좀 더 편할 수 있다. 주시를 테스트 하는 가장 쉬운 방법은 두 손을 모아 원을 만들고 과녁이 원안에 들어오도록 조정한다. 이 상태에서 한 쪽 눈을 교대로 감고 과녁을 쳐다보면 구멍의 위치와 같게 보이는 눈이 주시이다. 주시는 물체를 조준하는 반응시간과 순응시간도 다른 눈보다

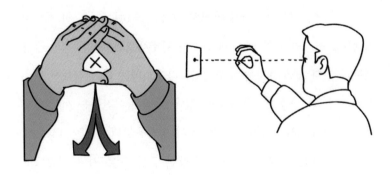

는 빠르다. 주시가 아닌 반대쪽 눈으로 물체를 자세하고 정확하게 보려고 하면 부자연스럽거나 불편하여 목표물을 정확하게 보기도 어렵고 안전성이 떨어진다.

영화관에 가서 외국영화를 볼 때 우리는 자막과 영화를 동시에 보는 것 같지만 사실은 보통 영상→자막 순으로 본다. 좌석배치에 있어 단차가 없었던 과거에는 영화를 볼 때 자막은 우측에 있었다. 오른쪽 눈이 주시인 사람은 좌측에 앉아야 시야가 왼쪽에서 오른쪽으로 한 번에 쓸어서 볼 수 있고 전체를 쉽게 볼 수 있다. 만약 주시가 오른쪽인 사람이 오른쪽에 앉는다면 그것은 마치 왼쪽 눈으로 보려는 것과 같다. 집중력이 떨어지고 쉽게 눈이 피로해지며, 화면의 왼쪽 부분도 어느 정도 포기해야 한다. 게다가 고개를 오른쪽으로 돌리는 것이 익숙한데 오른쪽에 앉으면 스크린을 향해 왼쪽으로 머리를 돌려야 하기 때문에 시간이 지날수록 고개도 아프게 된다.

표시장치를 설계할 때 이러한 인간의 시야각의 범위와 주시를 분간할 수 있다면 시각을 통해 식별되는 정보처리 오류에서 좀더 자유로울 수 있다. 가장 중요한 것은 부호를 식별할 수 있는 40도 범위의 시야각을 넘지 않도록 표시장치를 설계해야 한다. 비행기의 경우 수많은 계기판이 설치되어 있고, 원자력 발전소 또한 그러하다. 하지만 인간의 시각능력으로 볼 수 있는 한계가 있다. 이러한 인간의 신체적인 특성을 고려하지 않고 계기판을 설계하면 비행기는 추락할 것이고 원자력발전소는 가동을 멈출 것이다. 인간은 과거 이러한 사실을 간과하여 많은 시행착오를 해왔고 이후 표시장치의 설계 시 이러한 신체적 특성을 고려하여 설계하기 시작했다.

색을 본다는 것

인간이 사물을 볼 수 있는 것에 대해 고대 그리스시대에 유출설 extramission theory 과 유입설intromission theory 이 있었다. 유출설은 관찰자의 눈에서 광선이 뻗어나가 물체에 도달하는 순간 그 물체를 인식하게 된다는 것이고, 유입설은 물체에서 원자들이 발산되어 주위의 공기에 그 형상을 만들고 이 형상이 눈에 들어와 보게 된다는 것이다. 즉 감각이 일어날 때 무엇인가가 밖에서 들어오냐, 안에서 나가느냐에 따라서 이들은 유출설과 유입설로 구분했다.

그렇다면 현대과학의 입장에서는 어떨까. 여기에 빨간 사과가 있다. 이 사과는 원래부터 빨간색이어서 빨간 색깔을 내뿜는 것일까. 아니면 우리 눈에서 사과에게만 빨간색 광선을 쏘아서 사과가 빨갛다고 느껴지는 것일까. 태양으로부터 온 빛은 사과에 부딪히고 사과는 빨주노초파남보라는 가시광선 중에서 빨간색을 제외하고는 모두 흡수하고 빨간색만 발산한다. 그래서 우리는 사과를 빨간색으로 감지한다. 빨간색은 가시광선 중에서 파장이 가장 긴 색깔이다. 우리 눈은 파장이 가장 긴 빛을 잘 감지하며 파장이 짧아질수록 감지가 힘들다.

만약에 사과를 초록색 셀로판지로 가리고 사과를 본다면 사과는 무슨 색일까. 초록색 셀로판지가 초록색으로 보이는 이유는 초록색을 제외하고는 모두 흡수해 버리기 때문이다. 따라서 사과가 발산하는 빨간색은 셀로판지에 흡수되어 까만색으로 보이게 된다. 겨울에 내리는 눈이 흰색으로 보이는 이유도 이와 같다. 눈은 모든 빛을 흡수하지 않고 반사시키기 때문에 우리 눈에는 흰색으로 보이게 된다.

사실 우리가 인간의 시각현상에 대해 관심을 갖기 시작한 것은 얼마 되지 않는 일이다. 야구경기장에는 그물망이 설치되어 있는데 대부분의 색깔들이 녹색이었다. 이 그물망이 녹색인 이유는 야구가 국내에 도입될 당시 그라운드와 색깔이 비슷한 녹색 그물망이 관중들의 시야를 방해하지 않을 것이라는 생각했고 30년이 지난 지금까지도 녹색 그물망을 사용해왔던 것이다.

하지만 미국과 일본의 경우 검은색 그물망을 사용한다. 검은색 그물망은 경기를 관람하는 관객입장에서 녹색 그물망에 비해 훨씬 보기 편하다. 그래서 사진기자들은 카메라의 포커스를 맞추기 위해 녹색 그물망에 검은색 스프레이를 뿌리는 광격을 목격하기도 한다. 우리나라도 야구장의 그물망을 검은색으로 바꾸기 시작했고 이제는 대부분의 야구장의 그물망이 검은색이다.

사실 검은색은 색이 아니다. 검은색은 빛이 전혀 없음을 나타낼 뿐이다. 꽃 중에서 검은색 꽃이 없는 이유는 자연계에서 모든 파장의 빛을 흡수할 수 있는 색소를 가진 꽃은 없기 때문이다. 눈은 빛을 감지하는 감각기관이기 때문에 빛이 없는 것은 감지가 힘들다. 자동차 추돌사고를 잘 살펴보면 대부분의 받히는 차들의 색깔은 검은색 차량이 많은데 그 이유도 이와 같다. 따라서 추돌사고를 줄이고 싶다면 검은색 차량은 피해야 한다.

방범용 푸른 가로등
– 푸르킨예 효과(Purkinje effect)

가로등

오늘날의 가로등은 범죄예방에 매우 큰 역할을 한다. 범죄는 사람들의 주목을 끌 수 없는 곳에서 대부분 발생하기 때문이다. 남들이 눈치 못 채는 어두운 장소나 인적이 드문 곳에서 범죄가 일어난다. 그래서 가로등의 밝기를 높여 시야가 확보되면 누군가 지켜보는 느낌이 들기 때문에 범죄가 억제되는 효과가 있다. 지금은 대부분의 가로등이 전기이지만 석유가 개발되기 이전까지는 주로 고래기름을 사용했다. 고래기름은 탈 때 그을름도 악취도 없고, 매우 밝은 빛을 내어 램프 연료로 많이 사용되었다. 또한 고온에서도 점도를 잃지 않았고, 저온에서도 얼지 않아 증기기관의 윤활유로도, 향수로도, 화장품의 원료로도 매우 인기였다.

가로등의 역사는 고대 이집트와 로마로까지 거슬러 올라간다. 기원전 최고의 문명을 구사하던 이집트에서는 밤에 집집마다 양초를 달아 거리를 밝혔고 로마에서도 번화가나 광장에 가로등을 설치해 도둑을 방지했다. 하지만 본격적으로 가로등이 사용되기 시작한 것은 14세기에 들어오면서부터이다. 미국의 정치가였던 벤자민 프랭클린은 아름답고 좋은 등을 하나 준비해서 밤새도록 집 앞 선반위에 두었다고 한다. 동네사람들은 등불은 집안에 두어야 하는데 집 밖에 두는 것을 낭비라고 여겼으나, 한두 달이 지나면서 그 효용성을 깨닫게 된다. 그 램프는 등대와 같이 멀리서도 방향을 알 수 있었고, 길거리가 환해지자 범죄가 줄어들었기 때문이다.

거리를 밝게 하는 것만으로도 범죄 발생빈도를 획기적으로 줄일 수 있다. 미국에서 가로등의 설치가 본격화된 1993년부터 1997년 사이 뉴욕의 범죄발생건수는 41%나 줄어들었다. 당시 뉴욕은 슬럼가를 중심으로 총기사건, 강도, 살인 등이 빈번했지만 치안능력이 부족하여 경찰을 더 추가할 수도 없고, 예산도 증액을 시킬 수 없었던 상황이었는데 신임 경찰청장이 해결책을 제시했다.

바로 범죄가 발생한 지역에 가로등 밝기를 높이는 것이었다. 매우 간단하고 상식적이며 창의적인 처방이었다. 사건이 발생했던 곳의 범죄율이 떨어졌다. 하지만 범죄 장소가 다른 곳으로 이동했다. 뉴욕경찰은 일, 주, 월단위로 범죄발생 동향을 추적했고, 새로운 범죄 장소가 나타나면 순찰차를 배치하고 조명의 밝기를 높였다. 범죄가 발생하면 곧바로 그 주위를 깨끗하고 환하게 만들었다. 그 결과 1993년 1,946건이던 살인사건이 4년 뒤인 1997년

770건으로 무려 60%가 줄었고, 전체 범죄발생건수도 41% 감소했다.

영국 스코틀랜드의 오래된 산업도시 글래스고는 마약으로 악명이 높은 도시였다. 2000년에 글래스고 시는 환락가인 뷰캐넌Buchanan 거리에 도시경관에 변화를 주기 위해 가로등 빛을 오렌지 색에서 푸른색으로 바꾸었는데 의외의 결과가 나왔다. 시내중심가의 범죄율이 큰 폭으로 감소한 것이다. 파랑색의 파장은 380~500nm 사이의 파장에 존재하는 빛이다. 청색가로등을 설치하면 훨씬 먼 곳까지 더 선명하게 볼수 있다. 청색이 야간에 더 선명하게 보이는 이유는 푸르키녜 효과 Purkinje effect 때문이다. 체코의 생리학자 얀 에바게리스타 푸르키녜Jan Evangelista Purkyně는 낮에는 빨간색이 먼 곳까지 선명하게 보이나, 밤에는 빨간색은 어둡게 되고, 파랑색이 밝은 흰색으로 선명하게 보인다는 사실을 알아내었다.

파랑색을 주로 감지하는 청색원추세포는 상대적으로 그 숫자가 적은 반면 적색원추세포는 청색원추세포에 비해 3.5배나 많다. 따라서 밝은 곳에서는 긴 파장의 빛인 빨간색이 더 선명하게 보인다. 어두운 곳에서 파랑색이 더 잘보이는 이유는 파랑색은 간상세포에 더 민감하게 반응하기 때문이다.

파랑색 가로등을 가장 적극적으로 도입한 나라는 일본이었다. 2005년 청색가로등을 일본 나라현에 설치하자 범죄율이 20%나 급감했고, 일본의 많은 도시들이 청색가로등을 설치하기 시작했고 시즈오카현 등 지방자치단체 16곳이 푸른 가로등을 도입했다. 이러한 영향으로 서울의 강남구는 일본을 방문해서 상황을 조사하고는 2008년 12월부터 푸른색 가로등을 설치하기 시작했다. 주민들의 반응은 대체로 호의적이었다. 푸른색 가로등을 시범설치하고 설문조사를 한 결과 60%가 넘는 주민이 푸른색 가로등 도입에 긍정적인 반응을 보였다.

그러나 블루라이트의 유해성 논란이 있었다. 스마트폰, 모니터, 텔레비전과 같은 디스플레이에서 나오는 파란색 계열의 광원이 유해하다고 알려진 것이다. 이후 유해광선을 차단하는 시력보호 필름, 시력보호 모니터 등과 같은 블루라이트 차단 제품들이 우후죽순처럼 쏟아져 나오기 시작했다. 하지만 이것는 과학적 근거가 없는 것이다. 지금도 휴대폰 디스플레이에는 블루라이트 필터 기능이 있지만 블루라이트가 유해하기 때문은 아니고 인체의 호르몬 분비와 영향이 깊다.

푸른색 계열의 빛은 뇌의 호르몬분비에 영향을 준다. 동물에게 강한 블루라이트를 비추면 수면을 관장하는 멜라토닌의 분비는 감소하고, 신체에 활력을 주는 엔돌핀과 세로토닌과 엔돌핀의 분비를 촉진시킨다. 세로토닌은 심리적 안정감을 주며 암세포를 죽이는 특수한 T-임파구와 즐거운 감정을 만드는 호르몬인 엔돌핀을 만들어낸다. 기분이 우울할 때 햇빛을 쬐면 기분이 상쾌해지고, 비가 오면 우울해지는 것은 이 세로토닌 때문이다.

파랑색은 세로토닌을 촉진하지만 멜라토닌 분비를 억제하여 수면을 방해하기도 한다. 따라서 밤에는 휴대폰 화면에 블루라이트 필터를 적용하는 것이 수면에 도움을 준다. 기존에 한국에 주로 설치되어 있는 등은 확산형 나트륨등이었다. 그런데 이 나트륨

등은 빛이 사방으로 퍼지는 방식이라 허공만 밝고 보도바닥은 오
히려 어둡다. 최근 한국에서는 청색보다 백색계열이 주목을 받고
있다. 백색 가로등이 다른 색에 비해 심리적 안정감을 주고 특히
CCTV 화면을 선명하게 한다는 이유에서다.

세상을 보는 마음의 창
- 프레임

해석하기 나름

어느 화창한 가을날 유대인인 두 청년이 길을 가고 있었다. 그 중 한 청년이 물었다. "자네는 기도 중에 담배를 피워도 된다고 생각하나?" "글쎄 잘 모르겠는데, 랍비에게 한번 여쭤보는 게 어떻겠나?" 그 청년이 랍비에게 가서 물었다. "선생님, 기도 중에 담배를 피워도 되나요?" 랍비가 정색을 하며 대답하기를 "형제여, 그건 절대 안 되네, 기도는 신과 나누는 엄숙한 대화인데 그럴 순 없지." 그 청년으로부터 랍비의 대답을 들은 다른 청년이 말했다. "그건 자네가 질문을 잘못했기 때문이야. 내가 가서 다시 여쭤보겠네." 이번에는 다른 청년이 랍비를 찾아가 물었다. "선생님, 담배를 피우는 중에는 기도를 하면 안 되나요?" 랍비는 얼굴에 온화한 미소를 지으며 "형제여, 기도는 때와 장소가 필요 없다네. 담배를 피우는 중에도 언제든지 기도는 할 수 있다네."

이 예화는 우리에게 많은 시사점을 준다. 처칠이 낙관론자는 수많은 불운속에서도 기회를 보고, 비관론자는 엄청난 기회속에서도 불운만을 본다고 이야기 했듯이 모든 사람들은 사물을 보는 눈이 모두 다르다. 상황은 같은데 상황을 보는 시각의 틀frame에 따라서 사람들은 상반된 판단을 하기 때문이다. 사람들은 자신의 시각의 틀에 갇혀 전혀 말도 안 되는 억측판단을 하곤 한다. 정보의 홍수 속에 살아가는 현대인들은 짧은 시간 내에 빠른 결정을 내려야 한다. 크고 중요한 결정을 단지 자신만의 기준의 틀로만 내려버린다면 큰 실수를 범할 수 있는 확률이 높다. 그러나 대부분의 사람들은 자신의 기준 틀frame 을 부정하는 결정을 스스로 잘못된 결정이라고 생각하여 이를 본능적으로 싫어한다.

한국경제는 다른 나라와 달리 유독 재벌위주로 구성되어 있는데 지금이야 그렇지 않겠지만 과거에는 편향적인 프레임을 소유한 오너들이 많았다. 이들은 부하직원이 자신의 결정에 왈가불가하는 것을 탐탁지 않게 생각한다. 수시로 변하는 경영환경에서 중대한 결정을 내리면서도 다양한 상황을 고려하지 않고 자신의 직관에 의한 무모한 결정을 내리기도 한다. 그것이 성공하면 좋겠지만 실패할 경우 돌이킬 수 없는 엄청난 재앙이 된다. 1998년 IMF사태 때 무리한 사업 확장을 하다가 한국의 30대 기업 중 17개 기업이 망했다. 당시 30대 기업 중 현재까지도 자리를 유지하고 있는 기업은 10개도 되지 않는다. 그렇기 때문에 중요한 결정을 내리는 위치에 있는 사람은 항상 자신을 객관화시켜보는 훈련이 필요하다.

우리가 산업현장에서 저지르기 쉬운 휴먼에러도 객관적인 판단을 하지 못하는 원인에서 기인하는 경우가 많다. 대표적인 것이 억측판단이다. 억측판단은 남들이 보면 매우 위험한 일을 자신의 주관적 판단에 의해 위험을 수용하고 행동에 옮기는 것을 말한다. 억측판단은 안전하다는 객관적인 증빙이나 확증이 없기 때문에 사고로 이어질 가능성이 상당히 높다.

이유와 근거가 없는 추측

억측 판단의 원인은 사람마다 사물을 보는 시각의 차이에서 발생한다. 사람의 판단은 대개가 자신의 감정과 경험에 토대를 두고 있다. 나는 합리적이고 이성적인 사람이라고 자부하는 사람도 사실은 자신의 지극히 주관적인 착각에 불과하다. 이러한 억측판단의 원인은 매우 복합적인 것이지만, 크게 보면 희망적인 관측, 정보나 지식의 불확실성, 과거의 선입관, 초조한 심정 등으로 인해 발생한다.

1. 희망적인 관측

"나의 주관적인 경험상 지금까지 괜찮았으니 이번에도 괜찮을 것이다"라고 생각한다. 우리는 하루가 다르게 빠르게 변하고 있은 세상 속에 살고 있다. 코로나 사태는 과거에 우리가 절대 경험할 수 없었던 전

대미문의 사건이었다. 이럴 때 가장 현명한 판단은 모든 것을 최악의
상황으로 가정하고 판단하는 것이다.

2. 정보나 지식의 불확실

우리는 불확실성의 시대를 살아가고 있다. 정보의 홍수 속에 살아가고
있는 현대인들은 위험에 대한 정보와 지식이 없는 경우가 대부분이다.
하루에도 엄청난 데이터의 정보들이 쏟아져 들어온다. 이렇게 수많은
정보량 속에서 불필요한 블랙 데이터를 걸러내고 필요한 화이트 데이
터를 선별해 내는 것은 결코 쉬운 일이 아니다.

3. 과거의 선입관

사람의 자아에는 경험자아(experiencing self)와 기억자아(remem-
bering self)가 있다. 경험자아는 현재 내가 경험하는 것을 느끼는 자
아이다. 반면에 기억자아는 지나간 경험을 회상하고 평가하는 자아이
다. 그런데 이 두 자아의 판단은 대체로 일치하지 않는다. 인간은 에너
지 소모를 최소화하기 위해 자신의 경험을 다양한 관점과 각도에서 분
석하여 판단하지 않고 기억자아에만 의존해 자신이 선호하는 기억을
바탕으로 결정하려 한다. 우리가 실수를 반복하는 이유는 경험자아보
다 기억자아의 독재를 받고 있기 때문이다.

4. 초조한 심정

외국인 근로자들이 한국에 와서 가장 먼저 배우는 단어가 '빨리빨리'라
는 말이다. 산업화가 수 백년에 걸쳐 일어났던 서구와 달리 한국은 산

업화를 한 세대 만에 끝낼 만큼 그 속도가 급격했다. 그것이 한국의 빨리빨리 문화를 만들었고 우리의 사회심리 속에 뿌리 깊게 자리 잡았다. 경제적 시간적 여유가 생긴 지금도 우리는 아직도 늘 무엇에 쫓기듯 불안한 삶을 살고 있다.

위의 4가지 억측판단의 원인들은 합리적인 근거에 선 판단이 아니라 임의적이고 근거 없는 생각에 지나지 않다. 이러한 억측판단을 방지하기 위해서는 다음과 같은 조치가 필요하다.

1. 위험감수성을 고양할 것
2. 안전 확인을 습관화할 것
3. 작업정보를 정확히 전달하고 파악할 것
4. 과거 경험에 사로잡혀 선입관을 가지고 판단하지 않을 것
5. 자신에게 편할 대로 희망적 관측을 하지 않을 것
6. 반드시 정해진 규칙에 따라 작업에 임할 것
7. 억측에 의한 실패경험을 서로 발표하고 해당 판단에 근거가 없었음을 분석할 것

억측 판단은 구피질의 작용 중의 하나이다. 구피질은 이성보다 감성의 지배를 받아서 귀찮은 것이나 면밀한 것을 매우 싫어하고 가능한 한 편안한 행위를 하고 싶어한다. 억측판단으로 인한 휴먼에러를 줄이기 위해서는 정보를 공유하여 객관화시키는 과정과 집단의 구성원들이 납득하고 이해할 수 있는 안전 소집단 활동을

활성화하여 다양한 합리적인 판단의 근거를 마련하는 것이 필요
하다.

선택에 걸리는 시간
– 힉스하이만 효과

사람은 나이가 들어갈수록 인지능력이 감퇴되고, 자극에 반응하는 속도도 느려진다. 하지만 노인들뿐만 아니라 보통사람들도 제시되는 정보의 양이 많으면 많을수록 이것을 걸러내기 위한 정보처리가 오래 걸릴 수밖에 없다. 우리는 살면서 수많은 선택과 결정을 하는데 이 모든 과정들이 뇌의 정보처리과정을 통해 이루어진다. 점심에 무엇을 먹을까 생각하는 것부터 시작하여, 회사에 입고 갈 옷을 고르는 것까지 모든 것이 선택과 결정의 연속이다. 이때 의사결정에 중대한 영향을 끼치는 것이 선택지의 수이다. 선택지가 많을수록 우리의 선택의 폭도 넓어지고 고민도 깊어진다.

　한 백화점에 넥타이를 파는 매장이 있다. 이 매장에는 넥타이가 두 개 밖에 없고 이때 고객이 넥타이를 고르는데 걸리는 시간이 5분이라 하자. 그런데 넥타이의 개수가 2개에서 4개, 4개에서

8개 이렇게 늘어난다면, 무엇을 고를까 결정하는 시간도 5분, 10분, 20분 이렇게 증가할까? 1952년, 이러한 문제를 고민한 학자가 있었다. 영국의 심리학자 윌리엄 에드먼드 힉William edmund hick 과 레이 하이먼Ray hyman 이다.

이들은 자극과 반응에 대한 한 가지 특이한 실험을 한다. 10개의 램프가 있는 테이블에서 5초 간격으로 임의의 램프가 켜지게 하고 사용자가 그것을 누르는데 걸리는 시간을 측정했다. 이 램프의 개수를 2개에서 10개까지 변화시키면서 사람들이 선택하는데 걸리는 시간의 변화를 측정했더니, 램프의 개수가 많을수록 시간이 오래 걸렸다. 당연한 결과였지만 예상했던 패턴과는 사뭇 달랐다. 언뜻 생각하기에 선택지가 늘어나면, 시간도 기하급수적으로 늘어나겠지만, 기하급수적으로 늘어나기는커녕, 선형적으로도 늘어나지 않고 그냥 로그적log 으로 늘어난 것이다. 왜 이런 이상한 결과가 나온 것일까? 아래의 표가 그 결과치이다.

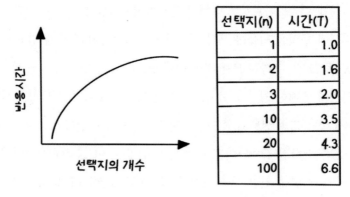

선택지(n)	시간(T)
1	1.0
2	1.6
3	2.0
10	3.5
20	4.3
100	6.6

선택지의 수와 로그적으로 증가하는 반응시간

결과를 보면 선택지가 10배로 늘어나도 시간은 10배로 늘어나지 않는다. 선택지를 20배로 늘려도 시간은 4.3초 정도 될 뿐이다. 이를 수식으로 표현하면 'T= b log2(n+1) (b:상수, n:옵션수)'이다. 이것을 힉스-하이만의 법칙이라 한다. 힉스- 하이만의 법칙에 의하면 인간이 의사결정에 걸리는 시간은 선택지의 개수와 복잡성에 비례한다. 이 결과치를 그래프로 나타내면 선택지가 늘어남에 따라 일정 구간부터는 반응시간에 대한 소요시간이 아주 조금씩 늘어남을 알 수 있다.

인간은 무엇인가를 선택할 때, 선택지가 100개가 있다면 우선 반으로 나누고, 다시 50을 반으로 나누는 일을 되풀이한다. 따라서 선택지가 100개든 10개든 시간은 그리 큰 차이를 보이지 않는다. 이런 과정을 'Binary search', 'Binary elimination'이라 한다. 이러한 인간의 뇌의 메커니즘 때문에 때로는 컴퓨터보다 더 빠른 정보처리가 가능한 것이다.

하지만 인간의 빠른 정보처리를 위해서는 주어지는 정보량도 최소화해야 한다. 인간은 무엇인가를 선택하고 결정을 할 때 많은 에너지를 소모하는데 이때 부담해야 하는 정신적 자원을 인지 부하cognitive load 라고 한다. 인지cognition 란 외부에서 받아들인 신호를 식별하고 해석하여, 의사결정을 하는 모든 정신활동을 말한다. 인지부하가 증가하면 증가할수록 뭔가를 판단하는데 시간이 오래 걸리고, 이성적인 판단에 장애가 되어 매우 어리석은 결정을 하게 된다. 그렇기 때문에 시스템을 만들 때 공학자는 최대한 인지부하의 양을 줄이는 설계를 해야 한다.

인지능력의 한계로 인한 사고

1979년 3월 28일 오전 4시, 펜실베니아의 TMI Three Mile Island 원자력발전소에서 발생했던 사고의 주 원인은 가공할만한 복잡한 정보들이 운전원들에게 한꺼번에 쏟아졌기 때문이다. 사고 자체는 간단한 원인으로 시작되었지만 복잡하게 대량으로 쏟아지는 정보들로 인해 운전원들은 심각한 인지 부담cognitive load 을 겪었고, 무엇을 어떻게 처리해야 할지 몰라 허둥대는 통에 사고는 걷잡을 수 없이 커져 버렸다. 이 사고는 제시되는 정보의 양이 인간의 수용한계를 초과했을 때 어떤 일이 발생하는지를 단적으로 보여준다.

우리가 살면서 겪게되는 대부분의 휴먼에러는 뜻하지 않는 상황에서 빠르게 반응해야 하는 지각과 판단능력의 실패에 기인한다. 예를 들어 대피 신호를 내려야 하는 상황적 판단, 화재 상황에 맞는 비상대응행동 등 각 상황에 맞는 적절한 행동이 필요한데, 외부로부터 갑자기 지나치게 많은 정보들이 제시되면 이성적인 판단을 내릴 수가 없다. 세월호 사고도 사고 직전 선장이 승객들에게 즉시 대피신호를 내렸거나, 사고 후 구조대원들이 신속하게 대응했더라면 그렇게 많은 희생자는 없었을 것이다.

외부로부터 발생하는 어떠한 신호에 대하여 긴박한 조치를 취해야 할 필요가 있을 때 힉스-하이만의 법칙을 이용하여 시스템을 설계할 수 있다. 이 법칙을 고려하여 선택지의 개수를 줄이고 단순화시킨다면, 정보 수용자에게 제공되는 옵션의 수를 줄여 인지적 부담을 최소화 할 수 있어 빠른 의사결정이 가능하다. 예를 들어 식당에 비치된 가짓수가 많은 메뉴판, 필요 없이 복잡한 TV리모콘, 복잡한 세탁기의 설정버튼 등을 단순화 시키는 것이 이에 해당된다. 구글의 경우 검색이 우선 시 되기 때문에 검색창만 빼놓고 모든 세부적인 메뉴들을 제거했고, 비행기의 조종석이나 원자력발전소의 중앙통제실의 경우에도 신속하게 빠른 조작이 필요한 계기들은 크게 만들고 눈에 잘 띄는 곳에 배치하여 즉각적인 조종이 가능하도록 배치해 놓은 것도 볼 수 있다.

하지만 힉스-하이만의 법칙은 적절한 상황에서 간단한 의사결정에만 적용이 가능하고, 시스템이 복잡하거나 과제가 중요한 경우에는 유효하지 않다. 이 경우에서는 옵션의 수가 아닌 시스템의 복잡성과 중요성이 영향을 주기 때문이다. 이때는 무조건적으로 선택지를 줄이는 방법보다는, 어떤 선택지로 사용자에게 최선의 정보를 제공하여 인지적 부담을 줄일지를 고민해야 한다.

생체 리듬이란
- 교대근무의 비밀

바이오리듬과 생체리듬

우리가 어느 곳으로 여행을 갈 때 보통 자동차나 배로 이동하면 시간 변화에 적응해가면서 여행하기 때문에 시차 문제는 발생하지 않지만 비행기로 이동하는 경우는 생체시계가 주변 환경에 적응할 수 있는 시간적 여유가 없게 된다. 그래서 시차병이 생기게 된다. 나는 해외여행을 갈 때 비교적 시차 적응에 수월한 편인데 친구 중 한 명은 시차 때문에 많은 고생을 한다. 이러한 나도 해외출장을 갈 때 유독 피곤한 곳이 있는데 그곳은 미국이다. 유럽 쪽으로 가는 것에 비해 미국으로의 출장이 더 힘들었다. 사람마다 모두 다른 바이오 리듬이라는 것이 있으며 바이오 리듬에 따라 컨디션이 달라진다고 하는데 사실 이 말은 과학적인 근거가 없는 이론이다.

건설안전기사 시험문제에는 인체의 바이오 리듬에 관하여 다음과 같은 문제가 나온다.

1. 생체리듬(Biorhythm)에 대한 설명으로 옳은 것은?
① 각각의 리듬이 (−)에서의 최저점에 이르렀을 때를 위험일이라 한다.
② 감성적 리듬은 영문으로 S라 표시하며, 23일을 주기로 반복된다.
③ 육체적 리듬은 영문으로 P라 표시하며, 28일을 주기로 반복된다.
④ 지성적 리듬은 영문으로 I라 표시하며, 33일을 주기로 반복된다.

여기서 정답은 4번이다. 위험일은 +에서 −로, −에서 +로 변화하는 점이 위험일이고, 육체적, 감성적, 지성적 리듬의 각 주기는 23일, 28일, 33일 이라는 것인데 사실 바이오리듬은 사이비 과학으로 분류되어 사실 오래전에 퇴출된 이론이다. 바이오리듬에 관한 이론은 19세기에 빌헬름 플리스Wilhelm Fliess라는 한 의사가 열병을 연구하면서 인체에는 23일, 28일이라는 주기가 있다고 했고, 알프레드 텔쳐Alfred Teltscher라는 사람이 후에 지성의 33일 주기설을 추가하며 시작되었다.

사실 좀 더 깊이 생각해 보면 사이비 과학이라는 게 분명해 진다. 사람마다 다양한 사람이 수없이 많고, 사람마다 다 특성이 다른데 같은 날 같은 시각에 태어난 사람은 바이오리듬이 같다는 것이 말이 안 되기 때문이다. 그럼에도 불구하고 이러한 문제가 계속 나오고 있는 이유는 바이오리듬biorhythm과 생체리듬Circadian rhythm을 혼동하고 있기 때문인 것 같다.

사람의 생체시계

해외여행을 할때 시차병이 발생하는 원인은 생체리듬Circadian rhythm 때문이다. 미모사라는 식물은 잎으로 손으로 만지면 움츠러드는 식물이다. 그리스 신화에 의하면 자신이 아프로디테보다 더 아름답다고 자랑하던 미모사라는 공주가 자신보다 더 아름다웠던 양치기를 발견하고는 부끄러워 풀로 변해버렸다고 한다. 이 식물은 진짜 동물처럼 움직인다. 손을 갖다 데면 움츠려 들고, 떼면 다시 잎을 연다. 또한 미모사는 낮 동안에는 햇빛을 향해 잎을 열고, 밤 동안에는 잎을 닫는다. 18세기 장 자크 도르투 드 메랑Jean Jacques d'Ortous de Mairan이라는 한 천문학자가 간단한 실험을 통해 미모사에게도 생체시계가 있다는 것을 밝혀내었다. 그는 빛이 없는 캄캄한 곳에 미모사를 계속 놓아두었는데, 미모사는 빛이 없는 곳에도 낮에는 잎을 열고, 밤에는 닫는 것을 발견했다.

식물뿐만이 아니라 지구상에 존재하는 대부분의 생물체가 햇빛을 기준으로 생체리듬이 맞추어져 있다. 생체리듬은 해가 뜨는 동시에 활성화되고, 해가 지면 그 활성수준이 감소된다. 생체시계는 동물의 동면, 철새의 이동, 나무의 단풍 등과 같이 1년을 주기로 하는 느린 생체시계와 90분을 기준으로 변하는 수면주기, 4시간을 기준으로 변하는 좌우뇌의 활성화주기 등과 같은 빠른 생체시계도 있다.

1994년 독일 막스플랑크연구소의 위르겐 아쇼프는 실험 참가자 13명을 32일 동안 어두운 방 안에 가둬놓고 생활하게 하는 실험을 했다. 이들은 미모사와 비슷하게 반응했다. 햇빛이 없는 곳에서도 이들의 수면패턴은 일정했던 것이다. 다만 새로운 사실이 밝혀졌는데 사람의 생체시계는 24시간보다 좀 더 길다는 것이었다. 스티븐 브라운 스위스 제네바대 분자생물학과 교수팀은 2005년에 19명의 실험자를 대상으로 좀 더 정교한 실험을 한다. 연구팀은 실험자의 체온과 호르몬 변화 등을 관찰해 생체시계가 평균 24시간 30분이라는 사실을 밝혀 학술지PLOS Biology에 발표했다.

2017년에 노벨생리학상은 제프리 홀, 마이클 로스배시, 마이클 영 교수에게 돌아갔다. 이들은 생체리듬을 더 연구하여 생체시계를 조절하는 핵심 유전자인 피리오드 유전자period gene의 작동메커니즘을 밝혀낸 공로였다. 이들의 연구 덕분에, 피리오드 유전자와 이 유전자로 만들어지는 단백질PER 사이에서, 낮과 밤에 되풀이하여 일어나는 피드백 조절feedback regulation이 주기성을 만들어낸다는 생체시계의 진동 개념이 확립된다. 아래의 그림은 피리오드 유전자를 중심으로 세포 안에서 24시간 주기로 일어나는 일들을 보여준다.

① 밤이되면 피리오드 유전자가 활성화가 되어 피리오드 메신저RNA가 만들어진다.

② 이 메신저 RNA는 세포의 세포질로 옮겨진다

③ PER 단백질이 세포핵 안으로 들어와 축적된다

④, ⑤ 축적된 PER 단백질은 자신을 생성시킨 피리오드 유전자의 활동이 차단된다

⑥ 이로 인해 낮 동안에 피리오드 유전자의 활성은 억제된다

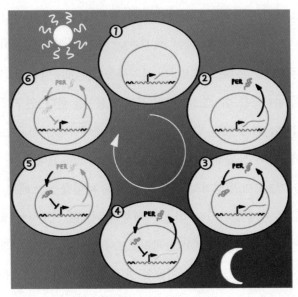

출처: nobelprize.org

생체시계가 분석됨에 따라 생체리듬치료법chronotherapy이 개발되기 시작했다. 예를 들어 혈압은 밤에 떨어졌다가 아침에 일어나면 20%정도 상승하기 때문에 아침에 심장마비와 뇌졸중이 이때 많이 발생한다. 그러나 가려움증이나 천식은 밤과 새벽에 심해진다. 따라서 생체리듬에 따라 치료제를 다르게 처방하는 것을 생체리듬치료라고 한다.

자연은 24시간 주기로 낮과 밤이 바뀌고, 사람의 생체주기는 24시간 30분을 주기로 바뀌므로 편차가 있다. 일정한 생활패턴에서도 편차가 생기기 때문에 인간의 몸은 계속하여 자연의 주기에 맞춰어 생체시계를 동기화 시켜야 하다. 이 때문에 불면증도 발생한다. 수면을 유도하는 호르몬인 멜라토닌은 햇빛이 있는 동안 생

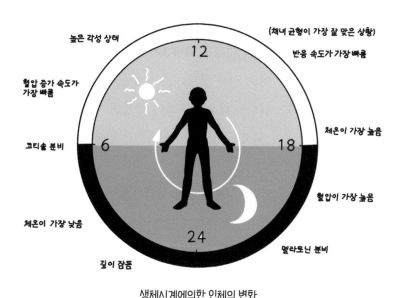

생체시계에의한 인체의 변화

출처: https://www.dongascience.com/news.php?idx=20007

성되고 어두워지면 분비된다. 장거리 비행을 한 비행기 조종사들이 근무 후 퇴근할 때 선글라스를 착용하는 이유는 멜라토닌 분비를 억제시키는 자외선을 피하기 위해서이다. 낮의 길이가 긴 여름에는 적게 분비되고, 밤의 길이가 긴 겨울에는 많이 분비되기 때문에 겨울에는 잠이 많아진다. 이 때문에 여름과 겨울이 되면 생체시계와 자연시계의 불일치는 심화된다.

대부분의 사람들은 월요일 아침이 괴롭다. 일어나기 어렵기 때문이다. 수면이 불규칙해 일어나는 피로현상이다. 대부분의 사람들은 휴일에 늦잠을 잔다. 평일에 수면부족을 주말에 보충하기 위해서인데 주말 늦잠은 마치 다른 지역으로 여행을 다녀온 것 같은 시차증을 일으킨다. 가령 평일에 12시에 잠들어 7시에 일어나는 사람이 주말에는 1시에 잠들어 9시간에 일어난다고 가정해 보자. 이때 평일의 수면 중간지점은 새벽 3시 반이고 주말의 수면 중간지점은 5시이다. 이로 인해 발생하는 시차증jet lag은 90분이다. 시차증이 늘어나면 날수록 더욱 피곤하다. 주말의 어느 정도의 늦잠은 건강에 도움이 되지만 이것이 주기적으로 반복될 경우 오히려 건강을 해치게 된다.

시차병의 원인은 생체시계가 환경과 맞지 않기 때문이다. 외부환경이나 수면 패턴이 급격히 바뀌면 생체시계는 햇빛과 온도 등을 인지해 생체시계를 다시 맞춰야 하는데 이때 생체시계는 앞으로 당겨지는 방식이 아니라, 뒤로 늦어지는 방식으로 시차를 극복한다. 초저녁에 잠을 청해 새벽에 잠을 깬 경우 더 이상 잠이 오지 않는 것과 같이 수면 각성 일정이 앞으로 당겨지는 경우도 있지만 일반적으로 수면각성 리듬은 뒤로 밀리는 경향이 높다. 유럽보다 미국으로 가는 것이 힘든 이유기도 하다. 한국에서 런던으로 가면 생체시계는 8시간 늦어지면 되지만, 미국으로 가면 14시간이 늦어져야 한다. 그래서 미국 갈 때가 영국으로 갈 때보다 더 피곤하다.

사회적 시차증이 큰 사람일수록 당뇨와 심장질환의 위험율이 높다. 또한 시차증이 클수록 좋은 콜레스테롤인 HDL 수치는 낮고, 중성지방인 트리글리세라이드 수치는 높으며 인슐린 저항성과 체내지방은 상대적으로 많다. 건강한 사람도 수면패턴이 불규칙해지면 건강상 부정적인 영향을 받을 수밖에 없다. 그래서 최적의 건강상태를 지키기 위해서는 수면시간이 일정한 생체시계를 유지해야 한다.

리듬을 깨는 교대근무

현대사회는 24시간 유지되어야 하는 산업이 너무나 많다. 발전소를 비롯하여 석유화학플랜트, 제철소 등 공장들 중에는 기계 가동을 멈춰버리면 천문학적인 손실이 발생한다. 그리고 편의점, 물류센터, 경찰서, 병원, 공항 등 고객에게 24시간 서비스를 제공해야 하는 업종도 많다. 이로 인해 발생하는 것이 사회적 시차증social jet lag이다. 사회적 시차증이란 불규칙한 근무 때문에 정상적인 시간에 잠을 자지 못하는 현상을 말하는 것으로 교대근무자들에게 흔히 발생하는 현상이다. 노동강도를 떠나서 교대근무를 하는 것 자체가 무척 고된 일이다. 국제암연구기구IARC에서는 2007년 교대근무를 납이나 자외선과 같은 2A군 발암물질로 분류했다. 2A군이란 동물 실험에서는 암과 연관성이 확인됐으나, 사람에게는 아직 불분명한 점이 많은 경우를 말한다.

교대근무자들은 정상적인 근무를 하는 사람보다 수면장애를 겪는 사람들이 많다. 수면장애가 발생하고 스트레스로 인한 위장병에도 많이 걸린다. 운동을 해도 테스토스테론이 잘 분비가 되지 않기 때문에 근육도 잘 붙지 않는다. 교대근무로 인해 가족, 친구, 연인관계 등의 대인관계가 악화될 수 있다. 휴식시간에는 잠을 자야 하고 서로 만날 약속 시간도 잘 지키기 어렵다. 게다가 피로가 잘 풀리지 않아 스트레스를 술과 담배로 푼다면 상황은 더욱 악화된다. 교대 작업자들 중 5%~20% 정도는 교대 부적응 증후군SMS, Shiftwork Maladaption Syndrome을 겪게된다.

특히 순환 교대자가 새로운 시간대로 교대를 시작할 때 많이 느끼는 증상으로 수면 장애와 만성적인 피로감, 작열감, 변비, 설사와 같은 위장관계 질환, 불면증 자가치료와 관련된 알코올과 약의 남용, 사고와 실수의 높은 빈도 수, 우울증, 피로, 감정 장애, 권태감, 인격 변화, 대인관계의 어려움 등이 있다.

그래서 교대근무자는 평소에 컨디션 조절을 잘 해야 한다. 야간근무가 끝난 다음에는 무조건 잠을 자도록 해야 한다. 만약에 잠이 쏟아지는데도 자지 않고 버틴다면 면역체계도 나빠져 질병에 걸리기도 쉽다. 야간근무 중에는 집중력이 떨어져 실수가 많아지고, 사고의 위험율도 높아진다. 이 때문에 카페인 음료를 마시는 경우가 많은데, 결국에 카페인 내성이 생기고 위장에도 좋지 않은 영향을 끼친다. 미국에서는 교대 근무자들이 카페인 음료뿐만이 아니라 메스암페타민_{필로폰} 같은 약물을 남용해 사회적 문제가 된 적도 있다. 생체리듬에 의하면 인간의 대뇌의 활성수준은 오전 6시가 최저이고 오전 8시를 표준으로 높아지며 12시가 되었을때 최고가 된다. 그후 서서히 낮아지기 시작하여 밤 10시가 되면 다시 표준이 되고, 다음날 오전 6시에 다시 최저로 돌아간다.

대뇌의 활성수준을 이용하여 피로를 측정하는 방법 중에 FFF flicker fusion frequency 라는 것이 있다. 점멸하는 광점을 보여주고 주파수를 높여가며 실험하면 어느 이상의 주파수에서는 점멸을 느끼지 못하게 되는데 빛의 점멸을 느끼는 것은 대뇌의 작용이고 대뇌가 피로하면 주파수값은 떨어지는데 이러한 느끼지 못하게 되는 이 변화점을 플리커 flicker 라 한다. 따라서 대뇌의 활성화 정도가 떨어지는 시간에는 비 정상작업을 하지 않아야 한다. 실수가 잦아지고 사고가 발생할 확률도 높기 때문이다. 그래서 미국의 어느 석유회사는 밤에 설비에 이상이 생기면 설비의 셧다운 작업만 할 뿐 운전재개 작업은 오전 8시 이후에 실시할 것을 규정으로 두고 있는 곳도 있다.

교대근무시 교대작업 실시요령도 이와 같이 인간의 생체리듬에 맞추어야 휴먼에러로 인한 사고를 방지할 수 있다. 생체시계는 뒤로 늦어지는 방식으로 시차를 극복하기 때문에 교대작업시 교대방향은 주간→저녁→야간→주간으로 가는 전진근무방식이 좋다. 교대시간을 너무 일찍 잡으면 교대자가 새벽잠을 설치고, 너무 늦게 잡으면 밤교대자가 힘들어진다. 야간 밤교대는 자정 이전으로 하고, 아침 교대는 오전 6시 이후가 좋다. 야간 작업시 가장 피로감이 높게 느껴지는 시간은 3~5시로 이 시간대에는 휴식을 갖도로 해야 한다.

교대일정은 정기적이고, 근로자가 예측 가능하도록 해야 한다. 그리고 사람마다 아침형 인간과 저녁형 인간이 있다. 내성적이거나 창의성이 강한 예술가적 기질이 많은 사람들은 저녁이나 밤을 좋아해서 수면리듬이 뒤로 늦어지고, 활동적이고, 진취적인 사람은 새벽이나 아침을 좋아하므로 리듬이 당겨진다. 따라서 교대작업일정을 계획할 때 가급적 근로자 개인이 원하는 바를 고려하도록 하는 것이 좋다.

무엇보다 교대작업자들의 생활습관이 중요하다. 20~30분 정도의 간단한 낮잠은 밤에 졸음을 줄일 수도 있다. 하지만 그보다 적은 수면은 오히려 졸음을 유발한다. 여기서 중요한 점은 간단한 수면은 규칙적인 수면을 대체하지는 못한다는 점이다. 교대작업 중에 갈증을 느끼지 않더라도 자주 물을 마시도록 한다. 교대작업자들은 충분한 양질의 수면을 확보하는 것이 중요하다. 야간 작업자들은 작업 후 가능한 빨리 잠자리에 드는 것이 좋다. 이때 가족들은 소음과 조명에 신경을 써 주어야 한다. 교대작업자들은 잠들기 전에 지나치게 운동하면 잠을 빨리 깨게 되어 회복에 방해를 받기 때문에 잠들기 전 3시간 이내에는 운동을 하지 않는 것이 좋고 수면 전에는 과식과 음주를 피해야 한다.

보랏빛 소
-폰 레스토프 효과

다르면 주목한다 -폰 레스토프 효과

세상에 보랏빛 소는 없다. 하지만 세스고딘Seth Godin 은 그의 책《보랏빛 소가 온다》리마커블Remarkable 한 마케팅기업으로 보랏빛 소를 소개한다. 평범하고 따분한 것보다 뭔가 예외적이고, 흥분되고, 눈에 확 띄는 그 무엇이 인간의 감각기관을 환기시키기에 적합하기 때문이다. 우리나라 아동사망률 중에서 교통사고로 사망하는 비율은 40%가 넘는데 대부분이 횡단보도에서 발생한다. 2019년 12월 24일에 공포된 민식이법 시행이후에도 스쿨존에서의 교통사고율은 좀처럼 줄어들지 않고 있다. 횡단보도에서 신호등이 바뀌어도 정지선을 넘어 진입하는 차량, 보행로를 가로막고 있는 차량 등은 흔하고, 보행자가 길을 건너고 있음에도 불구하고 보행자 앞으로 위험하게 쏜살같이 지나가는 매너없는 차량들을 하루에도 수도 없이 본다. 아직도 우리사회는 차를 사람보다 먼저 생각하는 것 같다.

스쿨존 지역은 차량의 속도가 시속 30km로 속도제한이 걸려 있지만 속도제한 표시판이 잘 안보이거나 주정차 차량들로 인해 아이들을 쉽게 발견하지 못하는 경우도 많다. 이러한 문제들로 인해 몇 년 전부터는 우리나라는 국제아동인권센터와 함께 학교 인근에 '옐로카펫'을 설치하고 있다. 옐로카펫 안에 있는 아이들은 운전자들에게 쉽게 눈에 띠고 밤에도 상단에 설치된 태양광 램프가 움직임을 센서로 감지해 불을 비춘다. 옐로카펫은 밤낮 구분없이 아이들이 마음놓고 안전한 장소에서 신호를 기다릴수 있게 해주는 안전시스템이라 할 수 있다.

옐로카펫은 '폰 레스토프 효과Von Restorff Effect'를 이용한 것이다. 이른바 고독효과라고도 하는 본 레스토프 효과는 평범한 대상이나 사건보다, 뭔가 독특하거나 차별화된 대상, 신기하거나 예상치 못한 정보 등을 더 잘 기억하는 현상을 말한다. 1979년 폰 레스토프Von Restorff는 어떤 기억해야 할 것이 기억해야 할 다른 것과 잘 구별되면 될수록 주의 집중과 기억이 용이하다고 발표했는데 그 원리는 감성적 각성과 집중력을 한꺼번에 크게 증폭시켜 외부정보에 대한 생생함을 높이는 데에 있다.

일반적으로 사람들은 독특하거나 특이한 사건, 사물을 더 잘 기억한다. 10대의 노란색 택시 중 한 대의 주황색 택시가 튀고, 검은 옷을 입은 사람 10명 중 흰 옷을 입은 사람 한 명은 더 눈에 띠일 것이다. 사람이 어떤 사실을 기억하기 위해서는 그 대상을 기억해야 하는 의미가 있어야 기억이 강화된다. 누군가 전화번호를 이야기해 주었는데 내 생일과 유사하거나 우리집 주소와 비슷하다면 기억은 오래갈 수밖에 없다. 이렇게 의미가 있고 없고의 차이가 우리의 기억력을 7~8배까지 향상시킨다.

한 심리학자가 10자리 정도의 숫자로 실험을 하였다. A팀에게는 단순히 기계적으로 기억하라고 하고 B팀에는 숫자의 원리와 의미를 파악하며 기억하라고 했다. 몇 분뒤에 테스트를 했을 때에는 두 팀간의 차이가 없었지만 3주가 지난 후에 다시 테스트 했을 때에는 확연한 차이가 발생했다. A팀에서 여전히 그 숫자를 온전히 기억하는 사람은 아무도 없었지만 B팀에서는 거의 모든 사람이 숫자를 기억하고 있었다. 이러한 원리에 입각한 다른 실험에서도 기억해야 할 학습내용을 구조화시켜서 학습했을 때 기억 재생능력이 향상됨이 입증되었다. 인간의 장기기억의 용량은 무한대이지만 단기기억의 용량은 매우 낮아서 사람이 기억할 수 있는 최대용량은 밀러의 매직넘버 7에 의하면 5~9가지 숫자에 불과하다. 하지만 이러한 숫자를 3자리 정도로 끊어서 구조화시키면 훨씬 기억하기가 쉬워진다. 또한 기억해야할 내용을 계속하여 학습하는 것보다 짧은 시간동안의 휴식시간을 여러번 주게되면 학습효과가 향상된다.

다들 대부분이 경험한 사실이겠지만 벼락치기 공부가 당시에는 효과가 있는 것처럼 보이지만 시간이 경과할수록 기억 재생률이 급격히 떨어져 나중에는 전혀 기억이 나지 않게된다. 1885년 에빙하우스는 기억해야 할 내용을 계속 학습하는 동안 짧은 휴식

시간을 주게 되면 학습효율성이 향상됨을 발견했다. 또한 기억력을 향상시키기 위해서는 학습한 환경과 유사한 환경을 만들어주면 더 기억재생률이 높다.

레스토프 효과는 마케팅 수단으로도 크게 활용되고 있다. 사무용품을 판매하는 페덱스킨코스Fedexkincos는 자사를 홍보하기 위해 미국의 한 도시에 형광펜과 화이트 모양의 거대한 구조물을 설치하였다. 이때 단순히 구조물만 설치하는 것에 그치지 않고 차도와 인도를 구분하는 선은 노란색 형광펜으로, 횡단보도의 선은 흰색화이트로 배치하여 소비자들에게 사무용품은 페덱스킨코스라는 메시지를 각인시켰다.

페덱스킨코스뿐만 아니라 캐논은 인도에 설치하는 차량저지용 차단봉을 카메라 줌 렌즈처럼 설치하였다. 현대차 광고의 경우 내국인이 살 차에 대한 광고임에도 불구하고 외국인이 차를 타고 멋지게 길거리를 질주하는 모습을 보여준다. 또 어떤 광고는 상품과 전혀 연관성도 없는 유명인과 노래를 매치시키기도 한다. 이러한 마케팅 기법들은 모두가 레스토프 효과를 이용한 광고라고 할 수 있다.

사람이 실수를 하는 이유 중, 기억이나 망각에 의한 착오를 'Lapse'라 한다. 따라서 위험한 작업, 위험한 구역에 들어갈 경우 주의를 환기시켜주는 방법들이 필요한데 여기에 레스토프 효과를 적용할 수 있다.

안전분야에서도 레스토프효과를 적용한다면 많은 안전사고를 예방할 수 있다. 예를 들면 공장에서 어떤 위험한 작업을 할 때에는 평소에 사용하는 여느 공구와는 달리 빨간색으로 도색한 공구를 사용하는 것도 효과가 있다. 이러한 공구를 사용하게 함으로써 지금 내가 위험한 작업을 하고 있음을 의식하게 하기 위함이다. 특별하게 채색된 공구를 사용하는 방법만 있는 것은 아니다. 위험작업 전에 어떤 리추얼Ritual 과 같은 행위을 하게 함으로써 자칫 흐트러지기 쉬운 주의력Attention 을 환기시키는 것도 좋은 방법이다. 근래 학교주변에도 옐로카펫은 많이 설치되어 있는데 관리가 부실해졌다. 실제 사용할 수 있도록 설치하고 유지 관리하는 게 중요한데 보여주기 식으로만 설치하다 보니 실제 이용한 가능한 상태가 아닌 것이 많다.

뇌가 세상을 보는 방식
- 큐비즘

제대로 보는 건 가능할까?

로버트 루트번스타인과 미셸 루트번스타인이 쓴 책《생각의 탄생》
을 보면 다음과 같은 일화가 나온다. 하루는 피카소가 기차를 타고
어딘가로 가고 있던 중 옆 좌석의 승객과 이야기를 나누게 되었다.
그 승객은 자신과 대화를 나누고 있는 상대가 누구인지 알고 나자
현대예술이 실재를 왜곡하고 있다면서 불평을 늘어놓기 시작했다.
그러자 피카소는 그에게 실재라는 것의 믿을 만한 본보기가 있다
면 그것을 보고 싶다고 했다. 승객은 지갑 크기의 사진을 한 장 꺼
내며 이렇게 말했다. "이거요! 진짜 사진이죠. 내 아내와 정말 똑같
은 사진이요." 피카소는 그 사진을 여러 각도에서 주의 깊게 들여
다보았다. 위에서도 보고, 아래로도 보고, 옆에서도 보고 나서 피카

소는 말했다. 당신 부인은 끔찍하게 작군요. 게다가 납작 하고요.

피카소는 사람이 사물을 인지하는 방식을 기존과는 달리 새롭게 제시한 인물이었다. 피카소의 작품 〈어느 투우사의 죽음〉에서 황소의 목에서 죽어가는 투우사의 모습을 피를 한 방울도 없이 붉은 천인 뮐레타만으로 그의 죽음을 실감나게 표현하고 있다. 우리가 보기에는 매우 왜곡되고 비현실적인 그림 같지만 그는 그가 의도하고자 하는 상황을 정확하게 반영하고 있다.

우리가 사과를 볼 때 뇌에 사과처럼 생긴 그림이 형성되는 것이 아니다. 뇌는 그림을 만드는 것이 아니라 사과에 대응하여 가설을 만들어낸다. 감각기관을 통해 망막에 비쳐진 이미지는 해체되어 선과 윤곽을 기술하는 전기신호가 되고 이 신호들은 뇌 속을 돌아다니면서 재부호화를 거친다. 이때 사물을 인지하는 방식인 게슈탈트 법칙대로 조직화되어 뇌의 에너지를 최소화하고 사전 경험을 토대로 재구성한다.

철학자 이마누엘 칸트는 인간이 사물의 실체를 인식하는 것은 불가능하다고 했다. 칸트는 세상을 현상現象, Phenomenon 과 물자체物自體, thing-in-itself로 분리했다. 현상은 앞에 드러난 세계이고 물자체는 현상 너머의 진짜 세계인 실재實在이다. 칸트에 의하면 인간은 진짜 세계는 결코 알 수 없다. 내 눈앞에 펼쳐져 있는 세계는 진짜 세계가 아니라 내가 나의 경험과 생각과 사고가 재구성해낸 주관적인 세계이다.

인간은 뇌에서 사용하는 에너지를 최소화하기 위해서 외부의 환경으로부터 수집되는 복잡하고 애매한 정보를 단순화, 조직화하려는 특성이 있다. 우리가 어떤 자극에 노출되면 그것들을 하나 하나의 부분으로 보지 않고 완결, 근접, 유사의 원리인 게슈탈트 과정을 통해 자극을 하나의 의미 있는 전체로 만들어 지각하려고 한다.

아래의 그림에서 컵과 사람의 얼굴을 동시에 볼 수 있는 사람은 없다. 결국 둘 중의 하나를 선택하여야 사물을 이해할 수 있다. 이것을 게슈탈트 심리학에서 전경과 배경의 현상적 차이라고 부른다. 루빈의 컵에서 컵은 형태지만, 배경은 형태가 아니다. 전경과 배경의 경계선은 컵의 윤곽선이 되고, 윤곽이 없는 사람의 얼굴인 배경은 경계를 뛰어넘어 넓게 펼쳐진다. 또한 컵은 내 쪽으로 튀어나오지만 얼굴인 배경은 뒤쪽으로 펼쳐진다. 컵은 실재적 성질을 갖는 대상이 되지만, 얼굴인 배경은 균질한 소재처럼 막연한 성질을 갖는다. 어느 쪽이 전경이 되고, 어느 쪽이 배경이 되느냐는 보는 사람의 의도와 경험 등과 같은 주관적인 조건에 큰 영향을 받는다.

루빈의 컵

수풀속의 새 사냥(BC1400)

사물을 인식하는 인간의 방식을 표현한 그림은 피카소의 입체
파가 탄생하기 훨씬 전에도 이미 존재하였다. 아래의 그림들은 런
던 대영 박물관에 보관되어 있는 고대 이집트의 그림들이다. 이 그
림들을 자세히 살펴보면 이상한 점들이 있다. 얼굴, 발, 팔은 옆으
로 향하고 있지만 가슴은 정면을 향하고 있고 눈도 정면을 향하고
있다.

네바의 정원은 더욱 심각하다. 그림 가운데 있는 연못은 분명
위에서 내려다 본 그림이지만 그 안에서 놀고 있는 오리는 옆에서
본 것처럼 그려져 있다. 주위의 나무들도 마찬가지이다. 얼핏 보면
어린 아이와 같은 수준의 그림이지만 자세히 보면 수준 높은 어른
의 그림임을 알 수 있다. 이러한 그림이 나오게 된 이유는 이집트
인들이 그림을 그리는 실력이 부족했기 때문이 아니라 단지 사물

네바의 정원(BC1400)

의 본질을 최대한 표현하려고 애를 썼을 뿐이다. 피카소의 큐비즘은 이집트 미술을 재해석한 결과였다. 피카소가 열차 안의 승객에게 사진이 실재를 표현하기에 너무 터무니없다고 한 이유는 여기에 있다. 인간이 사물을 인지하는 방식은 우리의 경험과 의식에 의한 현상학적인 세계관의 투영일 뿐이다.

플라톤의 이데아론

영국의 철학자 알프레드 화이트헤드Alfred Whitehead는 근대의 모든 철학은 그저 플라톤의 각주에 불과하다고 했는데, 칸트가 말한 현상과 물자체物自體도 이미 BC 427년에 활동했던 플라톤 이데아론

의 재해석이었다. 플라톤은 이데아론을 통해 우리의 세계의 본질
은 본질이 아닌 현상들로 이루어져 있다고 말한다. 동굴 속에 묶여
있는 인간들은 세계를 직접보지 못하고 동굴 벽에 투영된 본질세
계의 그림자만 볼 뿐이다. 어느 날 한 사람이 쇠사슬을 풀고 동굴
을 탈출해 동굴 밖의 세상을 보고 온 뒤에 사람들에게 자신이 보고
온 것을 말하지만 아무도 그의 믿지 않는다. 이미 그들은 자신들만
의 프레임 속에 갇혀 있었기 때문이다.

　기술문명이 발달할수록 장비와 기계들은 더욱 복잡해지고 더
욱 정밀해질 것이다. 뇌가 세상을 보는 방법도 그에 따라서 향상되
어 가겠지만, 인간의 인지능력에는 한계가 있다. 기술이 아무리 발
달하더라도 인간이 사물을 보는 방식을 이해하지 못한다면 인간중
심의 설계HCD, human centered design를 할 수 없다. 2차 세계대전 초 미

국에서는 HCD를 고려하지 않은 전투기 계기판 설계로 많은 파일 럿들이 싸워보지도 못하고 추락하는 사고가 빈발했다. 인간의 인지특성을 고려하지 않는 계기설계 탓이었다. 그로인해 만들어진 학문이 인간공학이다. 오늘날의 항공기 조종석에도 여전히 많은 버튼들과 계기들이 부착되어 있지만 이 장치들은 옛날보다 훨씬 직관적으로 설계되어 고유 기능에 부합되는 형태를 가지고 있다. 조종사들은 기기들의 형태를 보면 직관적으로 그 쓰임새를 알아차 릴 수가 있어 인지적 부담율이 덜하다. 그럼에도 불구하고 공간정 위상실空間定位喪失, Spatial Disorientation, 일명 비행착각로 인한 사고는 꾸준히 발생하고 있다. 2019년 10월 31일 응급환자 이송을 위해 독도 헬기장에서 이륙한 소방청 헬기가 14초만에 추락하여 탑승해 있던 7명 모두가 숨지는 사고가 일어났다. 당시 헬기는 급경사면을 통과하면서 매우 어두운 해상으로 접어들었고, 헬기조종사는 하강 중인 기체가 상승하고 있는 것처럼 보이는 비행착각을 일으켰다.

오늘날 자동차 운전석은 마치 비행기 조종석처럼 수많은 계기 들로 가득 채워져 있다. 운전석과 조수석 사이에 있는 센터페시아 center fascia 부분에는 수많은 버튼들이 모여 있는데 디자이너의 고민 은 이 수많은 버튼들이 운전자에게 인지적 부담을 일으키지 않도 록 디자인하는 것이다. 조종장치와 표시장치를 만들 때 우리는 이 것을 고민해야만 한다. 산업현장에서 가장 치명률이 높은 장비가 크레인인데, 크레인 조종버튼의 조작실수로 많은 사고가 발생하고 있다. 인간의 인지특성을 고려한 설계가 미흡하기 때문이다.

5장

인간이
만들어가는

안전한 세상

안전장치가 만능이 아니다
-위험항상성이론

기술력이 안전력?

최근에 출시되는 대부분의 차량에는 과거와는 달리 첨단 운전자 보조시스템들이 설치되어 있다. 어두운 장소나 밤에 전방의 시야를 확보하기 위해 빛의 방향을 제어해 주는 LBA Low Beam Assist, 맞은편에서 주행하는 운전자의 눈부심을 최소화해주는 HBA High Beam Assist, 운전자가 미처 앞 차량이나 보행자를 발견하지 못했을 때 자동차가 스스로 브레이크를 작동시키는 기능인 AEB Autonomous Emergency Brake, 앞 차와의 적정 거리를 유지할 수 있는 속도를 자동으로 설정하는 기능인 ACC Adaptive Cruise Control, 이 밖에도 전방 추돌 경고시스템 FCWS, Forward Collision Warning System, 차선 이탈 경고시스템 LDW, lane departure warning system, 야간운전을 도와주는 나이트비전 night vision 등이 모두 첨단 운전자 지원시스템 들이다.

전방추돌경보 시스템은 전방 차량과의 충돌 2.7초전에 운전자에게 경고를 보낸다. 뉴로모픽 Neuromorphic, 뇌신경망을 모방해 만든 고성능 프로세서 칩을 탑재한 카메라가 순간 이미지 분석을 통해 현재 속도, 앞 차량의 속도 등을 계산해 충돌 위험을 감지해낼 수 있기 때문이다. 과거에는 에어백 등과 같이 사고 발생 시 운전자의 피해를 최소한으로 줄여주는 방법인 Passive safety 장치들이 많았는데 지금은 차량들이 사고를 미리 예방하기 위해 장치들이 Active safety 방식으로 변하고 있다.

하지만 이러한 안전장치에 의존도가 높아지고, 도로의 정비와 교통표지판 등이 개선되면서 많은 위험들이 줄어들었다고 생각하지만 과거보다 과속하는 차량이 늘어 자동차 사고율은 좀처럼 개선되고 있지 않다. 운전자들이 과속하는 원인은 자신의 운전기술에 대한 확신보다는 운전환경의 객관적 상황의 개선이 그 이유라고 할 수 있다. 자신의 운전능력에 대한 확신은 일정한 수준에서 유지될 뿐이며 운전상황에 대해 어떠한 인식을 가지고 있는가에 따라서 과속운전이 감행된다.

전 세계에서 운전면허를 가장 따기 힘든 나라는 북유럽국가들이다. 노르웨이의 경우 취득까지 평균 6개월이 소요되고, 야간운전과 빙판길 드리프트 연수는 필수이다. 워낙에 기후환경이 좋지 않기 때문인데 1993년 노르웨이 일부 지역에서는 트럭운전사들로 하여금 스키드 훈련을 받도록 법적으로 의무화했다. 하지만 이 법이 만들어지면서 사고가 줄어들기는커녕 오히려 사고가 증가했다.

핀란드에서는 신규 면허 취득자들에게 처음에는 연습면허를 주고, 그 이후에 사고가 없는 사람에 한하여 정식면허를 준다. 연습면허 기간에는 얼어붙은 도로에서 사고를 줄이기 위해 스키드 훈련을 의무적으로 받게 했다. 결과는 참패였다. 나이가 든 운전자들에게 는 효과가 있었지만 젊은 운전자들은 오히려 사고를 더 많이 일으 켰다. 교습을 받은 과정에서 운전기술이 향상되자 얼어붙은 도로 에서의 실력을 너무 과신했기 때문이었다.

요즘에는 레이저 기술을 이용하여 차가 충돌하려고 하면 자동 적으로 브레이크가 걸리게 하는 장치가 있는데 이 때문에 한 눈을 파는 운전자가 늘어나 버렸다. 나이트 비젼Night vision 을 장착한 자 동차가 어두운 밤에 지나치게 속력을 내는 바람에 큰 사고가 일어 나기도 한다. 이러한 현상이 발생하는 이유는 인간이 위험을 증가 시키는 방향으로 행동이 변화하는 리스크 보상심리 때문이다. 리 스크 보상이란 낮아진 위험을 메우기 위해 행동이 변화하여 원래 의 위험수준으로 되돌아가 버리는 것을 말한다. 이 문제는 안전공 학자들에게 매우 괴로운 문제이다. 안전성을 높이기 위해 장치를 개발했는데 그것을 사용하는 인간이 오히려 위험을 초래하는 쪽으 로 행동한다면 개발의 의미가 없어지기 때문이다.

안전장치가 위험을 초래하는 이유 - 위험 항상성이론

안전한 행동으로 인해 기대되는 이익과 안전한 행동으로 인해 발생하는 비용을 비교하여 편익을 극대화하기를 원한다. 대형 창고에 스프링클러를 설치할 경우 10억원의 비용이 발생하는데 보험사에서 매년 1억씩 보험료를 할인해 준다면 10년이면 투자비를 모두 회수할 수 있기 때문에 보험계약자는 스프링클러를 설치하는 것이 이익이 된다. 이 경우 계약자는 당연히 스프링클러를 설치하려고 할 것이다.

인간의 이러한 행동현상을 1982년 캐나다의 교통학자 제럴드 와일드Gerald Wilde가 발표한 위험 항상성이론Risk Homeostasis theory이라 한다. 항상성이란 생명체가 자신의 최적화 상태를 지속적으로 유지하려는 특성으로, 생명체가 외부환경과 대응하여 자신의 신체 내부 상태를 항상 일정하게 유지하려는 현상을 말한다. 인간의 심리도 이와 비슷하다. 모든 인간은 자신의 수용할 수 있다고 판단하는 위험의 기준이 있다. 대부분의 사람들은 공학적, 제도적, 관리적 대책 덕분에 위험이 줄어들었다고 생각하면 위험을 높이는 방향으

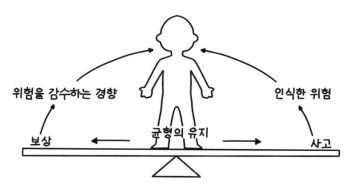

위험 항상성이론에 의한 밸런스 유지

로 행동을 변화시키려 한다. 왜냐하면 위험을 받아들이는 것은 바로 이익으로 연결되기 때문이다. 안전대책으로 사고가 줄어든 경우 사람들은 위험이 낮아졌다고 생각하고, 위험을 자신이 목표로 하는 수준까지 끌어올리려고 한다.

와일드의 주장은 다음과 같다.

1. 대부분의 사람들은 자신이 어떠한 행위를 함으로써 얻을 수 있을 것이라고 기대하는 이익과 그로 인해 발생하는 위험의 주관적 추정치를 어느 정도 수준까지는 받아들이려고 한다.

2. 사람들은 안전을 위해 행동을 바꾸지만, 그가 자발적으로 책임져야 할 위험의 양을 바꾸고 싶다고 생각하게 하지 않는 한 행동의 위험성은 변화하지 않는다.

이 이론은 안전연구자들로부터 상당한 비판을 받았다. 도로의 표지개선이나, 도로설계 등을 검토하여 '달리기 쉬운' 도로를 만드는 것은 사고 감소로 연결되지 않는다. 무엇을 해도 사고는 줄어들지 않으니 따라서 대책도 연구도 쓸모없다고 말하고 있는 것처럼 이해되었기 때문이다. 리스크 항상성 이론에 의하면 위험의 목표 수준을 바꿀 수 있는 대책이 없는 한 어떠한 안전대책도 단기적으로만 성공할 뿐 장기적으로는 원래의 수준으로 되돌아가 버린다.

하지만 이러한 안전공학자들의 염려에도 불구하고 안전기술의 향상은 필요하다. 예를 들어 보자. 과거의 꾸불꾸불했던 영동고속도로를 개선공사를 통해 일직선의 도로로 재시공하였다. 그렇게 함으로써 서울에서 강릉까지의 차량의 통과속도가 빨라졌다. 과거에 4시간 걸려 가던 길을 2시간 만에 갈 수 있으니 생산성은 2배가 되었다. 이로 인해 교통량이 2배가 되면서 사고율의 변화가 없었다 하더라도 자동차 1대당 사고율은 반으로 줄어든다.

게다가 안전 동기부여에 따라 운전자 개개인이 위험을 목표수준을 낮추는 것이 가능해진다면 그 사고율은 더욱 줄어든다. 안전을 목표로 하는 사람은 사고 위험이 줄어드니 좋고, 편익을 목표로 하는 사람도 위험은 그대로이나 생산성이 2배나 좋아졌으니 양쪽 다 좋다. 그러니 안전기술의 도입은 당연히 환영할 일인 것이다.

결국은 안전의 문제는 기술의 문제가 아니라 의식의 문제이다. 선진국과 후진국의 차이는 그 나라의 경제규모와 국민의 GDP의 문제가 아니라, 그 나라의 문화수준과 의식수준의 문제이다. 우리나라가 OECD국가 중 교통사망자 1위의 오명에서 벗어나기 위해서는 차량에 탑재하는 여러 가지 훌륭한 안전장치를 개발하는 것도 중요하지만 국민 개개인이 자신이 허용할 수 있는 위험의 수준을 낮추어 안전마진을 확보하는 것이 더 중요하다고 할 수 있다.

위험과 안전의 보상심리
– 위험보상이론

펠츠만 효과(Peltzman effect)

전 세계에 코로나가 강타했던 2020년 세계보건기구WHO는 감염 의심자를 돌보는 경우가 아니라면 건강한 사람은 마스크를 착용하지 않아도 된다고 권고했다. 결과론적으로 이러한 조치는 많은 감염환자를 발생시켰지만 WHO나 CDC가 마스크 착용을 강력하게 밀어부치지 않은 데에는 또 다른 이유가 있었다. 만약 사람들이 마스크를 착용하여 코로나 바이러스로부터 안전하다고 판단되면 외출을 삼가지 않을 것이고, 손 씻기 등의 위생관리를 게을리 하여 방역에 큰 위협이 될 것이라고 판단했기 때문이다.

그 이유는 안전행동의 결과가 긍정적일 경우 안전의식을 약화 시켜 안전하지 않을 행동을 가져올 가능성이 높다는 것인데 이러

한 심리적 현상을 설명하는 것이 위험보상이론risk compensation theory
이다. 위험보상이론을 이해하기 위해서는 앞에서 소개한 위험 항
상성이론을 포함하여 펠츠만 효과까지 거슬러 올라가야 한다.

펠츠만 효과는 시카고 대학의 경제학자 샘 펠츠만Sam Peltzman
교수가 1976년에 발표한 것으로 안전을 추구할수록 오히려 위험
도가 더 커지는 이상한 현상을 말한다. 그의 이론에 의하면 안전에
목적을 둔 정책이나 기술이 오히려 위험을 높일 수도 있는 결과를
가져온다. 예를 들어보자, 미식축구는 미국에서 매우 인기 있는 스
포츠이다. 매우 거칠고 과격한 운동지만 과거에는 이렇게 과격한
운동은 아니었다.

미식축구가 지금처럼 거친 스포츠가 된것은 플라스틱 헬멧의
등장한 이후부터이다. 미국 내셔널 풋볼 리그NFL는 헬멧의 등장으
로 선수의 치아를 비롯하여, 턱, 코뼈 등의 부상이 현저하게 감소했
다. 하지만 오히려 안전을 위해 개발된 헬멧이 상대편 선수를 공격
하는 무기로 변질된다. 이로 인해 풋볼선수의 목골절을 비롯하여
사지마비 환자가 헬멧의 착용 이전과 비교하여 4배나 급증했다.

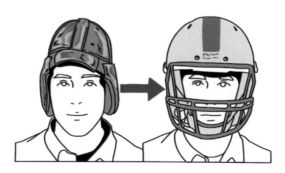

1920년부터 1950년 까지 30년동안 사용했던 가죽헬멧

자동차의 ABS시스템과 에어백의 설치도 비슷한 현상이다. 자동차에 에어백과 ABS가 장착된 후 과속으로 인한 사고가 오히려 증가했고, 여성의 가사노동을 줄이기 위해 개발된 세탁기의 등장으로 위생기준이 높아져 일주일에 한 번씩이면 충분했던 세탁을 매일 해야 하는 상황이 되어 여성의 가사노동을 오히려 증가했다. 2007년에 미국에서 발생한 서브프라임 모기지 사태도 이와 비슷하다. 대부분의 은행들이 주택저당증권 MBS가 안전한 상품이라고 여겼고, 그것이 부실해 지게 되면 정부와 중앙은행이 막아줄 것이라는 막연한 믿음이 전 세계 글로벌 금융위기를 가져왔다.

안전에 대한 보상심리
- 위험보상이론(Risk Compensation Theory)

사람은 일정한 행동을 취하면 그에 부합되는 대가를 받고 싶어 한다. 일반화를 신고 건설현장에 들어가면 못을 밟는 일이 없도록 조심하게 행동하지만, 안전화를 신고 건설현장에 들어가면 조심성이 사라진다. 안전화에 투자한 비용을 보상받고 싶어 하는 심리효과 때문이다. 이처럼 어떠한 안전장치를 설치했다면 그로 인한 편익을 너무 과신하는 경향이 있는데 이를 위험보상이라 한다.

위험보상이론은 언뜻 보면 위험항상성이론과 별반 차이가 없는 것처럼 보인다. 하지만 위험항상성이론의 토대가 되는 것이 균형이라면, 위험보상이론의 토대를 이루는 것은 인간의 보상심리이다. 위험보상이론은 위험항상성이론에서 한 단계 진화된 이론이라고 할 수 있다. 위험보상이론에 의하면 사람이 인지된 위험과 목표위험 수준 간에 균형을 맞추려 하는 이유는 항상성 때문이 아니라보상심리 때문이다. 인간은 안전하게 보호받고 있다는 느끼게 되면 더 위험을 즐기려는 태도를 보인다. 그래서 안전하다고 느낄수록 더 위험한 행동을 하게 되고, 반대로 위험하다고 느끼면 더 안전한 행동을 하려고 한다.

1990년 미국 몬태나주에서 있었던 일이다. 몬태나 주의 어느지역은 인구가 별로 없고 한적한 곳이라 도로의 속도제한 표지가무의미해졌다. 그래서 도로에서 속도표지를 없애버리는 결정을 한다. 처음에는 많은 사람들이 이로 인해 교통사고가 증가할까 걱정했지만, 속도표지를 없애자 사고율이 반으로 감소했다. 이러한 현상이 발생한 이유는 운전자들이 큰 사고가 날까봐 스스로 속도를줄였기 때문이다.

이러한 현상은 우리 주변에서도 흔히 볼 수 있는 현상이다. 평생을 돈이 없어 쪼들리게 살아온 사람이 로또에 당첨되어 큰 횡재를 하자, 그전의 없던 시절에 대한 보상심리로 돈을 펑펑 쓰게 되었고, 그 결과 오히려 당첨 전보다 더 가난해진 경우가 발생한다.또한 평소에는 위험한 행동을 하지 않다가 생명보험에 가입하게되면 자신에게 문제가 생겼을 경우 보험사가 금전적 보상을 해줄것을 기대하기 때문에 오히려 위험한 행위를 추구할 가능성이 높아진다.

위험보상이론에 따르면 위험을 감소하기 위한 안전조치가 오히려 불안전한 행동을 유발한다. 어떠한 문제가 발생하여 임시조치로 문제를 처리한 경우, 위험요인이 해결되었다고 생각하고, 근본적인 조치를 취하지 않아 동종의 사고가 재발하는 경우도 있고, 고병원성 바이러스를 다루는 KF94마스크가 필요한 환경에서 KF80을 착용하고 안전조치를 다했다고 생각하여 발생하는 사고도 있다. 또 다른 예로는, 고층 높이의 비계에서 안전대를 착용하고 작업 중인 노동자가 안전대를 믿고 안전고리와 줄에 의지하여 위험한 작업을 하다가 안전대 불량으로 추락하는 사례도 있다.

이처럼 안전조치의 효과를 과신하여 작업장의 위험요인이 사라졌다고 잘못 판단한다면, 돌이킬 수 없는 사고에 직면하게 된다. 안전은 다중의 보호장치를 필요로 한다. 어느 안전조치도 완벽한 것은 없다. 이중, 삼중으로 필요한 조치를 취해야 사고가 방지된다. 얼마전 로봇을 이용하여 포장작업을 하는 사업장을 방문한 적이 있다. 산업용로봇은 사고발생 위험성이 높기 때문에 방호펜스를 비롯하여, 레이저커튼, 출입구에 리미트 스위치, 안전매트 등과 같은 다중의 방호장치가 필요하다. 하지만 그 사업장에는 방호펜스가 미설치되어 있었다.

왜 펜스가 없냐고 묻자, 레이저커튼이 사람의 침입을 감지하여 로봇의 움직임을 자동으로 정지한다고 했다. 하지만 만약 레이저커튼이 이물질로 인해 간섭되어 제대로 동작하지 않는다면 출입자의 안전은 무엇으로 보장할 수 있을까? 따라서 이러한 일을 방지하기 위해서 복수의 방호장치가 필요한 것이다.

작업자들은 자신이 사용중인 안전장비 및 안전규정의 한계를 인식하고 있어야 한다. 방호장치와 여러가지 안전규정들이 작업자를 어느 정도까지는 보호해 줄수 있지만 100%는 아니다. 질식위험이 있는 밀폐 공간 작업 시 산소농도를 측정하고 작업에 들어간다고 해도 작업환경은 늘 변하기 마련이다. 따라서 작업중에도 수시로 산소농도를 측정하는 습관이 필요하다. 또한 산소농도가 충분하다고 할지라도 유독성 가스가 없으리라는 보장은 없다. 유독성 가스를 감지할 수 있는 가스감지기가 있더라도 오작동의 가능성도 배제할 수 없다. 그렇기 때문에 위험작업을 할 때 방심하거나 경각심을 늦춰서는 안된다.

방호장치와 안전보호구들은 제대로 관리되고, 정상적으로 사용할 때만 효과가 있다. 산업현장에서 가장 사고가 많은 차량운반구가 지게차이다. 지게차에는 여러 종류의 안전을 위한 장치들이 부착되어 있다. 하지만 그러한 장치의 신뢰성을 과신하고, 신호음과 경고 장치를 장착하면 사람들이 알아서 피할 거라는 보상심리로 주의를 게을리 할 수 있다. 그렇게 되면 사고가 발생한다. 바쁜 작업에 열중한 작업자들은 지게차의 접근을 알아차리지 못할 수도 있고, 지게차에 부착된 안전장치들이 제대로 작동하지 않을 수도 있다. 이러한 환경에 너무 의존하게 되면 사고가 발생한다. 안전을 위해 고안해낸 방법들이 오히려 위험을 초래하는 경우도 발생할 수 있다. 손을 보호하기 위해 착용한 안전장갑이 오히려 위험요인으로 작용할 수도 있다. 선반, 밀링, 보링, 드릴링 등의 공작기계 작업 시에는 보호 장갑이 오히려 기계 속으로 손을 말려 들게하는 요인이 된다.

그래서 사업자는 첨단안전장치를 설치했다고 안전을 과신하는 일이 생겨서는 안된다. 반대로 작업자의 안전을 지키기 위해 고안된 절차나 도구들이 오히려 없는 위험을 새로 만들어내지 않았는지, 이로 인해 작업자의 안전의식이 해이해지지 않았는지 확인해야 한다. 안전은 규제와 제도 그리고 하드웨어만 가지고 구축되지 않는다. 그것을 사용하고 활용하는 작업자 스스로의 마음가짐이 오히려 더 중요하다. 필요에 따라서는 안전장치나 표지가 없는 것이 더 경각심을 일깨워줄 수도 있다. 언제나 안전은 하드웨어가 아니라 소프트웨어의 문제임을 간과하지 말아야 한다.

무질서한 세상
– 엔트로피의 법칙

엔트로피 법칙

〈테넷〉은 크리스토퍼 놀란 감독의 영화이다. 이 영화를 감독한 크리스토퍼 놀란은 테넷을 자신이 만든 작품 중 가장 야심찬 영화이며 시나리오를 쓰는 데만 6년이 걸렸다고 한다. 영화는 미래의 어느 과학자가 엔트로피의 법칙을 역행시키는 인버전 기술을 개발하면서부터 시작된다.

수세기 뒤의 인류는 인류가 망쳐놓은 지구로 인해 더 이상 살수 없는 상황에 이르렀다. 지구온난화로 극지방의 빙하는 모두 녹아 해수면은 상승하고, 강의 물은 모두 말라버렸다. 미래세력은 과거가 어떻게 파괴되든 간에 세상을 인버전하여 과거의 아름다웠던 지구로 돌아가야만 하는 절박한 상황이다. 그런데 인버전 기술을 개발한 과학자는 이 기계알고리즘를 분해해 과거로 보내버리자, 알고리즘을 다시 회수해 세상을 인버전해 과거의 세상을 파괴하려고 한다. 영화 속에서 악당 사토르는 아들을 폼베이로 여행을 보내는데 폼페이 유적지에서 나온 마방진사토르,오페라, 아레포, 테넷을 감독은 영화 속 소품들로 등장한다. 결과적으로 주인공은 이 세상을 파괴할 수 있는 알고리즘을 모두 회수하는데 성공한다.

테넷이라는 영화의 기본 뼈대가 되는 것은 열역학 제2법칙인 엔트로피 법칙이다. 열역학 제 2법칙에 의하면 에너지는 높은 곳에서 낮은 곳으로 흐르며 외부에서 일을 해주지 않으면 그 방향을 바꿀 수 없다. 그것이 가능하기 위해서는 에너지를 공급해 주어야 한다. 사실 물리학에서는 시간의 흐름을 입증한 증거가 없기 때문에 시간 이라는 존재를 엔트로피 법칙으로 설명하기도 한다. 엔트로피의 변화를 우리가 시간으로 착각한다는 것이다. 그렇다면 엔트로피의 법칙이란 무엇일까?

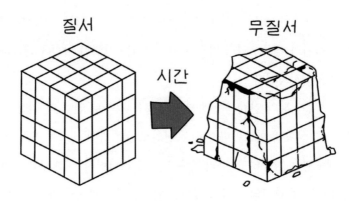

엔트로피의 원리

이 세상에는 3가지 종류의 계$_{system}$가 존재한다. 열린계, 닫힌계, 고립계이다. 열린계는 질량과 에너지가 자유롭게 이동할 수 있는 계이다. 닫힌계는 에너지는 이동이 가능하나 질량을 가진 물질은 이동하지 못한다. 고립계는 에너지는 물론이고, 물질도 이동할 수 없는 곳이다. 고립계는 마치 보온병과도 같다. 보온병이 완벽하게 단열되어 있다면 아무리 오랜 시간을 내버려 두어도 내부의 열이 외부로 빠져나가지 않아 몇 만 년이 지나도 보온병 내부는 항상 같은 온도를 유지할 것이다. 우리가 살고 있는 우주는 하나의 닫힌계이다. 닫힌계에서 엔트로피는 항상 증가한다.

엔트로피 법칙에 의하면 만약 어떤 계를 고립시켜 외부와의 상호작용을 없애면 그 계의 분자나 원자들은 더욱 더 불규칙하게 움직여 무질서한 방향으로 진행되며, 외부에서 에너지를 공급해 주지 않는 한 무질서도는 더욱 가속화된다. 자동차의 연료인 휘발유가 갖고 있는 에너지를 100이라면 이 중에서 사용할 수 있는 에너지는 30정도이며 나머지 70은 사용할 수 없는 에너지인 물과 이산화탄소로 전환된다. 이처럼 세상에 존재하는 모든 에너지는 사용 가능한 상태에서 사용 불가능한 상태로 변하고 있다. 물속에 떨어뜨린 잉크 방울이 물속에서 확산되는 것, 손에서 떨어뜨린 유리컵이 깨지는 것 등이 모두 엔트로피의 변화이다. 이러한 변화의 역변화는 발생하지 않는다. 이러한 엔트로피의 변화를 우리는 시간이라고 생각한다.

영화 테넷에서 주인공이 인버전 되었을 때 사토르는 주인공이 탄 차를 전복시켜버리고 차량에 불을 지른다. 하지만 역전된 엔트로피에 의해 차량은 폭발하는 대신 얼어붙기 시작한다. 인버전된 사람들이 산소마스크를 쓰는 이유도 마스크를 쓰지 않으면 산소가 거꾸로 폐에서 빠져나가 질식사하기 때문이다. 엔트로피의 법칙은 열역학에서 시작되었지만 이 법칙을 과학뿐만 아니라 사회 모든 분야 전체로 확장시켜 적용해 볼 수 있다.

깨진 유리창의 법칙

엔트로피 법칙의 대표적인 사례가 깨진 유리창의 법칙이다. 이 법칙은 상점의 깨진 유리창을 그대로 방치하면 그 지점을 중심으로 범죄가 확산되는 현상을 말한다.

상점 주인이 에너지를 투입하여 깨진 유리창을 수리하지 않게 되면, 주인이 더 이상 그 건물에 신경을 쓰지 않는다는 뜻이고, 사람들은 유리창을 더 깨도 될 것이라고 생각하게 된다. 이러한 생각은 결국에는 건물의 모든 유리창이 깨지게 만든다. 즉 사소한 사건 하나가 전체 질서를 무너뜨린다. 한 사람이 우연히 집근처에 쓰레기를 버렸는데 집주인이 이 쓰레기를 방치하면 그 곳에 또 쓰레기를 버리기 시작하고 결국은 쓰레기장으로 변하는 이치와도 같다. 지저분한 계산대, 정리되지 않는 상품들, 불충분 고객서비스, 불친절한 한명의 직원은 모두 깨진 유리창과 같다. 고객은 이러한 한번의 불쾌한 경험 때문에 그 회사에 등을 돌릴 수가 있다.

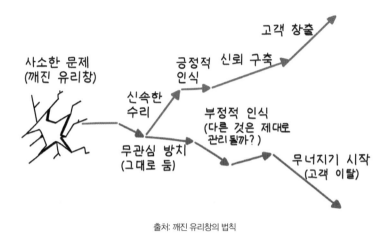

출처: 깨진 유리창의 법칙

1982년 3월 미국의 범죄학자인 제임스 윌슨James Wilson과 조지 켈링George Kelling은 아틀란틱이라는 월간지에 '깨진 유리창Broken Windows'이라는 글을 실어 환경의 중요성을 이야기 한다. 이 글에서 스탠퍼드 대학교의 심리학자 필립 짐바르도 교수가 1969년에 실험한 한 실험이 소개되는데 내용은 다음과 같다.

필립 짐바르도는 두 대의 중고차를 구매하여, 한 대는 뉴욕 브롱크스라는 서민 거주지에, 다른 한 대는 부촌인 캘리포니아주 팔로 알토의 스탠포드 대학 인근 지역에 주차했는데 둘 다 보닛을 살짝 열어둔 채였다. 브롱크스에 놓아둔 차는 10분 만에 배터리와 라디에이터가 털렸고 24시간 이내에 거의 모든 것이 사라졌다. 한편 팔로 알토에 둔 차는 일주일간 아무 일도 일어나지 않았다. 심지어 연구자가 차를 치우려고 하자 주민들은 경찰에 신고하기까지 했다. 하지만 팔로 알토에 두었던 차의 유리창을 망치로 부숴 변화를 주자, 일주일간 멀쩡했던 자동차에 흥미로운 일이 발생했다. 지나가던 사람들이 블롱크스와 같이 하나둘 자동차를 부수기 시작했고, 결국 자동차는 완전히 파괴되고 말았다.

1980년대 뉴욕 당국은 뉴욕지하철 범죄로 골머리를 앓고 있었다. 1980년대 뉴욕 강력범죄 60만 건의 90%가 지하철에서 일어났기 때문에 시민들은 밤이면 지하철을 탄다는 것 자체가 공포였다. 이 문제를 해결하기 위해 새로 부임한 루돌프 줄리아니 뉴욕시장과 윌리엄 브래턴 검찰국장은 깨진 유리창의 법칙에서 힌트를 얻어 지하철 무임승차를 단속하고 무방비로 방치된 낙서를 지우는 작업부터 시작했다. 낙서를 한 사람은 끝까지 추적했고, 허락 없이 유리창을 닦고 돈을 요구하는 경범죄 단속에도 적극적이었다. 뉴욕시민들은 뉴욕시장과 검찰국장이 강력범죄는 등한시 하고 경범죄만 단속한다고 비난했다. 이들의 비난에도 불구하고 그들은 이 작업을 5년 동안이나 계속했다. 그 결과 뉴욕의 범죄율이 40% 감소되었고, 살인, 강도, 강간 등 중범죄 등은 60%나 감소되었다.

깨진 유리창의 법칙은 엔트로피의 법칙을 기반으로 한다. 삼성의 창업주 이병철 회장은 삼성의 공장들을 방문할 때 그가 가장 먼저 본 것은 그 공장의 화장실, 사람들의 두발상태, 정원의 손질 상태였다. 그는 이러한 사소한 것들이 그 조직의 질서를 결정한다고 생각했다. 공장을 하나의 고립계Isolated system로 간주하면 시스템의 엔트로피는 항상 증가하는 방향으로 진행된다. 기계설비를 점검하고 유지보수하지 않는다면 기계는 결국 고장나게 되고 나중에는 가동할 수 없는 상태에 이른다.

공장 근로자들도 마찬가지이다. 근로들을 수시로 교육시키고,

훈련시키지 않으면 기계를 방치하는 것보다 더 빨리 공장은 엉망이 된다. 공장 내 엔트로피가 증가한다는 것은 질서가 감소되고 있고 정리와 정돈이 되지 않는다는 것을 의미한다. 정리는 필요한 것과 필요하지 않은 것을 구분하는 것이고, 정돈은 필요한 것이 필요한 위치에 있어 바로 사용할 수 있도록 하는 것이다. 정리와 정돈을 위해서는 시스템 외부에서 항상 물질과 에너지를 공급해 주어야 한다. 즉, 공장 내 엔트로피를 감소시키기 위해서는 공장을 에너지와 물질의 출입이 전혀 없는 고립계로 만들어서는 안 되고, 항상 에너지를 공급하고 물질을 순환시키는 열린계로 만들어야 한다는 것이다.

엔트로피의 법칙은 과학법칙에서 시작했지만 이제는 사회 곳곳에 전반적으로 적용할 수 있는 일반적인 법칙이 되었다. 개인이건, 조직이건, 사회이건, 국가이건 사소한 깨짐의 원인은 무질서한 것을 바로 잡지 못하는 데에서 시작된다. 한번 발생한 사고나 재해는 영화 테넷에서처럼 인버전을 통해 다시 되돌릴 수는 없다. 중대재해기업처벌법 제정 이후 이제 기업들은 조직내부의 엔트로피가 더 이상 증가하지 않도록 에너지는 투입하여 관리하는 데 더욱 신경 써야 하는 시대가 되었다.

국가의 성장요건
–최소량의 법칙

행복에 이르는 조건

톨스토이의 소설들은 대부분 간결하면서도 울림을 주는 것이 특징
이다. 가난한 소작농이었었던 바흠은 자기 소유로 된 땅을 갖는 것
이 소원이었다. 그러던 그가 일생일대의 희소식을 접하게 된다. 넓
은 땅을 갖고 있던 바시키르들인은 바흠에게 직접 다녀온 만큼의
땅을 주겠다고 하며 땅값은 1,000루불을 제안한다. 다만 해가 지
기 전에는 반드시 제자리로 돌아와야 한다는 조건이다. 바흠은 부
푼 꿈을 안고 앞으로, 앞으로 걸어 나갔다. 걸으면 걸을수록 점점
더 비옥하고 탐스러운 땅이 눈앞에 펼쳐졌다. 바흠은 열심히 욕심
을 내어 달렸다. 심장이 요동쳤고 가슴이 답답했다. 하지만 더 많
은 땅을 가지고 싶었다. 그러다가 날이 어두워지기 시작하자 점점

두려워졌다. 다시 돌아가야 땅이 자신의 것이 되는데 돌아갈 수 없을 것 같다는 두려움이 엄습했다. 출발점이 점점 다가왔지만 바흠은 점점 더 힘들었다. 포기하려고 하는 순간, 바시키르인들의 고함이 들렸고, 마지막 힘을 내어 언덕으로 올라간다. 그는 더 이상 버티지 못하고 쓰러졌다. 그리고 목표인 모자를 손으로 잡았다. "참으로 훌륭하오, 당신은 정말 좋은 땅을 차지하셨소"라고 촌장이 말했다. 하지만 바흠은 피를 토하고 세상을 떠나고 말았다. 하인은 괭이를 집어 들고 바흠의 무덤으로 머리끝에서 발끝까지의 치수대로 정확하게 3아르신을 팠다. 그것이 그가 차지할 수 있었던 땅의 전부였다. 그리고 이 어리석은 인간을 악마가 웃으며 지켜보고 있었다. 《사람에게는 얼마만큼의 땅이 필요한가》라는 소설 속 이야기이다.

사람이 살아가는 데에는 아주 최소한의 조건들만 갖추면 된다. 하지만 그 최소한의 조건들을 고루 갖춘다는 게 그리 쉽지 않다. 모든 생물의 성장은 최소한의 법칙에 의해 지배된다. 이를 최소량의 법칙law of minimum이라 하는데 이 독일의 식물학자 유스투스 리비히Justus von Liebig에 의해 발견되었다. 리비히는 식물이 공기로부터 얻는 이산화탄소와 뿌리로부터 얻는 질소 화합물로 성장한다는 것을 최초로 밝혀낸 사람이다. 그는 같은 밭에서 난 농작물의 크기는 왜 서로 다를까? 무엇이 그 크기를 결정할까? 를 궁금해 했다.

리비히의 연구에 의하면 질소, 인산, 칼륨, 석회 중 어느 하나가 부족하면 다른 것이 아무리 많이 들어 있어도 식물은 제대로 자랄 수 없다. 즉 식물의 성장은 최대가 아니라 최소가 성장을 결정한다. 양분·수분·온도·광선 같은 필수 인자 가운데 공급이 가장 적은 인자, 즉 '제한요인limiting factor'이 작물의 생육을 결정한다. 그는 이를 '최소 양분율law of minimum nutrient 의 법칙', '최소율의 법칙law of minimum'이다. 그의 이론은 '리비히의 물통'으로 쉽게 설명된다. 나무판자를 덧대 만든 물통 중 가장 높이가 낮은 판자가 물을 담는 양을 결정한다는 것이다.

이러한 리비히 법칙은 식물에만 적용되는 것이 아니라 정치, 경제, 사회, 기업 등 모든 시스템에게도 그대로 적용된다. 예를 들어보자 한때 세계2대 경제대국이라 불렸던 일본에는 세계적인 기업이 즐비했다. 하지만 정치가 삼류였기 때문에 삼류국가로 전락했다. 돈이 아무리 많아 세계 10대 경제대국이라는 한국도 경제력만 높았지 산재율, 자살율, 교통사고율이 OECD 국가 중 최하위 수준으로 아직 선진국이라 자랑할 수 없다.

리비히의 물통

오늘날 기업도 마찬가지로 잘나가던 회사도 CE를 포함하여 어느 말단직원 한명이라도 사회적 지탄을 받게되면 그 명성은 최하위로 추락한다. 회의는 맨 나중에 도착하는 사람에 의해 시작되며 오디오의 소리는 스피커, 앰프, 플레이어, 음반 중 가장 성능이 떨어지는 것에 의해 결정된다. 부모가 아무리 사회적으로 성공한 사회지도층 인사라 할지라도 자식이 개차반이면 존경받을 수 없는 것이 이 세상이다.

이 세상은 여러가지 법칙들이 날줄과 씨줄을 이루어 엮어지는 양탄자와 같다. 톨스토이의 《안나 카레리나》라는 소설에 이러한 구절이 나온다. "행복한 가정은 모두 엇비슷하고 불행한 가정은 불행한 이유가 제각기 다르다." 나는 처음에는 이 말의 뜻을 몰랐다. 하지만 리비히의 법칙을 알고 나서 그 뜻이 분명해졌다. 행복한 가정은 돈이 많거나 아니면 건강하거나 또는 재능이 뛰어나거나 하는 한 가지 뛰어난 점이 있어서가 아니라 인간을 불행하게 만드는 나쁜 원인들이 모두 없어 행복한 것이다.

흔히 성공의 이유를 한 가지 요소에서 찾으려 하지 말고 성공을 거두려면 먼저 수많은 실패의 원인들을 피할 수 있어야 한다. 그래서 개인이든, 가정이든, 기업이든, 정치이든, 국가이든 간에 기본기가 중요하다. 기본기 없는 운동이 어느 종목이건 간에 기량이 성장하지 않는다. 기본기 없는 기업이나 조직, 국가도 마찬가지이다. 일류기업, 초유량기업이라고 칭찬받는 기업도 단 한 건의 중대재해가 발생하게 되면 그 기업의 이미지는 바닥으로 추락한다.

1982년 4월26일 경남 창녕에서 한 순경이 수류탄과 카빈 소총을 들고 인근 마을을 돌아다니며 90여명을 살상한 뒤 자신도 자폭해서 죽은 사건이 발생했다. 세계 학살 역사상 유례가 없는 일이었다. 이런 일이 가능했던 이유는 당시 우리 사회가 건강한 가치관을 갖고 있지 못했기 때문이었다. 가치관이란 무엇이 옳고 그른지에 대한 기본적인 신념이다. 가치관은 태도를 구성하며 행동의 근간이 된다. 사회적 변화가 급격한 사회에서는 가치관의 변화 또한 크기 마련이다. 홉스테드는 문화차원이론에서 한 사회의 문화는 그 사회구성원의 가치관에 큰 영향을 미친다고 보았다. 한국 사회는 1980년대 이후 사회의 급격한 민주화를 경험했다. 1990년대 이후에는 세계화, 탈 산업화 등으로 급속한 사회적 변동을 겪어야만 했다. 창녕의 이 사건은 이러한 사회적 맥락 속에서 발생하였다. 사회적 가치관의 혼동이 개인의 태도형성에 악영향을 끼쳤기 때문이다.

세계가치관 조사에 의하면 한국은 OECD국가 33개 국가 중 꼴찌이다. 단기간 내에 급격한 경제성장을 이루었으나 국민의식의 성장은 이루지 못한 결과이다. 강력한 국가가 시민사회를 배제한 채 대중을 동원하여 시민에게 일방적인 복종만을 강요한 돌진적 근대화였기에 자아성찰의 시기와 시민의식의 성숙이 이루어지지 못했다.

한 사회의 가치관은 사회에 속한 개인의 가치관들에 의해 결정된다. 개인의 가치관의 성장이 공공의 가치관의 반영인 공공성에 반영된다. 세계가치관조사에서 공공성은 경제적 차원과 정치적 차원으로 나뉘는데 경제적 차원은 공익성과 공정성, 경제적 차원은 공민성과 공개성이다. 한국은 다른 어느 국가들보다도 공익성과 공정성이 특히 낮다. 공적교육 지출, 소득 재분배, 임금격차 등은 다른 OECD 국가들에 비해 그 차이가 심하다. 사회구성원간의 상호 신뢰수준이 낮기 때문이다. 한 국가의 경쟁력은 한 사회가 고유하게 가지고 있는 신뢰의 수준에 의해 결정된다고 한다.

경제적 차원	공익성	공동의 이익에 기여하는 국가와 사적 영역의 자원 투입 및 배분의 정도
	공정성	자원에 대한 접근과 분배, 재분배의 형평성 정도
정치적 차원	공민성	공익과 관련된 문제를 결정하는 과정에서 시민의 참여 역량과 제도화의 정도
	공개성	의사표현의 자유와 의사결정 과정에서의 개방성과 투명성의 정도

공공성의 수준이 가장 높은 나라는 북유럽국가이다. 네덜란드, 독일, 벨기에, 이탈리아는 중상위수준이고, 영국, 프랑스, 미국은 중하위수준, 한국, 일본, 헝가리, 슬로바키아, 그리스는 최하위 수준이다. 공공성은 경제적 차원과 정치적 차원의 균형적인 맞물림을 통해 실현된다. 정치적 차원에 대해서는 실질적인 참여가 가능하도록 제도를 마련하고, 모든 사람이 접근 가능한 공개적이고 투명한 공론장을 구성해야 안전한 사회를 만들 수 있다.

위험에 맞서온 역사
– 위험의 양면성

위험(Risk)의 기원

이탈리아 칼라브리아주와 시칠리아 섬 사이에는 메세나라는 좁은 해협이 있다. 가장 좁은 곳이 1.9km정도이고 바위와 암초가 많아 과거 지중해를 항해하던 뱃사람들에게는 공포의 대상이었고 로마 시대에는 해적의 소굴로도 유명했다. 로마시대 스키피오 아프리카 누스는 오랜 숙적 한니발을 물리치고 지중해의 패권을 장악했지만 그 넓은 지중해를 전부 관리하기는 매우 어려웠다. 당시 지중해에 는 약 1,000척의 해적선들이 조직적인 군비를 갖추고 로마인들을 납치하거나 곡물수송단을 공격해서 약탈했다. 메세나 해협에서 해 적들이 주로 활동하던 곳은 리파리섬이나 발레아레스 섬들이었고, 율리우스 카이사르도 이곳을 여행하다가 해적들에게 납치된 적이

메세나 해협

있다. 해적들은 카이사르에게 몸값으로 20달란트_{현재 한화로 약 2억원}을 요구했고, 카이사르는 오히려 몸값을 50달란트로 올려서 풀려났던 곳이다.

고대 전설에 의하면 메세나 해협 양쪽 끝에는 스킬라_{Scylla} '와 '카립디스_{Charybdis}'라는 괴물이 살고 있었다. 이곳은 호메로스의 대서사시 오딧세이아 12권에도 등장한다. 이타카의 왕이었던 오딧세우스는 트로이의 목마를 이용하여 트로이를 멸망시켰지만 신들의 저주를 받아 고향으로 바로 돌아오지 못하고 10년 동안을 지중해를 떠돌게 된다. 그는 수많은 모험을 겪었지만 가장 큰 위기는 스킬라와 카립디스라는 괴물이 살고 있는 두 바위절벽 사이를 통과할 때였다.

스킬라는 머리가 여섯 개 달린 괴물로 상반신만을 내놓고 지나가는 배의 선원을 낚아채 잡아먹었고, 카립디스는 큰 소용돌이를 일으켜 지나가는 모든 것을 빨아들이는 괴물이었다. 스킬라는 여자의 몸에 발이 12개, 기다란 목이 6개인 괴물로 목마다 무시무시한 머리가 있고, 머리마다 검은 죽음으로 가득한 세줄로 된 이빨이 있다. 스킬라는 원래 굉장한 미인이었지만 바다 괴물인 글라우코스의 사랑을 거부하는 바람에 마녀 키르케의 저주를 받아 괴물로 변했다고 한다. 지금도 칼라브리아 쪽에는 스킬라라는 지명이 남아있다.

카립디스Charybdis는 스킬라 반대편에 있는 괴물이다. 이끼가 낀 암초처럼 생겼고, 엇갈린 이빨을 가지고 있다. 배고플 때 바닷물을 모두 흡수했다가 다시 내 뱉는데 마치 폭풍과 같아서 배에 타고 있던 사람들이 모두 빠진다. 원래 카립디스는 포세이돈과 가이아의 딸이었지만 식욕이 너무 강해 신의 음식인 암브로시아와 넥타르를 너무 많이 먹어 제우스를 화나게 했고, 제우스가 그녀를 바다에 빠뜨려 무엇이든지 먹으면 토하게 하는 형벌을 내린다. 그 결과 카립디스는 하루에 세 번씩 시꺼먼 물을 뿜어대다가 다시 세 번씩 물을 빨아들이는 괴물이 되었다.

위험과 기회는 동전의 양면

이처럼 옛날부터 바다는 두려움과 공포의 대상이었다. 그러나 모험과 기회의 대상이기도 했다. 당시의 배들은 무동력선이었기 때문에 악천후나, 해적들로 인해 배가 출항을 해도 돌아오지 못하는 경우가 허다했다. 'Risk'라는 단어도 이때 등장한다. Risk를 우리말로 하면 위험危險정도로 번역되는데 위태로울 위자危에 험난할 험險자를 쓴다. 즉 백척간두 낭떠러지 끝에 서있는 사람의 모습을 연상하면 된다. 하지만 이것은 정확한 번역은 아니다.

사실 Risk란 의미의 단어가 우리말에는 없었기 때문에 가장 비슷한 단어를 가져와서 썼을 뿐이다. Risk의 원래 의미는 '위험하다'라기보다는 '용기를 내어 감히 도전하다'라는 의미가 강하다. 용기를 내어 도전을 해서 성공하면 막대한 부를 얻을 수 있지만 자칫 잘못하면 모든 것을 잃고 생명까지 잃게 된다는 의미이다. 라틴어 'Risicare'라는 단어가 있는데 이 단어의 뜻은 '절벽 주위를 항해하다'이다. 배가 절벽 주위를 항해할 경우 암초에 걸리기도 하고 파도에 휩쓸어 절벽에 부딪혀 배가 난파하기 쉽다. 따라서 바위가 근처에 있다는 것을 조타수에게 경고하기 위하여 고대 선원들이 사용한 용어가 Risicare 였다.

Risk의 어원을 'Risco'라는 스페인에서 유래되었다고 보는 설도 있다. Risco는 바위rock를 의미한다. 비슷한 말로 'Riza'라는 그리스어도 있는데 이 또한 절벽, 암초를 의미한다. 아랍어에도 Risk 비슷한 단어가 있는데 'Rizq'이다. 이것은 운수fortune, 행운luck, 운명destiny, 기회chance 뜻하여 하늘로부터 온 예상치 못한 선물의 뜻으로도 사용된다. 아랍인들은 사막 민족이라는 선입견이 강하지만 지중해를 끼고 있기 때문에 항해술도 뛰어났다. 서로마 제국의 명망한 후 지중해를 장악하고 활발한 중계무역을 펼쳤던 이들이 이슬람

뱃사람들이었다. 라틴어를 비롯하여 스페인어, 그리스어, 아랍어까지 Risk라는 의미는 손실과 기회라는 양면성을 내포하고 있다.

위험성평가(Risk assessment)

현대의 리스크Risk의 기본개념은 불확실성Uncertainty이다. 리스크는 사상event의 발생과 그 결과의 불확실성을 전제로 한다. 불확실성은 긍정적인 측면과 부정적인 측면 모두를 포함하고 있다. 불확실성은 다시 두 가지로 구분할 수 있는데 하나는 통계적 불확실성이고, 다른 하나는 지식부족이나 결핍으로 인한 인식적 불확실성이다. 우리가 초점을 맞추어야 할 대상은 후자이다.

우리가 직면하고 있는 위험을 과거의 경험과 지식을 동원해 객관적으로 평가하여 실제 위험도와 주관적 위험도의 차이를 최

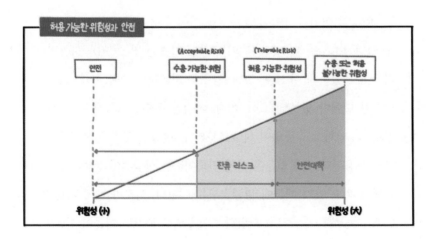

소화시켜야 한다. 이때 사용되는 것이 위험성평가Risk assessment 이다. 위험성평가를 이해하기 위해서는 안전의 정의를 알고 있어야 한다.

안전安全이라는 의미는 편안할 안安자에, 완전한 전全자를 쓴다. 영어로는 'safety'이다. 이는 중세 라틴어인 'salvitatem'에서 유래되었는데 이는 '부상을 입지 않은, 건강한, 안전한' 이라는 뜻이다. 사업장에서 위험을 관리한다는 것은 사업장에 존재하는 위험을 안전한 수준까지 끌어내린다는 것을 의미하는데 여기서 핵심은 어느 수준까지 위험을 감소시켜야 안전한 상태인지 규정하는 것이다. 결론적으로 말하자면 위험의 수준은 허용 가능한 위험Tolerable risk 와 수용 가능한 위험Acceptable 까지 끌어내려야 한다.

허용 가능한 위험의 수준은 각 사업장이 허용하는 수준까지의 위험도이고, 수용 가능한 위험은 사회통념상 허용하는 수준까지의 위험도이다. 당연히 수용 가능한 위험이 훨씬 더 낮은 위험이다. 따라서 사업장은 수용 가능한 위험의 수준까지 안전을 확보해야 하지만, 그것이 가능하지 않을 경우 허용 가능한 위험의 수준까지 끌어내려야 한다. 이때 허용 가능한 위험의 기준은 법 규정으로 정하고 있는 수준보다 더 높아야 한다.

위험성평가란 현재까지 인류가 개발한 위험관리기법Risk management tools 중에서 가장 효과적인 방법으로, 유해 · 위험요인Hazard 을 파악하고 해당 유해 · 위험요인에 의한 부상 또는 질병의 발생 가능성Frequency 과 중대성 Severity 을 추정 · 결정하고 감소대책을 수립하여 실행하는 일련의 과정이다. 독일은 1966년에 최초로 도입을 했고, 영국 1974년, 일본 1992년, 호주 2000년, 싱가포르는 2006

년에 위험성평가를 의무화했지만 국내에 위험성평가가 도입된 것은 2010년이다.

이후 3년간 시범사업을 실시한 후 2013년 6월 12일에 법제화하여 2014년 3월 13일 시행되었으니, 서구에 비해 반백년이나 늦게 도입된 셈이다. 늦게 도입되었다 하더라도 사업장의 위험도를 낮추기 위해 제대로 사용하면 된다. 하지만 그동안 수많은 사업장을 다녀봤지만 위험성평가를 제대로 하는 곳이 없다. 매뉴얼과 절차서, 위험성평가 실시규정 등을 잘 갖추어 놓고 있지만 실재적인 효력이 발생할 정도로 제대로 시행되는 곳이 드물다.

그러한 이유 중에 하나는 기회가 될지 재앙이 될지 모르는 Risk의 불확실성 때문이다. 그러한 생각으로 인해 재해로 이어질 확률이 낮은 상태에서 안전에 조직의 자원을 투입한다는 것을 투자가 아니라 비용으로 인식한다. 아직도 우리나라의 기업들은 효율성Efficiency 을 완전성Thoroughness 의 균형을 맞추는 기업이 매우 드

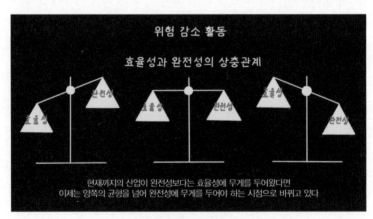

효율성과 완전성의 균형

물다. 여전히 생산성과 효율성을 완전성보다 높게 여기는 기업이 많다. 이러한 현상은 위험의 양면성에서 기인한다.

재해의 전조현상
– 하인리히 법칙

모든 사고에는 전조가 있다 – 하인리히 법칙

어린 시절 어머니는 제비가 낮게 날면 빨래를 걷으라고 하셨다. 모든 것이 호기심의 대상이었던 나는 어머니에게 물었다. "엄마! 왜 제비가 낮게 날면 비가 와?" 어머니는 말씀하였다. "제비가 낮게 나는 이유는 제비의 먹이인 잠자리가 낮게 날기 때문이란다." "그럼 왜 비가 오기 전에는 잠자리가 낮게 날아?" "그것은 잠자리가 우리 눈에는 보이지 않은 작은 비를 먼저 맞아서 날개가 무거워졌기 때문이야." 공기 중의 습도가 증가하는 것은 우리 눈에는 보이지 않아도 자세히 관찰하면 잠자리가 낮게 나는 것이 보이고, 잠자리가 잘 보이지 않는 사람도 제비가 낮게 나는 것은 보인다. 모든 일은 원인 없이 일어나는 것이 아니라 반드시 이유와 원인이 있기 마련이다. 이를 인과율Causality 이라 한다.

1931년에 《과학적 접근Industrial Accident Prevention: A Scientific Approach》이라는 한권의 책이 출판되었다. 저자는 미국의 트래블러스라는 보험회사의 위험관리부서에서 근무하던 허버트 윌리엄 하인리히Herbert William Heinrich 로 그의 업무는 발생할 수 있는 보험사고를 예방하여 회사의 손해율을 낮추는 것이었다. 그는 접수된 수많은 사고 자료를 검토했고 여러 가지 사례 분석을 통해 하나의 법칙을 만들어 낸다. 그것이 1:29:300이라는 하인리히의 법칙으로 1건의 큰 상해major injury 가 발생하면 그 전에 29건의 작은 상해minor injury가 발생하고, 같은 원인으로 상해를 입을 뻔한 300건의 무재해 사고accidents with no injuries 있었다는 사실이다.

위험감수성이 낮은 리더들은 재난의 징후인 300건의 아차사고를 대수롭지 않게 여긴다. 하지만 세상의 모든 큰일들은 작은 것에서부터 시작된다. 작은 일들을 무시하면 나중에 큰 대가를 치르게 된다. 대부분의 대형재난과 참사는 사전에 예방할 수 있는 원인을 파악하지 못했거나, 수정하지 못했거나, 무시했기 때문에 발생한다. 하인리히는 이 부분에 관심을 가지고 사고 자료를 분석하여 체계적으로 정리하여 책을 내었고 이로 인해 오늘날까지도 산업안전의 선구자라는 칭호가 붙게 된다.

재해의 직접적인 원인은 인간의 불안전한 행동과 불안전한 환경에 있다는 하인리히의 도미노 이론은 상당히 설득력이 있었지만 사고 발생의 원인을 너무 인적요인에만 비중을 둔다는 비판을 받았다. 재해의 대부분의 원인이 작업자의 실수로 인해 발생한다는 그의 88:10:2의 법칙은 산업재해의 원인이 주로 작업자에게 있었기에 사업주들로서는 환영받을 일이었다. 따라서 오늘날의 산업안전의 토대를 이룬 사람은 하인리히가 아니라 그보다 33년 후에 등장한 프랭크 버드였다.

버드의 도미노 이론

하인리히의 분석은 사고를 일으킨 배경에 대하여 사고의 근본 원인을 세세히 탐구하지 않은 채 사고보고서를 완성한 감독관의 자료만을 검토한 데 한계를 가지고 있었다. 사람이 불안전한 행동을 하는 환경과 배후를 밝히기 위한 추가 조사가 필요했다. 1969년, 프랭크 버드Frank Bird 와 로버트 로프터스Robert Loftus 는 하인리히 법칙을 새롭게 해석하기 시작했고 1976년에는 이를 정리하여 'Loss Control Management'라는 논문을 발표한다. 버드는 하인리히의 1:29:300을 수정하여 1:10:30:600의 법칙을 내놓는다. 하이리히가 큰 상해, 작은 상해, 무재해 사고로 나누었다면 버드는 큰 상해, 작은 상해, 무재해 사고에 추가하여 상해도 물적피해도 없는 아차 사고를 추가했고, 하인리히의 재해의 직접원인불안전한 행동, 불안전한 상태으로 4M을 제시한다.

　이것이 바로 버드Bird 와 로프터스Loftus 의 사고 발생 5단계 모델인 '안전관리접근법Safety Management Approach', '수정 도미노이론Updated the domino theory'이다. 이 이론에서는 사고 발생 원인을 인적요인 외에 통제, 관리측면까지 확장했고, 사고로 인한 결과 또한 상해뿐만 아니라 재산이나 운영 과정 등에서의 손실까지도 고려하여 산재로 인한 추가 비용의 범위를 확장한 버드의 빙산도Iceberg를 발표한다. 하인리히가 인간의 불안전한 행동과 불안전한 상태를 사고의 직접원인으로 보았다면, 버드는 인간의 불안전한 행동 및 상태를 유발시키는 기본원인이 있고, 이것을 사업주의 통제·관리의 부족 또는 결여 등의 근본적인 원인으로 인해 나타나는 4M Men, Machine, Media, Management 이라 하였다.

즉, 재해가 발생하는 근본 원인은 작업자의 불안전한 행동 때문이 아니라 사업주의 통제 관리의 부족으로 인해 발생하며, 이것이 재해의 기본 원인이 되는 4M이라는 것이다. 버드와 로프터스의 기본원인은 개인적 요인과 업무적 요인으로 구분할 수 있고, 개인적 요인에는 지식이나 기능의 부족, 부적절한 동기부여, 육체적 정신적인 문제인 Men, 업무적 요인에는 설비의 결함인 Machine, 기계와 인간을 연결하는 매개체인 불충분한 작업정보, 부적절한 작업절차 및 작업환경인 Media, 안전관리조직, 안전규정, 교육훈련, 관리감독인 Management가 있다.

버드와 로프터스의 이론에 의하면 사고의 발생은 개인적인 요인들은 물론이거니와 작업장의 환경과 관리와 통제적인 요소까지 폭넓게 확산된다. 하인리히는 재해를 방지하기 위해서 사고의 직접적인 원인을 발견하고 분석하여 대책을 세우면 되었지만 버드와 로프터스는 작업환경과 관리감독까지 포괄하는 전문적인 안전관리 프로그램이 필요하다고 본 것이다.

필연적 사고
—정상사고이론

우리나라는 정말 원전사고가 없을까?

대한민국 어느 원자력 발전소 입구에는 다음과 같은 글귀가 쓰여져 있다. "우리나라 원자력 발전소 안전사고는 0%입니다. 30년 전처음 가동한 시점부터 지금까지 방사선 누출 사고를 포함한 안전사고가 단 한 건도 없었습니다." 틀린 말은 아니지만 안전의 기준을 어디로 잡느냐에 따라 틀릴 수도 있다.

공식적인 통계와는 달리 각종 환경단체에서는 국내 원전이 가동된 이후 수십 년 동안 수 백 건의 크고 작은 고장이 발생했다고 주장한다. 환경운동연합 에너지 기후팀의 자료에 의하면, 영광에서 2003년 5·6호기 열전달 완충판 이탈했고, 동년 12월에는 5호기 방사성 오염폐수 3,500t이 5일 동안 바다로 유출되었으며 월성 · 울진에서도 수많은 원전 사고가 있었다.

기술문명 시대를 살아가고 있는 인류는 인간이 만들어낸 위험을 완전히 없애는 것은 불가능 하며 위험과 공존하며 살아가야만 하는데 문제는 공존 가능한 위험인지에 대한 판단이다. 20세기에 들어서면서 인류는 기술문명에 자신감을 보여 왔지만 크고 위험하고 치명적인 사고들은 모두 20세기 초입에 발생한 것들이었다.

국제 원자력 기구IAEA가 정한 원자력 사고 고장등급INES, International Nuclear Event Scale에 의하면 원자력 발전소의 사고등급은 7단계로 구성되는데 1~3등급을 고장incident 이라 하고, 4~7등급을 사고accident라고 한다. 또한 안전에 중요하지 않은 사건은 등급이하0등급: Below Scale 라 하여 경미한 이탈Deviation로 분류하고 있으며, 안전과 무관한 사건은 등급외 사건Out of Scale으로 규정하고 있다.

대부분의 사람들이 세계최초의 원전사고하면 1986년 4월 26일에 발생한 체르노빌 사고를 떠올리지만 세계 최초의 시설외부로의 위험을 수반한 사고는 1978년 3월 28일 미국 펜실바니아주 미들타운 스리마일 섬Three mile island에서 발생한 TMI사고이다. TMI사고가 중요한 점은 위험의 원인을 제거하여 안전을 유지할 수 있다는 기존의 기계론적 관점의 틀을 완전히 깨버린 사고였다는 점이다. 이 사고의 문제의 핵심은 인적요인이었다. 당시 이 사고를 조사하던 사회학자 찰스페로는 사고원인을 면밀하게 검토한 후 앞으로도 동일한 사고가 발생할 수밖에 없다는 놀라운 통찰을 발표했고 그의 이론을 바탕으로 1984년에 《Normal Accident》라는 책을 발간했다.

이 책은 원전·석유화학 공장·항공기·댐·지진·광산·호수·우주탐사·핵무기·DNA 재조합 분야에서 이미 발생한 대형 사고와 발생 개연성이 충분한 사고를 연구·분석해 사고발생의 '진정한 원인'이 어디 있는지 규명하고 있다. 그가 내린 결론은 설계·설비·절차·운용자·환경 같은 각각의 요인이 뒤얽혀 상호 작용하는 긴밀하게 연결되고 복잡화된 시스템에서는 사고는 필연적이며, 기술이 발전되고 인류가 아무리 노력을 한다고 해도 TMI와 같은 원전사고는 또 다시 재발할 수밖에 없다는 것이었다. 그의 주장을 증명하듯 그로부터 27년 후 2011년 3월 11일 일본 후쿠시마에서 국제 원자력 사고 등급INES의 최고 단계인 7단계Major Accident 사고가 발생하였다.

하인리히의 도미노 이론은 지금까지 모든 위험관리를 대표하는 이론으로 여겨져 왔지만 오늘날의 그의 이론은 더 이상 유효하지 않다. 어떤 결과에는 반드시 알 수 있는 원인이 있다는 매우 선형적인 인과론에 근거한 것인데 오늘날의 복잡계 사회에서는 맞지 않는다. 이와 같은 방식은 생산이 단순하고 기계설비의 신뢰도가 낮은 경우에만 유효한 접근방식이었다.

오늘날의 화학플랜트를 비롯하여 반도체, 발전소 등 첨단산업 현장에는 안전점검만으로 드러나지 않는 여러가지 위험요소들이 산재해 있다. 이러한 위험요소들은 안전설계나, 매뉴얼로 해결하기 어렵고, 누락되기도 쉬우며, 개인과 조직 간의 상호간섭 등으로 인해 변동성이 산재해 있다. 그 변동성이 만들어내는 여러 가지 복잡한 상황들은 심각한 사고를 초래하기도 한다. 따라서 오늘날의 위험관리는 그 변동성을 허용 가능한 위험수준 미만으로 낮추는 것이 관건이다.

찰스페로는 그의 책 《정상사고 normal accident 》에서 다음과 같은 일화를 소개한다.

당신은 오늘 중요한 면접을 앞두고 있다.

당신의 배우자는 커피주전자를 불위에 그대로 올려 놓고 나가는 바람에 유리 주전자에 금이 갔고,

다른 커피메이커를 찾느라 시간을 소비한다.

주차장에 가서야 차 열쇠와 집 열쇠를 집에 두고 온 것을 깨닫고 집에 가서야 깨닫는다.

평소 보조키를 문 옆에 숨겨두지만 친구에게 빌려주고 없다.

이웃집에 할머니에게 차를 빌리려 시도하나 그 집 차는 고장 나서 수리를 맡겨놓은 상태이다.

남은 수단은 대중교통인데 파업 때문에 버스가 다니지 않는다.

택시를 불러보지만 아무런 연락이 없다.

결국 당신은 면접관 비서에게 어렵게 사정을 설명하고 날짜를 뒤로 미룬다.

당신의 합격율은 급격히 낮아진다.

위와 같이 불운이 꼬리에 꼬리를 물고 일어나는 머피의 법칙과 같은 일은 확률은 낮지만 우리 일상생활 속에서 언제든지 일어날 수 있는 일이다. 하지만 오늘날의 원자력발전소, 화학플랜트, 우

주항공 우주탐사와 같은 고도화된 시스템 속에는 그 발생 확률이 매우 높아진다. 자동차를 타고 가다가 차가 엔진이 꺼지거나, 어떤 고장이 났다면 길가에 세우고 직접 고치거나, 긴급출동서비스를 부르면 된다. 하지만 비행기가 하늘에서 엔진이 꺼지면 어떻게 될까. 만약 우주탐사선이 우주에서 엔진고장을 일으킨다면 어떻게 될까. 찰스페로의 통찰은 매우 놀라울 만한 발견이었다. 이러한 시스템에서는 어느 하루와 같은 불운에 불운이 꼬리는 무는 현상이 수시로 발생할 수 있기 때문이다.

한국사회와 같이 급속적인 경제성장으로 인해 안전이 사회문화로 자리잡지 못한 국가에서의 사고는 굳이 이러한 첨단시스템까지도 갈 필요가 없다. 대한민국이 안전수준의 민낯을 보여준 2014년 세월호 사고를 예를 들어보자. 조사결과 세월호 사고의 원인은 다음과 같이 여러가지 였다.

1. 화물의 과적
2. 화물의 고박불량
3. Stabilizer의 미작동
4. 과적된 화물로 인한 평형수 부족
5. 사고지점의 해류
6. 위험한 해류지점에서의 선장의 이탈
7. 조타기 조작시 일시적정전과 방향타의 과조작
8. 사고발생시 신속한 대처 및 구조활동

이와 같은 8가지 원인 중에서 하나만 없었더라도, 이들을 방호하는 방호계층이 하나만 제대로 작동했더라도 사고는 발생하지 않았을 것이다. 하지만 사고는 어쩌다 생긴 특수한 조합에 의해 모든 방호계층을 통과하여 발생하고 말았다. 하물며 이보다 더 복잡하고 긴밀하게 가동되는 시스템 속에서 사고는 발생하지 않는 것이 이상할 지경이다. 이것을 간파한 것이 찰스페로의 정상사고이론 Normal Accident Theory 이다. 찰스페로는 우주탐사, 유전자 재조합기술, 화학공장, 핵무기, 핵발전 기술들이 여기에 해당한다고 하면서 사고 발생 시 감당할 수 없는 기술은 시스템의 폐기를 주장했다.

다시 원전 이야기로 돌아가 보자. 원자력 발전소에서 근무하는 원전관계자들과 이야기를 나눠보면 원전의 안전성에 매우 자신감을 갖고 있다. 한국의 원전은 만년을 초과하는 가능 최대 강수에 의한 홍수 수준에서 설계하기 때문에 후쿠시마처럼 지진해일에 의해 원전이 침수되는 일은 발생하지 않는다고 한다.

우리나의 지진위험도 분석은 '확률론적 안전성 평가방법'에 의하고 있다. 이 방법은 쉽게 말하면 해당 부지가 과거 얼마만큼의 재현주기를 가지고 지진이 발생하였는지를 살피는 '지진재해도 평가'와 해당 구조물이 지진발생시 파괴될 수 있는 확률을 예측하는 '지진취약도 평가'의 조합으로 이루어진다. 이것을 확률론적 지진재해도 분석 PSHA, Probabilistic Seismic Hazard analysis 이라고 부른다. 하지만 문제는 한반도의 지진발생빈도가 점차 높아지고 있으며 그 강도도 증가하고 있다. 또한 2017년에 발생한 포항지진은 자연재난이 아니라 인적재난이었다.

지구온난화로 인한 기후변화로 인해 최근의 자연현상은 우리가 예측할 수 있는 범위를 벗어나고 있다. 2020년에 발생한 54일간의 최장장마는 아무도 예측하지 못한 자연현상이었다. 인간이 속한 자연은 예측 할 수 없는 곳이다. 예측 불가능한 자연 속에서 살고 있는 인간이 모든 것을 통제할 수 있다는 것은 자만심에 불과하다. 게다가 인간은 불완전한 존재로 아무리 교육과 훈련을 통해 불안전한 행동을 방지한다고 하더라도 인간의 건망증이나 깜빡 잊는 문제 등은 해결 불가능한데, 원자력 발전소와 같이 고도화된 시스템에서는 사소한 실수도 치명적인 결과를 낳는다.

　　우리나라의 원전수는 25기로 세계 6위이며, 밀집도로는 세계 1위이다. 게다가 원전밀집지역 주변으로 부산 355만, 경남 336만, 경북 270만, 대구 248만, 울산 117만 총 1326만 명이 살고 있다. 이러한 상황에서 우리나라 동해안에 쓰나미로 인해 후쿠시마 같은 사고가 발생한다면 국가의 존망을 알 수 없는 엄청난 재앙이 될 것이다. 우리는 이제 사고란 비정상적인 상황에서만 발생하는 이례적인 현상이라는 생각을 버려야 한다. 우리가 속한 고도화된 시스템에서는 더 이상 하인리히법칙이 유효하지 않다. 그가 말한 불안전한 행동과 불안전한 상태를 제거하여 사고를 방지할 수 있다는 것은 현대사회에서 더 이상 실효성이 없다는 것을 인지해야 한다.

안전을 위한 브레이크
- 악마의 대변인

집단지성의 순기능

한 개인의 힘과 능력은 미약하나 여럿이 모이면 힘과 능력은 배가된다. 개미 한 마리는 매우 미미한 존재이나 이들이 모여 군집을 이루면 거대한 힘이 생긴다. 오늘날의 인류의 문명도 집단 지성 Collective Intelligence 의 산물이라 할 수 있다. 집단 지성이란 다양한 경험과 지식을 가진 사람들로 이뤄진 집단이 소수의 전문가의 결정보다 더 나은 결정을 하는 현상을 말한다. 한 교수가 구슬이 가득찬 유리병을 들고 학생들 앞에 서서 구슬의 개수를 추측해 보라고 물었다. 그 결과 개인이 제출한 숫자 중에 실제 구슬의 개수에 근접한 수는 없었지만 이들이 제출한 수의 평균을 내어보니 실제 구슬의 개수에 근접했다.

찰스 다윈의 사촌동생이었던 프랜시스 골턴Francis Galton 은 절대적 합리성의 신봉주의자였다. 골턴의 나이 85세때 대중의 어리석음을 증명하려 참석했던 행사에서 그는 그의 신념을 버리는 일이 발생한다. 그 행사는 소 한마리의 무게를 맞히는 전문가와 일반 대중간의 대결이었다. 전문가 5명이 선택한 소의 평균 무게는 510kg이었다. 반면 일반인 800명이 선택한 소의 평균 무게는 540kg이었다. 실제 소의 무게를 재어보았다. 543kg이었다. 전문가라 하더라도 이 정도의 오차로 맞출 수는 없었기 때문에 골턴은 경악을 금치 못했다.

집단지성을 이용하여 파산에 몰린 한 금광회사가 회생한 사례도 있다. 세계 3대 금광회사인 캐나다의 골드코프Goldcorp 는 한 때 심각한 파산위기에 직면했다. 더 이상 금을 채굴할 곳은 없어지고, 부채는 계속 증가했으며 설상가상으로 직원들의 파업은 계속되었다. 이러한 절체절명의 상황에서 골드코프의 CEO 맥위엔 골드코프Mcewen goldcorp 는 모험을 단행했다. 회사가 갖고 있던 지적자산과 각종 지질 데이터를 웹사이트에 공개하며, 개발가능성이 있는 금광과 탐사방법을 제안하는 사람에게 57만 달러를 지급한다고 공표했다. 약 50개국에서 1000여명에 달하는 사람들이 이 이벤트에 참가했고 골드코프는 이들의 아이디어를 통해 110개의 금광후보지를 찾아냈다. 그리고 거기서 220톤이 넘는 금을 채굴했다. 30억 달러3조 3500억원에 달하는 양이었다.

오늘날 인터넷의 발달로 정보가 서로 공유되고 집단지성도 더 확대되고 있지만 집단지성이 항상 긍정적인 면만 있는 것이 아니다. 일부 상황에서는 한 개인보다 더 좋지 못한 의사결정을 하기도 한다. 이러한 극단적이고 비합리적인 의사결정을 집단 사고group think 라고 한다.

비극을 초래한 챌린저 폭발사고

1986년 1월 28일 전 세계를 경악케 하는 엄청난 사건이 일어났다. 미국 NASA에서 쏘아올린 챌린저호가 발사 73초 후에 폭발하면서 7명의 우주인 전원이 사망한 것이다. 사고원인은 고무 재질의 고체연료 로켓 오링O-ring 의 결함이었다. 낮은 기온에 오링이 탄력을 잃고 타버리면서 가스가 새어 나와 연결 부위가 파손됐고 결국 챌린저호가 폭발해 버린 것이었다. 사고는 이미 예견된 것이었다.

기상청은 발사 당일에 기온이 영하로 떨어질 것이라고 예보했다. 예보를 접한 NASA의 관계자는 모턴 티오콜Morton Thiokol 사에 추진로켓의 위험성에 대한 자료를 요구했다. 모턴 티오콜사는 추운 날씨가 고체추진 로켓의 발사에 어떤 영향을 미칠지 분석하기 위해 회의를 소집했다. 하지만 예전의 우주왕복선들은 모두 섭씨 12℃ 이상에서 발사되었기 때문에 영하의 날씨가 고체추진로켓에 미치는 영향에 대한 데이터가 부족했다. 이에 대해 모턴 티오콜사는 정확한 데이터를 제공하지 못하지만 추운 날씨에 고무링이 딱딱해져서 가스 분출을 막아내지 못할 가능성이 높다고 판단했다. 고민 끝에 모턴 티오콜사는 발사를 권하지 않는다는 결론을 내렸고 이를 NASA측에 전달했다.

　발사를 강행하고 싶었던 NASA는 모턴 티오콜사에게 더 정확한 데이터를 요구했다. 당시 NASA는 벌써 수차례 발사가 연기되었기 때문에 마음이 조급했다. 챌린저호의 처음 발사일은 1월 22일 이었다. 그러나 다른 발사로 인해 24일로 연기되었다. 24일이 되자 대서양 비상착륙 지점의 기상문제가 대두되어 발사는 또 다시 늦춰졌다. 27일에는 챌린저호 본체의 추가정비가 필요하여 다시 28일로 미루어졌다.

　28일은 거의 확정적으로 대통령 연설을 비롯하여 여러 정치인들이 챌린저호 발사에 대한 행사를 예정하고 있었다. NASA는 1969년 7월 16일 아폴로 11호가 달에 착륙한 후에 입지가 점점 약해지고 있었다. 정부의 예산은 줄어들었고 이 거대한 조직을 이끌고 갈 명분도 점점 약해지고 있었다. NASA의 간부들은 기술력보다 정치력을 더 중요하게 생각했다.

　당시 NASA에서 로켓 추진체를 담당했던 래리 뮬로이Larry Mull-roy는 다음과 같이 말했다. "이번에도 발사하지 못한다면 4월에나 하자는 말인가요? 무슨 발사 바로 전날의 최종 회의가 다음 발사 시기를 정하는 날입니까? 1차 고무링이 문제라면 2차 고무링이 작동할 겁니다." 당시 모턴 티오콜 사의 고체추진로켓 프로젝트 팀장이었던 앨런 맥도널드는 다음과 같이 그 당시 상황을 회상했다. "보통은 우리가 안전하다고 주장하면 NASA에서 안전하지 않을 수도 있다고 반박했는데 이때는 반대였어요, 우리 제품이 안전하지 않다는 것을 우리가 증명해야 하는 이상한 상황이 발생한 겁니다."

NASA측에서는 모턴 티오콜사에게 "안전하지 않다는 것을 증명할 수 있습니까?"라고 물었는데 수많은 생명과 막대한 예산을 두고 할 질문이 아니었다. 이것은 잘못된 질문이었다. NASA에서는 이렇게 물을 것이 아니라 "안전하다는 것을 증명할 수 있습니까?" 하고 물었어야만 했다. 잘못된 질문에 답을 찾으려 애쓸 것이 아니라 올바른 질문을 던졌어야만 했다. 모턴 티오콜은 NASA를 설득시키지 못했고 앨런 맥도널드는 로켓 추진체가 안전하다는 문서에 서명하기를 거부해 그 대신 부사장인 조 칼민스터가 서명했다.

이보다 앞선 1961년 4월에는 피그만The Bay of Pigs 사건이 일어났다. 당시는 케네디가 대통령에 당선된 지 3개월도 안 된 시점이었다. 미 정부는 쿠바의 피델 카스트로Fidel Castro 정권을 전복시키기 위해 미국에서 훈련받은 1,500명의 쿠바 망명자들을 쿠바 남부 피그만에 침투시켰다. 이 작전을 기획했던 CIA는 이들이 쿠바에 상륙하기만 하면 카스트로 반대파들이 봉기를 일으킬 것이라고 확신했다. 케네디는 전임자였던 아이젠하워가 기획한 피그만 작전을 비판적 사고 없이 그대로 실행했다.

하지만 이 작전은 말도 안되는 터무니없는 작전이었다. 쿠바를 전복시키기 위한 1,500명이나 되는 군인들을 소련과 쿠바 모르게 훈련하는 것은 불가능한 일이어서 이들은 소련의 첩보망에 바로 걸려들었다. 쿠바의 상륙지점도 말도 안 되는 곳이었다. 그곳은 늪 지대여서 이동하기 힘든 곳이었으나 CIA는 50년 전 지도를 보고 침투계획을 짠 것이다. 원래 상륙지점은 미국 본토에서 가까운 트리니다드였지만 작전 실패 시 미국이 배후로 지목될 가능성이 컸기 때문에 미 정부는 이 군인들을 니콰라과에서 출발한 쿠바 망명세력으로 위장했고 피그만을 상륙지점으로 잡았다.

결과는 참담했다. 침투 사흘 만에 침투시킨 1,500명 중 100여 명의 사상자가 발생하고 1,000여명이 생포되었다. 미국이 기대했던 민중봉기는 일어나지 않았다. 부패했던 바티스타 정권을 전복시키고 쿠바를 장악했던 카스트로가 국민들의 열렬한 지지를 받고 있었기 때문이다. 카스트로는 피그만 사건을 구실로 수백 명의 반대파를 잡아들이고 숙청했다. 카스트로 정권은 피그만 작전 덕분에 더욱 견고해 졌다. 카스트로는 케네디에게 "당신이 상륙작전을 시도한 덕분에 우리의 혁명이 굳건해져 고맙다."는 전문을 보냈다. 케네디는 국제적인 망신을 당해야만 했다. 이후 카스트로는 1961년 12월 몸값으로 5,300만 달러는 받은 뒤에 사로잡은 포로 1,113명을 풀어 주었다. 이후 미국과 쿠바의 관계는 급속히 냉각되었다.

1년 뒤인 1962년 10월 피그만 사건으로 인해 쿠바의 미사일 위기가 발생한다. 미국의 피그만 작전에 자극을 받은 소련이 SS-4 준중거리 탄도 미사일MRBM기지를 미국의 턱 밑인 쿠바에 건설하기 시작했다. 그 결과 미국과 소련의 긴장은 최고조에 달해 전 세계가 제3차 세계대전의 발발을 걱정했다. 피그만 사건 이후 케네디 대통령은 그의 동생이었던 당시 법무부장관 로버트 케네디에게 모든 사람이 찬성해도 너는 무조건 반대의 입장에서 반대를 주장하라고 하며 그를 악마의 대변인Devil's advocate의 역할을 맡도록 했다.

악마의 대변인

경직된 사고를 갖고 있는 조직에서는 집단사고로 인한 폐해가 크기 마련인데, 이러한 위험을 방지하기 위한 제도가 악마의 대변인 Devil's advocate 이다. 악마의 대변인은 카톨릭 교회에서 유래되었다. 카톨릭에서는 신앙을 위해 목숨을 바친 순교자와 신앙의 표본이 되고 덕행을 행하여 모범적 삶을 살았던 신앙의 증거자를 뽑아 성인으로 추대한다. 한 인물을 성인으로 인정할 때 그의 업적과 순교가 과연 성인의 지위에 합당한지를 검증하기 위해 반대증거를 모아 제시하는 사람이 악마의 대변인Devil's advocate 이다.

카톨릭은 엄숙한 분위기가 지배하는 곳으로 구성원의 반대표명이 어려워져 부적합한 인물이 성인으로 추대되는 것을 방지하기 위함이다. 하지만 교황 요한 바오로 2세는 1983년 이 제도를 폐지했다. 그 결과 그의 재임기간 동안 1338명의 복자와 482명의 성인이 배출되었다. 이는 그보다 앞서 재임한 263명의 교황이 임명한 복자와 성인을 합한 것보다 많은 수치였다.

미국의 16대 대통령인 아브라함 링컨은 인류 역사상 가장 뛰어난 지도자 중 한 명으로 손꼽힌다. 링컨은 집권 후 내각을 반대파 위주로 구성했던 것으로 유명하다. 심지어 링컨은 그를 얼간이라 부르며 불쌍한 바보라고 독설을 퍼부었던 에드윈 스탠튼을 내각의 전쟁장관에 임명했고 경선 과정에서 혈투를 벌인 윌리엄 시워드와 새먼 체이스에게는 국무장관과 재무장관을 맡겼다. 그러한 이유는 자신의 실수 가능성을 견제하기 위한 것이었다. 그 결과 링컨은 이들을 설득시키기 위해 미리 발생 가능한 의견 충돌을 내다 보고 자신의 판단에 오류는 없는지 수시로 확인해야만 했다. 그의 바다와 같은 포용력이 없었더라면 오늘날의 미국은 만들어지지 않았을 것이다.

미국은 수차례의 헛발질로 집단사고의 위험성을 경험한 결과, 이에 대한 대책을 마련하고자 하였다. 냉전이 한창이었던 시절인 2000년에 미 정부는 레드 팀Red Team 을 조직했다. 레드팀이란 미군이 모의 군사훈련을 할때 아군을 블루팀, 적군을 레드팀으로 이름 붙여진 데서 비롯된 것이다. 오늘날 레드팀은 악마의 대변인보다 더 효과적인 방법으로 간주되고 있다. 레드팀의 기능은 시뮬레이션, 취약점 파악, 대체 분석 등 크게 3가지로 구분된다.

1. 시뮬레이션

계획을 세우기전에 상대방의 입장에서 선택가능한 모든 경우의 수를 고려하여 시나리오를 구성하고 각 시나리오에 부응하는 해결책을 제시한다.

2. 취약점 파악

완벽해 보일수 있는 전략이 경쟁자 입장에서도 철저한지 그 취약한 부분을 공격하면서 검증한다. 즉 경쟁자 입장에서 기존 전략의 약점을 찾아내어 공격하는 역할을 수행하고 스스로 문제점을 찾아내는 것이다.

3. 대체분석

조직 내 관습적이고 주류적인 관점에서 벗어난 시각을 통해 기존에 세워진 가설을 분석하고 새로운 관점을 제시한다.

응집력이 강한 집단에서는 사람들이 집단 구성원들 간의 갈등을 최소화하려고 전혀 비판적인 생각을 하지 아니하고 말도 안 되는 결정을 하기도 한다. 특히 한국 사회처럼 사람들 간의 관계를 중시하는 집단에서는 이러한 문제가 더 발생하기 쉽다. 어리석은 집단사고가 일어나기 쉬운 환경은 카리스마 있는 리더가 집단을 이끌 때, 구성원들의 사회적 배경과 관점이 동일할 때, 시간의 압박이 심할 때, 외부로부터 고립되어 충분한 토의가 이루어질 수 없을 때이다. 이러한 때에는 집단사고의 발생 가능성이 높아진다.

미국 코넬대학의 국가사회조사 결과에 의하면 응답자의 53%는 자신의 생각이나 문제점을 상사에게 절대 이야기 하지 않으며 응답자의 41%는 그것을 시간낭비라고 여긴다. 응답자의 31%는 그렇게 했다가는 자신이 당하는 불이익을 걱정한다고 한다. 조직의 CEO는 자신이 경청하는 사람이라고 말하지만 반대의견을 말하는 순간 그는 이단아가 되어 버리고 만다.

조직내부에는 항상 브레이크가 있어야 한다. 브레이크가 없는 집단은 개인보다 더 극단적인 의사결정을 하는 오류에 빠지곤 한다. 이러한 의사결정이 위험한 이유는 자신의 결정이 틀린 줄 모르고 행하기 때문에 파국적인 결과가 나타나고 나서야 자신의 실수를 깨닫게 된다는 것이다. 바이러스가 집단 속에서 전염되듯이 생

각도 집단 속에서는 전염된다. 이러한 사고의 전염을 막기 위해서
리더는 반대편의 의견을 수용하고 진지하게 자신의 사고를 검열하
는 대안적 사고가 중요하다.

집단사고를 피하는 8가지 방법

1. 생각과 배경 그리고 경험이 다른 인재도 함께 채용하라.

2. 리더의 결정이나 의견에 언제나 의문을 제기하도록 하라.

3. 자유롭고 다양한 실험(Skunkwork)을 장려하라.

4. 실패와 실수를 포용하는 조직 문화를 조성하라.

5. '그들과 우리(Them and us)'라는 마인드를 버려라.

6. 열린 커뮤니케이션이 이루어지도록 하라.

7. 자신의 선호와 기대를 잠시 잊어라.

8. 유머가 넘치는 활기찬 조직 분위기를 만들라.

안전에 대한 인식의 변화
– safety 2

패러다임의 이해

토마스 쿤은 과학계에 있어 기념비적인 인물이다. 그의 이름을 모르는 사람은 있을지 몰라도 패러다임이라는 용어를 모르는 사람을 없을 것이다. 패러다임paradigm이란 어떤 한 시대 사람들의 견해나 사고를 근본적으로 규정하고 있는 인식의 체계를 말한다. 토마스 쿤은 그의 책《과학혁명의 구조The Structure of Scientific Revolutions》에서 패러다임이란 용어를 처음으로 사용했다. 오늘날 패러다임이란 용어는 과학뿐만이 아니라, 사회학, 정치학, 인문학, 역사학, 문학, 철학에 이르기까지 수많은 분야에서 사용되고 있다.

토마스 쿤 이전의 모든 역사관은 인과론적 관계 속에서 단계적으로 발전한다고 보았다. 아이작 뉴턴Isaac Newton은 "내가 남들보다 더 멀리 볼 수 있었던 것은 거인들의 어깨 위에 올라서 있었기 때문"이라고 이야기 했다. 과학사의 아버지인 조지 사튼George Sar- ton도 "성과가 축적되고 진보하는 것은 과학뿐이다"라고 했다. 하지만 쿤에 의하면 과학의 진보는 기존에 축적되어온 지식에 지식을 더하는 인과론적인 과정에 의해서가 아니라 온갖 요소가 쓰레기통 속에서와 같이 뒤죽박죽 움직이다가 어떤 계기로 서로 우연히 만나 이루어지는 쓰레기통 모델에 더 가깝다.

쿤에 의하면 역사는 계단을 한 계단 한 계단씩 올라가듯 순서대로 단계적으로 발전하지도 않고, 역행하기도 하며 비연속적인 다양한 문화가 병렬적으로 묶여서 이루어진 것이다. 따라서 역사적 사건은 법칙적으로 설명할 수도 없고 특정한 원인이 전부라 할 수도 없으며 인과론적으로도 설명이 불가능하다. 곧 인간의 지식은 객관적 실재에 대한 반영이라기보다 특정한 사회적 맥락 하에서 이룩된 체계에 불과하다. 그의 주장대로라면 객관적이고 절대적인 지식이란 없다.

그는 과학자들마다 서로가 사용하는 언어가 다르기 때문에 이론과 이론사이에 비판적 논의는 불가능하여 문화 공동체 내부에서 공통적으로 지니는 속성을 공유하지 못한다는 상대주의적 생각을 가지고 있었다. 쿤은 책에서 과학사에서의 여러 예를 들며 패러다임이 바뀌는 경우를 보여준다. 사람들은 기존의 패러다임에서 문제점이 노출되면 문제점을 패러다임에 끼워 맞추려는 노력을 먼저 한다. 이런 문제점이 계속 노출되면 다른 방법을 이용해서 새로운 패러다임을 주장하게 된다. 기존의 패러다임에 다만 익숙해져 있는 사람들은 명백하게 증명된 새로운 패러다임조차 받아들이려 하지 않는다. 쿤은 '기존의 패러다임에 익숙한 사람이 모두 죽게 되면 다음 세대는 새로운 패러다임을 받아들일 가능성이 높다'고 말한다.

쿤에 따르면 기존의 패러다임이 무너지기는 매우 어려운 일이기 때문에 그것을 깨뜨리는 과정을 과학혁명이라고 불렀다. 현대 사회에는 혁명이라고 불릴 만한 과학혁명은 흔하지 않다. 대신에 발전된 과학을 바탕으로 한 기술의 발전은 눈에 띄게 증가하고 있다. 이러한 기술 역시 한 단계를 뛰어넘는 혁명적인 발전을 가지기 위해서는 기존의 패러다임이 가지는 문제점을 바탕으로 그것을 극복할 수 있는 방안을 마련해야 한다.

토마스 쿤의 과학혁명의 구조를 안전 분야에 적용해 보자. 현대사회는 카오스 이론으로 설명되는 복잡계에 속하는 사회라고 할 수 있다. 카오스 이론의 토대가 되는 것은 "브라질에서 나비가 날갯짓하면 텍사스에서 토네이도가 일어난다."는 나비효과라고 불리는 개념이다. 이 개념을 처음으로 제시한 사람은 미국의 기상학자 에드워드 로렌츠였다.

1962년 로렌츠가 이것을 처음으로 제시하였을 때 아무도 그의 주장에 귀를 기울이지 않았다. 당시 로렌츠는 기상 현상을 시뮬레이션 하던 중 갑자기 정전이 되어 시뮬레이션을 다시 돌려야만 하는 상황이 발생했다. 처음부터 다시 시작하기에는 시간이 너무 아까워서 이전에 계산했던 중간 출력값을 초기 조건으로 입력하여 실험을 하였다. 그런데 나중에 이 시뮬레이션의 결과를 확인해 보니 이전의 결과와는 엄청나게 큰 차이가 발생한 것을 확인한다. 당시 사용했던 LPG-30이라는 컴퓨터가 소수점 이하 5자리 숫자까지 계산하는데 반하여 출력된 결과는 3자리 숫자까지만 표시하였기 때문에 발생한 결과였다. 1,000분의 1 미만의 아주 작은 초기 조건의 변화가 엄청난 결과로 나타남을 확인하는 순간이었다. 이처럼 초기값을 어떻게 설정하느냐에 따라서 전혀 다른 결과가 발생하는 세계에 우리는 살고 있다.

제1세대 안전관리모델

산업안전관리론의 근간이 되는 도미노이론은 1931년에 하버트 윌리엄 하인리히에 의해 소개된《산업재해 예방: 과학적 접근Industrial Accident Prevention: A Scientific Approach》이라는 책에서였다. 제1세대 안전관리 모델인 하인리히의 법칙은 어떠한 결과에는 반드시 그러한 결과를 낳은 원인이 있다는 선형적 인과론에 근거한다. 우리는 데카르트가 고안한 과학적 방법론의 세계에 산다. 과학적 방법론은 베이컨, 데카르트, 뉴턴에 의해서 확립되었다. 과학적 방법론에는 관찰자와 관찰의 대상이 되는 자를 구분한다. 관찰자는 객관적 지식의 발전을 위해서 중립적인 위치에 있어야 한다. 인간에게 객관적 지식이 있다면 인간은 자연을 지배할 수 있다. 이러한 기계론적 세계관은 수학적인 측정이 가능하다.

과학적 방법론은 기계론적 세계관이며, 이에 대한 지지기반은 인과율이다. 인과율은 원인과 결과를 연결한다. 흄은 인과율은 단지 유사함이나 인접성 때문에 느끼는 착각일뿐이라고 이야기 한다. 사실 인과론은 허상에 불과하다. 촘촘하고 긴밀하고, 복잡하게 얽혀진 세계에서 선형적 인과론은 현실의 현상들을 제대로 설명해 주지 못한다. 선형적 인과관계라기보다는 그물처럼 복잡하게 꼬여 있는 상관관계가 더 맞다.

과거의 안전관리모델은 재해 발생 원인을 인간의 불안전한 행동 및 불안전한 상태 때문이며 이 중에서 인간의 불안전한 행동이 88%, 불안전한 상태가 12%를 차지한다고 이야기 한다. 따라서 "교육과 훈련을 통해 인간의 불안전한 행동을 줄이는 것이야 말로 재해를 줄이는 가장 좋은 최선의 방법이다"라고 주장한다. 하지만 90년이 지난 지금의 세상에서는 그러한 선형적 인과론으로는 발생하는 재해가 설명되지도 않고 해결되지도 않는다. 불안전한 행동을 하는 근로자들에 대하여 안전교육시간을 늘리고 훈련을 강화한다고 해서 오늘날 발생하는 산재가 드라마틱하게 감소되지는 않는다는 것이다. 이러한 해법으로는 현대사회에서 복잡한 상호작용과 변동성에 기인하는 사고들을 막을 수 없다.

제2세대 안전관리모델

이 문제를 해결하고자 하는 고민이 낳는 것이 제 2세대 안전모델이다. 2세대 모델은 인간의 불안전한 행동의 근본적인 원인을 기술과 조직의 문제점으로부터 출발했다는 점에서 1세대 모델과 차이가 있다. 인류는 제2차 세계대전을 거치면서 인간의 인지적 한계에 대해 인식하기 시작한다. 여러가지 시행착오를 거치면서 인간공학자들은 사고의 원인을 근본적으로 재검토하고 공학적인 면에서 시스템을 재설계했다. 그 결과 많은 기술적 진보가 있었다. 하지만 1979년에 발생한 미국 스리마일 원자력 발전소 사고는 인간의 휴먼에러를 개인이 아니라 조직적인 문제로 보기 시작한 계기가 되었다.

조직적인 문제란 사고의 원인이 한 개인의 실수가 아니라 조직내부에 있는 여러가지 원인들로 인한 복합적인 요소의 문제를 말한다. 제임스 리즌James Reason 은 《조직사고의 위험관리Managing the Risks of Organizational Accident 》라는 책을 통해 재해는 인간의 휴먼에러로 발생하기보다, 조직의 관리 실패로 인해 발생하며, 재해의 원인이 인간의 불안전한 행동이 아니라 그러한 행동을 관리하지 못하는 조직의 문제라고 이야기한다. 뉴튼으로 대표되는 고전물리학 시대에서는 결정론적 세계관이 지배하는 세계였다.

그러나 현대물리학으로 들어오면서 세계는 확률론적 세계로 변모한다. 고전물리학은 결정론적이다. 어떤 조건이 주어지면 특정물체가 어디로 움직일 것인가를 예측할 수 있다. 그러나 현대물리학에서는 특정 물체가 어떻게 변할지 결코 확실하게 알 수 없다. 현대 물리학이 그려내는 세계는 모든 부분이 서로 상호적으로 작용하며 영향을 주는 복잡한 세계이다. 1984년 찰스페로Charles Perrow 는 그의 책 《정상사고Normal Accidents 》를 통해 고도의 복잡성과 높은 결합밀도를 가지고 있는 현대사회에서 스리마일 원전사고는 필연적으로 다시 발생할 수밖에 없다고 했고, 그의 예언은 2011년 후쿠시마 원전사고로 현실화된다.

제3세대 안전관리모델(Safety-2)

1931년에 발표한 하인리히의 도미노이론은 산업재해의 발생원인을 최초로 과학적인 차원에서 접근했다는 점에서 그 의의가 깊다. 그리고 1976년 버드의 수정 도미노이론은 하인리히의 탐구보다 더 깊게 들어가 인간의 불안전한 행동의 원인이 되는 그 배후를 연구했다는 점에서 그 의미가 있다. 하지만 하인리히와 버드의 이론들은 모두 원인과 결과를 기반으로 한 선형적인 사고분석모형으로 사고발생에 있어 인적요인을 강조하는 모델일 뿐이었다. 오늘날의 산업재해는 인간의 불안전한 행동이나 불안전한 환경으로만 발생하지는 않는다. 세상이 더욱 복잡해졌기 때문에 하인리히와 버드의 이론들은 더 이상 효력을 발휘할 수 없는 세상이 되었다. 따라서 오늘날의 안전관리이론들은 하인리히와 버드의 개인별 접근방식보다는 시스템적 접근방식을 취하고 있는데 제임스 리즌의 스위스 치즈모델이 대표적이라 할 수 있다.

　1990년 영국 맨체스터대학교의 심리학자였던 제임스 리즌 James Reason 은 스위스치즈 이론을 내놓는다. 그의 이론에 따르면 시스템의 불안전성을 보호하기 위한 각각의 다중 방호장치가 있는

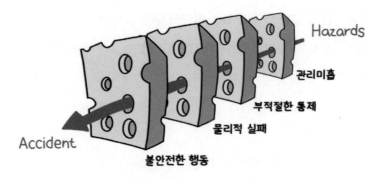

제임스 리즌의 스위스 치즈모델

데 이 장치는 구멍이 뚫려 있어 완벽하지 않기 때문에 우연히 이러한 구멍들이 일렬로 늘어서게 될 경우 사고가 발생한다. 즉 사고는 어느 한 가지만의 요인에 의한 것이 아니라 여러 개의 장치와 과정이 동시에 제 기능을 못할 때 발생한다는 이론이다. 하인리히와 버드의 사고 발생 원인론이 단선적 연쇄 모형의 성격을 띠는 데 비해 리즌의 스위스 치즈 모델은 사고 원인을 다차원적 복합 모형의 관점에서 접근한다는 데 중요한 차이가 있다. 그러한 의미에서 1978년에 발생한 TMI사고는 이러한 모형을 대표적으로 실증해 주는 사고였다.

이제는 기존의 안전 패러다임과는 다른 시각으로 세상을 보는 관점을 가져야 한다. 이것이 에릭 홀라겔Erik Hollnagel 이 주장하는 제3세대 모델인 Safety-2이다. 기존의 안전모델에서는 가장 바람직한 상황은 아무것도 일어나지 않는 것이었다. 즉 위험이 없는 것, 안좋은 결과가 발생하지 않는 것으로, 나쁜 결과가 발생하지 않으면 모든 것이 순조롭다. 그래서 나쁜 결과를 초래하는 모든 원인을 제거하기만 하면 안전이 달성된다. 이러한 방식의 안전철학에서는 사고방지를 위해 큰 돈을 투자했으나 만약 사고가 발생하지 않는다면 헛된 비용이 되고 만다. 이것이 아까워 사고방지를 위한 돈을 투자하지 않아 사고가 발생했다면 또한 이처럼 불운한 일은 없다. 잘 돼야 본전이고, 잘못되면 모든 것이 엉망이 된다. 기업의 성패는 얼마나 위험관리를 잘하느냐에 달려 있지만 실패의 원인을 잘 관리하는 게 성공의 원인이라고 생각하지 않는다. 이러한 식의 사고방식으로는 안전은 버리자니 아깝고, 먹자니 먹을 게 없는 계륵 같은 존재로 전락한다. 아무리 안전에 투자하고 잘해 봤자 티도 안 나고, 잘했다고 칭찬도 하지 않는다. 이것이 안전을 하는 사람들의 딜레마인 셈이다. 하지만 Safety-2에서는 기업의 성공원인과 실패의 원인은 모두 위험관리에 달려 있다고 인식한다.

영국의 총리였던 토니 블레어는 "유능한 정치란 혁신과 변화라고 하는 한 축과 충격과 위기관리라는 또 다른 축간의 균형을 이루는 것이다"라고 하였다. 기업의 위험관리란 단지 사고만 발생하지 않게 하는 것이 아니다. 아무것도 일어나지 않도록 하는 것이 가장 바람직한 상황이 아니라, 평소에도 사고가 발생하지 않고 원활히 돌아가도록 최선의 노력을 다하는 것이 바람직한 위험관리의 자세이다.

제3세대 안전관리 모델에서는 기업의 위험관리가 단순히 사고를 방지하는 것뿐만이 아니라, 평소에 사고의 발생 없이 시스템이 원활히 돌아가도록 하는 것에 중점을 둔다. 사고가 발생하였을 때에는 빠르게 대응하여 복구할 수 있도록 회복탄력성Resilience

를 강화하는 것이다. 사고가 발생하지 않도록 하는 것이 아니라 발생하더라도 유연하고 우수한 회복력으로 이전의 수준보다 더 높은 수준으로 안전수준을 높게 유지하는 것이 중요하다. 이러한 패러다임에서 위험관리의 목적은 다양한 시스템의 요구를 충족시키며, 일이 원활하게 진행되는 것을 보장하는 것에 초점이 맞춰져 있다.

일반적으로 공장에서는 생산팀과 안전팀의 요구가 상충하기도 한다. 생산팀에서는 효율성을 중시하고 안전팀에서는 완전성을 중시한다. 이 둘의 다양한 요구를 모두 만족시킬 수는 없고 일정 부분을 트레이드 오프trade off 해야 한다. 이때 기업은 생산성이라는 한 축과 완전성이라는 한 축간의 균형을 유지할 수 있도록 유연성과 탄력성을 확보하고, 사고예방을 위한 자원을 사용할 수 있는 능력을 향상해야 한다.

실패의 원인을 찾는데 집착하지 말고, 성공에 이르기 위한 방법들을 모색하여 일이 잘되어 갈 수 있는 방법에 초점을 맞추어야 한다. 이 일은 매뉴얼만으로는 유지되지 않는다. 사고는 매뉴얼 유무의 문제가 아니라 실행능력의 문제이기 때문이다. 그러기 위해서는 조직을 구성하고 있는 구성원의 자신감과 자긍심을 극대화하여 구성원 스스로가 자발적이고 바람직한 변화를 유도해 나가는 문화가 정착되어야 한다. 이것을 자기조직화self-organization 경영이라 한다.

자기 조직화 경영을 위해 기업의 CEO는 기존의 패러다임에 갇힌 인식의 틀을 깨어 의도적 혼돈을 창조하는 일도 서슴지 않아야 한다. 도전적인 목표와 상상력을 자극하는 비전을 제시하여 조직원들이 기존의 사고나 규칙의 틀을 벗어 나게 만드는 것도 좋은 방법 중 하나이다. 이러한 경영방식은 조직원들로 하여금 조직 내부에 공진현상을 일으키고, 피드백 루프feedback loop를 형성하여 예상치 못했던 특정한 행동이 자발적으로 출현하는 창발 현상을 가져온다. 다행스럽게도 요즘에는 여러 기관들을 중심으로 기업내에 바람직한 안전풍토를 구축하는 안전문화 컨설팅이 진행되고 있다. 안전문화 컨설팅은 경영진을 포함하여 전 구성원을 대상으로 안전시스템의 구축만이 아니라 안전의식, 안전행동을 향상시키기 위한 개선방안을 도출함을 목적이다. 이제는 현대사회의 변화시스템에 맞도록 안전패러다임도 전환되어야 한다. 그것이 한국의 재해를 줄이는 유일한 방법이다.

인간의 실수를 줄이는 유일한 방법
- 행동유도성

특정 행동을 유도하는 방법

요즘 현대인들이 목 디스크에 많이 시달리는 이유는 VDT증후군을 비롯하여 스마트폰까지 다양하다. 특히 요즘 지하철을 타보면 열이면 아홉 모두가 목을 길게 빼고 스마트폰을 들여다보기에 바쁘다. 고개를 쭉빼고 30도 이상 숙여서 핸드폰을 보면 20kg의 쌀 포대를 머리에 얹은 것과 같다고 한다. 아래의 그림은 내가 자주 타고 다니는 지하철 1호선 전철에 그려져 있는 그림이다. 시선을 벽에 있는 거북이에 두고 화살표를 따라 쭉 따라가 보면 거북목 방지를 위한 스트레칭을 할 수 있다.

지하철 객차에 그려진 거북목 방지 방법

꽤나 참신한 아이디어다. 이렇게 자연스럽게 행동을 강요하지 않고 무의식적으로 발생하는 선택에 의해서 긍정적인 행동을 유도하는 방법을 넛지Nudge 라고 한다. 넛지는 2017년 노벨경제학상을 수상한 리처드 탈러Richard Thaler 가 제안한 행동경제학의 중심 개념이다. 큰 비용을 들이지 않고, 간단한 생각의 전환을 통해 사람들에게 긍정적인 행동의 변화를 유도할 수 있다. 문제는 사람들에게 특정한 행동을 하도록 유도하는 방법이다.

우리는 사람들에게 어떠한 행동을 유도하기 위해서 친절하게 글이나, 그림으로 설명할 수도 있지만, 그냥 그 모양이나 생김새만을 보고라도 어떠한 행동을 하게 할 수 있다. 그 모양과 형태에 특정한 행동을 하도록 유도할 수 있는 단서만 제공할 수 있다면 말이다. 처음 보는 물건이라 하더라도 그 생김새를 보고 그 물건이 어디에 쓰이는 물건임을 아는 것을 행동유도성Affordance 라고 한다. 우리가 물건을 보고 그 쓰임새를 아는 것은 우리의 경험 때문일까? 아니면 그냥 생김새만 보아도 알기 때문일까?

우리가 환경의 외적 신호를 받아드려 그 신호의 의미를 알아차리는 지각의 과정은 매우 복잡하다. 인간이 사물을 보고 해석하는 과정은 상당히 복잡한 과정을 거치지만 우리의 뇌는 이 복잡한 과정을 순식간에 해낸다. 하지만 세상이 세분화되고 다양해지면서 사물을 인지하고 해석하는 방식이 점점 어려워지고 있다. 이렇게 인간이 사물을 인지하는 방식을 연구하는 학문을 인지심리학cognitive Psychology 이라 하는데, 제임스 깁슨James Jerome Gibson 과 도널드 노먼Donald A. Norman 은 대표적인 인지심리학자이다. 제임스 깁슨과 도널드 노먼은 각각 직접지각과 간접지각을 주장했다.

인간이 사물을 인식하는 방식에는 두 가지 방식이 있다. 하나는 우리의 머리속에 저장되어 있는 지식이나 데이터를 중심으로 정보를 처리하는 상향처리방식이고, 다른 하나는 경험과 지식을 중심으로 정보를 처리하는 하향처리방식이다. 깁슨은 인간의 정보처리과정을 인간의 지식중심이 아닌 데이터 중심의 직접지각을 주장했다. 우리가 사물을 보는 시각적 정보는 그 자체에 의미가 있어 행동을 직접적으로 유도한다.

반면 노먼이 주장하는 간접지각은 전통적인 심리학의 관점으로, 사람이 외부로부터 자극을 받아드릴 때, 자신의 경험과 지식에 비교하여 지금 보고 있는 사물에 대한 이미지를 만들어내는 정보처리과정을 거친다. 따라서 노먼에 의하면 사람에게 어떠한 특정 행동을 유발하게 하는 요인은 그 사물의 생김새와 같은 속성이 아니라 사물을 인지하는 그 사람의 과거의 지식과 경험이다. 어떠한 사물을 볼 때 나의 기억 속에 저장되어 있는 정보를 감각정보와 비교하여 사물을 인지한다는 것이다.

깁슨과 노먼의 가장 큰 차이는 인간이 정보를 처리할 때 감각을 중시하느냐, 지식을 중시하느냐는 것이다. 아래의 그림에서 각 단어의 두 번째 글자는 모두 같으나 우리는 앞에서는 H로 해석하고, 뒤에서는 A로 해석하는데 아무런 지장이 없다. 이것이 가능한 이유는 인간에게는 경험과 지식이 있기 때문이다.

이것을 맥락효과Context effect 라고 한다. 맥락context 은 글text 을 서로 연결co 해 놓은 것으로 단어의 전후와 앞뒤를 살펴보고 판단하는 것을 뜻한다. 따라서 맥락효과란 최초로 알게된 정보가 그 이후에 알게된 새로운 정보들에 대한 판단기준을 제공하고 전체적인 맥락을 만드는 현상이다. 즉 먼저 제시되는 정보에 의해 뒤에 제시

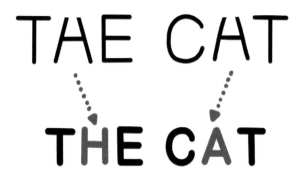

맥락효과

되는 정보의 해석이 달라지게 지게된다. 노먼의 주장에 의하면 인간은 자신이 경험한 것만 인지할 수 있기 때문에 사물을 지각할 때 지식과 배움이 중요하다.

행동유도성 Affordance 이라는 말을 처음 만든 제임스 깁슨은 인간의 인식과정을 데이터를 중심으로 정보를 처리하는 상향처리방식으로 보았다. 깁슨이 말하는 어포던스는 데이터 중심의 지각에 의한 어포던스로 거의 직관적인 것이다. 야구공을 보면 던지고 싶고 축구공을 보면 직관적으로 차고 싶다는 충동을 느낀다. 야구공은 던지는 것, 축구공은 발로 차는 것이라는 것을 배우지 않았어도 말이다. 따라서 그의 주장의 의하면 인간은 경험, 연상, 추리, 판단 등의 사유과정을 거치지 않고 사물을 직접적인 대상으로 파악한다.

데이터를 중시하는 상향처리방식에서는 데이터를 중요시 하기 때문에 정보의 흐름도 감각정보에서 장기기억으로 흘러간다. 자극에 대한 기본적인 요소나 특징과 같은 세부단위를 분석한 후에 더 큰 단위로 구성하는 처리방이다. 그래서 상향처리방식에서는 사물의 세부특징이나 형태소에 근거하여 사물을 인식하고 해석한다. 이것을 심리학에서는 직접지각이라 한다. 직접 지각은 사람의 뇌에서 복잡한 프로세스를 거치지 않고, 사물을 그 사물 자체로 존재하며, 이것을 그대로 받아들인다.

반면에 도널드 노먼은 인간의 사물에 대한 인식과정은 경험과 지식을 중심으로한 하향처리방식이라고 주장한다. 지식을 중시하는 하향처리방식에서는 인간의 뇌에 저장되어 있는 장기기억이 중요하다. 우리가 이미 갖고 있는 경험과 지식을 바탕으로 사물을 인식하고 판단해야 하기 때문이다. 어떠한 사물을 볼 때 장기기억 속에 저장되어 있는 정보를 감각정보와 비교하여 사물을 인지한다. 노먼에 의하면 인간은 자신이 경험한 것만 인지할 수 있으며 맥락효과를 쉽게 설명할 수 있다. 깁슨은 노먼보다 서른 살이나 많았지만 종종 맥주를 마시며 격한 토론을 나눴다고 한다.

제약과 유도, 어포던스의 핵심 장치

인간이 실수를 줄이는 유일한 방법은 제약과 유도이다. 제약은 어떠한 행동을 함에 있어 강력한 단서가 되어 행위를 제한하여 실수를 줄이는데 기여한다. 제약은 색깔, 냄새, 모양새, 형상, 촉감, 청각 등 여러 가지 방법들을 통해 표현할 수 있다. 해골과 붉은색으로 표현하는 경고표지, 가스누설시 바로 알 수 있도록 도시가스에 섞어서 사용하는 부취제 메캅산, 사람들에게 위험신호를 알려주는 경고음 등도 모두 이러한 사례라고 할 수 있다.

이러한 제약들은 인간의 정보처리에 80%를 담당하는 특히 시각적 정보들을 많이 사용한다. 유도는 제약과 유사한 개념이다. 유도는 그 방법이 아닌 다른 대안을 제시함으로써 올바른 행동을 할 수 있도록 이끄는 방법으로 인간으로 하여금 실수를 막아주는 강력한 차단막 역할을 한다. 사용을 유도하는 것도 결국은 사용을 제약하는 것과 비슷하다.

아이들이 가장 좋아하는 장난감 레고블럭이 대표적이다. 블럭에서 원형돌출부와 네모난 돌출부를 디자인하게 물리적인 제약을 두어 쉽게 조립할 수 있도록 만들었다. 가위를 생각해 보자, 손잡이의 구멍과 모양이 서로 다르다. 하는 엄지손가락만 들어갈 만큼 작은 반면, 또 다른 하나는 네 개의 손가락이 들어갈 정도로 여유가 있다. 이를 통해 우리는 굳이 가위의 사용 설명서를 제공하지 않아도 된다. 문의 손잡이 모양만 봐도 이 문을 밀어야 할지, 당겨야 할지를 알 수 있다. ATM기에 설치되어 있는 기계의 경우 어디에 카드를 넣어야 할지, 통장을 넣어야 할지를 직관적으로 알수 있게 디자인되어 있다.

제약에는 물리적 제약, 의미적 제약, 문화적 제약, 논리적 제약이 있다. 자물쇠를 열려면 열쇠가 필요한데 이러한 것이 물리적 제약이다. 물리적 제약은 방식이 물리적 특성에 의존하기 때문에 별도의 특별한 훈련이 필요없다. 물리적 제약은 한정된 수의 한정된 행동만을 유도할 수 있기 때문에 강력한 효과를 발휘한다. 의미적 제약은 도로에 노란색으로 칠해진 중앙선이 대표적이다. 실선으로 된 중앙선은 절대 넘지 말아야 할 선을 의미한다.

반면 점선으로 된 중앙선은 넘어도 되는 선이다. 이처럼 주어진 상황에 따라서 가능한 행동이 달라진다. 문화적 제약은 사회적 상황에 따라 허용 가능한 행위가 정해져 있는 제약이다. 우측통행이 대표적인 경우이다. 예전에는 차량은 우측통행 사람은 좌측통행이었지만, 문화적 합의에 의해서 우측통행으로 바뀌었다. 논리적 제약은 논리적 추론에 의해 가능한 행동이 가려지는 제약이다.

부품을 분해하고 다시 재조립하였는데 부품이 남았다면 분명 무엇이 잘못되었음을 논리적으로 추론할 수 있다.

게이버Gavor는 자신의 논문《행동유도성의 기술Technology affoad-ance》에서 어포던스를 지각정보와 어포던스로 설명한다. 지각정보와 어포던스의 유무에 따라 지각 가능한 어포던스Perceptible affordance와 숨어 있는 어포던스Hidden affordance, 잘못된 어포던스False affordance, 올바른 거부Correct rejection 등으로 구분했다. 어포던스가 크고 지각정보도 크면 매우 쉽게 잘 설계된 사물이라 할 수 있다. 반면에 지각정보는 크지만, 어포던스가 낮으면 잘못된 어포던스로 사물을 쉽게 인지할 수가 없다.

하트슨Hartson은 깁슨과 노먼이 제시한 어포던스를 인간과 컴퓨터 상호작용 설계에 적용할 수 있도록 물리적, 인지적, 감각적,

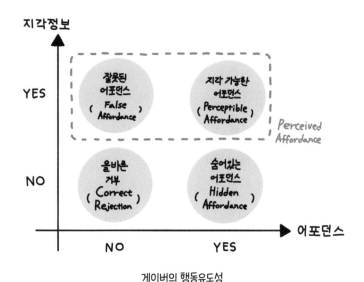

게이버의 행동유도성

기능적 어포던스로 구분했다. 인지적 어포던스cognitive affordance 는 사용자가 무엇인가를 알고자 할때 사용자를 도와주고 지원하고, 촉진하는 디자인이다. 전화를 걸때 제대로 버튼을 누르면 소리가 나는 것과 같이 사용상의 예측에 도움을 주는 설계이다.

물리적 어포던스Physical Affordance 는 물리적 조작의 가능성으로 사용자가 인터페이스에서 물리적인 행위를 하도록 돕는 디자인 특성이다. 예를 들어 전화기의 버튼은 사용자가 정확히 누를수 있는 크기로 디자인해야 한다. 감각적 어포던스sensory affordance 는 사용자가 무엇인가를 보고 듣고 느끼는 감각기능을 할 수 있도록 돕는 디자인 특성이다. 예를 들어 사용자가 쉽게 읽을 수 있을 만큼 충분한 크기의 문자와 폰트를 들 수 있다. 기능적 어포던스Functional Affordance 는 사용자가 특정 작업을 완수하는 것을 돕는 디자인 특성으로 시스템 기능의 유용성이 이에 해당한다.

인간의 실수를 줄이기 위한 유일한 방법

사람이 인지적인 부하를 최소화하면서 물건을 사용하려면 긍정적인 어포던스를 제공해야 한다. 어포던스는 긍정적인 면과 부정적인 면을 함께 가지고 있다. 이를 어포던스의 양극성이라고 한다. 사용자에게 유익한 어포던스는 긍정적인 것이고, 손해를 끼치는 어포던스는 부정적인 것이다. 유익한 어포던스를 위해 노먼이 제안한 디자인 원칙은 다음과 같다.

1. 좋은 개념모형(Good conceptual model)

좋은 개념 모형이 있으면 우리는 자기가 한 행위의 결과를 쉽게 알수 있지만 없으면 이것저것 무턱대고 조작할 수밖에 없다. 기계나 사물의 작동이 내가 생각하고 있는 것대로 작동하게 만드는 것이다. 개념모형은 디자인에서 중요한 개념인 심성모형(Mental Model)의 한 부분이다. 심성모형이란 자기 자신과 상화작용하는 주변환경들과의 모형이다. 사람들은 심성모형을 경험과 훈련 등을 통해 형성한다. 어떤 물건 보았을때 이렇게 하면 되겠구나 직관적으로 느끼하는 모형이 좋은 개념모형이다.

2. 가시성(Visibility)

사물의 현재 상태를 눈에 명확하게 표시되도록 하는 디자인이다. 우리는 눈으로 보기만 해도 사용자가 장치의 상태와 가능한 여러 행위들을 파악할 수 있어야 한다. 화장실의 도어가 대표적인 예이다.

3.대응(mapping)

대응은 양립성(Compatibility)이라도 한다. 좋은 대응이 이루어져야 한다. 대응이란 제어장치와 작동장치간의 관계성을 말한다. 자동차를 운전할 때 차를 오른쪽으로 돌리기 위해서는 운전대를 오른쪽으로 돌리고 왼쪽으로 회전하려면 왼쪽으로 돌려야 한다. 220V의 콘센트와 110V의 콘센트의 모양을 달리 설계하는 것도 대응의 원칙이다.

4.피드백(Feedback)

피드백은 사용자가 조작한 결과가 바로 나타나도록 하는 디자인이다. 전화기를 사용할때 버튼을 누르면 표시창에 번호가 바로 나타는 것이 좋은 예이다.

5.단순함(Simple)

단기기억용량을 초과하지 않도록 단순하게 만들어야 한다. 인간이 신뢰성 있게 정보를 전달할 수 있는 기억 은프린스턴대의 교수인 조지 밀러(George A.Miller) 의하면 5~9가지 정도이이다. 따라서 5개 이상을 기억할 필요가 없게 디자인해야 한다.

6. 일관성(Consistency)

시스템을 설계할때 일관성이 있어야 한다. 자물쇠의 경우 어떤 것은 오른쪽으로 돌려야 열리고, 어떤 것은 왼쪽으로 돌려야 열리거나, 스위치의 경우 어떤 것은위로 올리면 켜지고, 어떤 스위치는 아래로 내려야 켜진다면 이는 일관성이 없는 디자인이다.

7. 제약(Constraints)

조작들이 올바른 순서대로 일어나도록 강제하는 인터록 장치(Inter-lock), 위험한 상태로 들어가지 못하도록 하는 바깥잠금장치(Lock-out), 문서작업중이던 문서를 잘못 종료하였을때 저장할까요 하고 묻는 안잔금장치(Lockin) 등이 사용상의 제약을 주는 장치들이다.

인간 실수로부터 배우지 못하는 이유
- 조직학습이론

안전의 습관화가 어려운 이유

아이들이 어려 처음 자전거를 배울 때의 일이다. 처음에는 안전모와 무릎보호대를 챙겨주었는데 조금 실력이 붙으니 덥고 불편하다고 잘 하지 않는다. 부모 입장에서 보호구를 했으면 하지만, 언제부터는 귀찮아서 챙겨주는 걸 그만두었다. 우리가 안전을 최우선에 놓지 못하는 이유는 아직 안전이 생활 속에서 습관화되지 못했기 때문이다. 사회학자 찰스페로는 사고는 우리주변에서 자주 일어나는 일이 아니기 때문에 안전이 생활화되어 있지 않다고 했다. 재해방지를 위해 투자하는 자원이 빛을 발할 경우보다는 그 자원을 다른 곳에 투입함으로써 얻게 되는 효용성이 훨씬 더 크고 피부에도 와 닿는다. 그렇기 때문에 정부의 정책 또한 이렇게 집행되기 쉽다. 정치인들은 사고가 발생하기 전에는 눈에 보이지도 않은 안전 인프라에 투자하기보다는 눈에 잘 띄는 사업에 투자하는 것이 다음 선거에서 국민들의 표를 얻기도 쉽다고 생각한다. 그래서 시민 스스로가 안전의 필요성을 인식하고 정부에 요구하기 전에는 안전에 투자되기가 쉽지 않다.

그렇기 때문에 안전의식은 일종의 사회문화로써 사회 체계 및 국민의 의식 속에 스며들어야 한다. 한국은 급속한 산업화를 거치면서 크고 작은 무수한 사고를 겪었지만 실패를 통해 별로 배운 것이 없는 듯 비슷한 유형의 사고가 되풀이되어 왔다. 70년대 남영호 사고부터 시작하여 90년대 서해 페리호, 결국은 2000년대 세월호 사고까지 모두가 같은 원인으로 인해 발생한 사고였다.

그러면 우리는 왜 사고로부터의 학습에 실패하는 것일까. 찰스 페로는 그 원인을 리더십, 관료주의, 정치적인 문제 등에서 찾는다. 물론 그가 지적한 것도 타당한 이야기지만 우리의 학습방식의 문제점도 있다. 하버드대 크리스 아지리스Chris Argyris가 제시한 조직학습이론에 의하면 조직학습의 성패는 이중순환학습double-loop learning에 있다.

단일순환학습이 어떤 문제가 발생하였을 때 기존 규범안에서 오류를 확인하고 행동을 수정해 가는 활동이라면, 이중순환학습은 문제 발생시 현재의 규범을 결정짓고 있는 기본전제와 가정 그 자체를 원점에서부터 재검토해 궤도를 수정하는 것을 말한다. 단일순환학습이 지금까지 해오던 방식대로 해오면서 일을 좀 더 잘 할 수 있게 개선이라면 이중순환학습은 기존 행동을 지배하는 여러 가정들과 이론 자체에 의문을 갖고 근본적으로 조직의 질적 변화를 유도하는 혁신에 해당한다.

이는 피터 생게Peter Senge의 학습하는 조직과도 연결되어 있다. 피터 생게의 학습하는 조직은 새로운 환경에 적응하고 변화하는 능력을 가지고 있다. 이러한 조직은 지속적인 새로운 학습 덕분에 새롭고 발전적인 사고패턴이 촉진되며 조직 내 모든 단계에서 끊임없이 학습이 일어나 조직의 전체 성장을 이끌어낸다. 지난 30년간 우리나라에서 발생한 대형 사고들의 원인은 과거로부터 재대로 배우지 못한 학습의 문제였다.

그 중 가장 대표적인 문제점이 희생양 찾기이다. 시스템이 잘못되었지만 그 시스템은 그대로 유지한 채 누군가에게 책임을 전가시키는 방식이다. 시스템을 바꾸려면 사회가 바뀌어야 하는데, 기존의 체계와 기득권층에는 별로 달갑지 않은 일이다. 그래서 기존 시스템을 그대로 유지한 채 피상적으로만 문제를 해결하려고 한다. 그 결과 나타나는 현상이 희생양 찾기이다.

1993년 10월 10일 위도에서 출발한 서해페리호가 침몰하여 292명이 사망하는 대참사가 발생하였다. 당시 위도는 낚시명소로 유명해지면서 관광객이 기하급수적으로 증가하여 관광객과 위도 주민들은 운항 횟수를 증편해달라고 정부에 요구하였다. 그러나, 정부는 보조금 받는 영세업체라며 증편 허가를 거부했다. 결국 주말만이라도 증편해달라고 했지만 이마저도 거부되었다. 정부의 가장 큰 실책이었다. 출항 당시 14m/s에 이르는 강한 북서풍 때문에 파도가 3m에 이르는 등 기상상황이 좋지 않아 선장은 배를 띄울 수 없다고 했지만 사고 당일 기상청에서는 '파도가 높고 강풍이 불며 돌풍이 예상되므로 항해 선박의 주의를 요한다'는 방송을 내보냈다.

배는 출발한지 얼마되지 않아 침몰했고, 362명중 292명이 사망했다. 당시 서해 페리호 사고는 황색저널리즘의 극치를 보여준 사건이었다. 선장이 혼자 탈출하여 집으로 돌아갔다는 것을 본 목격자가 나타나자, 언론은 진위여부도 확인하지도 않고 선장의 도피사실을 대대적으로 보도했다. 검찰, 경찰도 이 오보를 믿고 수사대를 급파, 전경 3개 중대를 동원하여 위도와 식도 일대를 수색하는 한편, 과실치사 혐의로 전국에 지명수배를 내렸다.

기자들이 도주했다고 보도한 선장은 사고 발생 5일 후 배를 건져올렸을 때 무선통신실 안에서 발견되었다. 이날 선장과 함께 도피 의혹을 받고 있던 갑판장과 기관장 역시 사망이 확인되었다. 한편 선장의 발견 위치가 통신실인 점으로 미루어 선장이 구조 요

서해페리호 침몰당시 신문

청을 시도하려는 찰나에 배가 전복된 것으로 추정된다. 결국 그동안 상처 입은 유가족들에게는 보상해 줄 방법이 이미 없었다. 책임전가의 전형이 처벌과 일벌백계이다.

제임스 리즌James reason 은 오늘날의 사고는 한 개인의 잘못이 아니라 조직의 문제라고 하였다. 조직의 시스템이 근본적으로 잘못되어 있는데 담당자만 처벌한다고 문제가 해결되지 않는다는 것이다. 그런 면에서 봤을 때 현대사회의 모든 사고는 조직사고Organizational accident 이다.

세월호 사고도 마찬가지였다. 사고당시 이준석 선장을 비롯한 선원들의 자질문제가 지탄을 받았지만 세월호 사고의 원인을 단지 선장과 승무원들의 잘못으로만 치부해버릴 수는 없다. 이들의 잘못도 크지만 더 큰 문제는 사회시스템의 문제이다. 유병언 일가의 부적절한 선박개조, 이를 눈감아준 고위 공무원, 민관유착 비리를 저지른 해운조합, 신속한 구조활동을 벌이지 못한 해경 등 관피아 문제가 사고의 핵심이었다. 시스템의 근본적인 개혁보다 여론을 잠재우기 위한 희생양 찾기는 절대 동종사고의 재발방지에 전혀 도움이 되지 못한다. 앞으로도 같은 유형의 사고가 나지 않으리라는 법이 없다. 30년전, 20년전 동일한 유형의 사고의 진상을 제대로 파악하여 개선치 않은 결과이다.

사회가 바뀌면 시스템도 바뀌야 한다. 조직은 커지고 사회는 점점 고도화되어 가는데 우리의 의식은 아직도 30년전 의 낡은 사고관에서 벗어나지 못하고 있다. 몸집이 커지면 옷도 바꿔 입어야 한다는 기본적인 사실을 인식해야 한다.

전통적인 시대에서 재난은 자연 재난이 가장 큰 위협이었지만, 복잡계 시대에서는 과학기술이 만들어내는 사회적 재난이 가장 큰 위협이 되었다. 사회는 점점 복잡해져 휴먼에러로 인한 사고는 계속하여 증가하고 있다. 마셜 매클루언Marshall McLuhan의 말대로 기술이 사회를 규정하는 방식대로만 문명의 발전이 이루어진다면, 앞으로 인간은 기계사회의 노예로 전락할지도 모른다. 그러한 위험에 대비하는 방법의 하나가 인간의 존재에 대한 깊은 이해이다. 산업혁명 이후 인류는 지난 300년 동안 엄청난 과학기술의 발전을 이룩했다. 하지만 인간의 생각과 의식은 크게 바뀌지 않았다.

현재 우리가 살고 있는 시대는 뉴턴 역학으로 대표되는 기계론적 결정론의 시대가 아니라 이른바 복잡계 시대이다. 복잡계 시대에서는 모든 사물과 모든 사람들이 서로 연결되어 있어 전혀 뜻하지 않는 우연한 접촉만으로도 예기치 못한 돌발적이고 파국적인 재해들이 발생한다. 이른바 인공지능과 빅데이터 등으로 정의되는 제4차 산업혁명 시대에서는 그 심각성이 매우 크다. 새로운 과학기술은 우리가 속한 사회, 경제와 융합되어 새로운 위험을 만들어내기 때문이다.

우리가 살고 있는 복잡계 사회에서 불가항력적인 사고나 재난들을 인간이 모두 관리하고 예방할 수 있다는 것은 교만에 불과하다. 하지만, 우리가 인간이라는 존재의 특성과 인지적 한계를 좀 더 깊이 이해할 수 있다면 지금보다 더 효과적인 방식으로 재난을 관리할 수 있을 것이다. 그러한 면에서 이 책이 현재 우리의 안전 수준을 한층 더 향상하는 계기가 되었으면 한다.

참고문헌

- 산업안전보건공단, 산업안전 패러다임의 전환을 위한 연구, 2019
- 산업안전보건공단, 심리학자와 함께 하는 안전문화 첫걸음, 2021
- 안전보건공단, 심리학자가 알려주는 안전문화 향상방안, 2021
- 산업안전보건공단, 기업의 안전문화 평가 및 개선사례 연구, 2016
- 정지범, 한국의 위험과 한국인의 위험 인식, 2018
- 오세진 외, 인간행동과 심리학, 2015
- 이순철 외, 안전심리학, 2018
- 문광수, 안전이 묻고 심리학이 답하다, 2022
- 김훈, 인간공학, 2020
- 김훈, 대한민국을 뒤흔든 대형재난사고, 2019
- 허태균, 어쩌다 한국인, 2015
- 김경일, 이끌지 말고 따르게 하라, 2015
- 정진우, 안전심리, 2017
- 김용균, 한국 재난의 특성과 재난관리, 2018
- 홍성태, 대한민국 위험사회, 2007
- 임현진, 한국사회의 위험과 안전, 2003
- 톰 버틀러, 내 인생의 탐나는 심리학, 2008
- 프리츠 하이더, 대인관계의 심리학, 1958

- 볼프강 조프스키, 안전의 원칙, 2007
- 유제분, 메리 더글라스의 오염론과 문화이론, 1996
- 폴 뮤친스키외, 산업 및 조직심리학, 2016
- 로버트 스턴버그, 인지심리학, 2016
- 조지프 핼리넌, 우리는 왜 실수를 하는가, 2012
- 로버트 루트번스타인, 생각의 탄생, 2007
- 사이먼 슈타인하트, 관찰의 힘, 2013
- 하가 시게루, 안전의식혁명, 2017
- 나카다 도오루, 휴먼에러를 줄이는 지혜, 2015
- 오코야마 마코토, 만화로 보는 산업재해관리, 2015
- 찰스페로, 무엇이 재앙을 만드는가, 2013
- 제임스 리즌, 인재는 이제 그만, 2014
- 제임스 리즌, 휴먼에러, 2016
- 무라카미 요이치로, 2005
- 레베카 솔닛, 이 폐허를 응시하라, 2012
- 나카사키대학 공학부, 안전안심공학입문, 2013
- 맥스웰 몰츠, 맥스웰 몰츠의 성공의 법칙, 2019
- 앤 무어, 브레인 섹스, 2009
- 유인종, 생각을 바꿔야 안전이 보인다, 2020
- 이충호, 안전경영학카페, 2015
- 레온 페스팅거, 인지부조화 이론, 2016
- 대니얼 카너먼, 생각에 관한 생각, 2018
- 토마스 쿤, 과학혁명의 구조, 2013
- 에릭 홀나겔, 안전패러다임의 전환, 2016
- 한스 페터 페터스, 위험 인지와 위험 커뮤니케이션, 2009
- 고마츠바라 이키노라, 인적오류, 2016
- 그레그 입, 풀 프루프, 2017
- 마사다 와타루, 위험과 안전의 심리학, 2015
- 후루사와 노보루, 당신의 직장은 안전합니까?, 2015

호모 인사피엔스

실수하는 인간, 되풀이되는 재난

초판인쇄 2024년 4월 30일
초판발행 2024년 4월 30일

글 김훈
발행인 채종준

출판총괄 박능원
책임편집 유나
디자인 김예리
마케팅 전예리 · 조희진 · 안영은
전자책 정담자리
국제업무 채보라

브랜드 드루
주소 경기도 파주시 회동길 230(문발동)
투고문의 ksibook13@kstudy.com

발행처 한국학술정보(주)
출판신고 2003년 9월 25일 제406-2003-000012호
인쇄 북토리

ISBN 979-11-7217-237-4 03300

드루는 한국학술정보(주)의 지식 · 교양도서 출판 브랜드입니다.
세상의 모든 지식을 두루두루 모아 독자에게 내보인다는 뜻을 담았습니다.
지적인 호기심을 해결하고 생각에 깊이를 더할 수 있도록, 보다 가치 있는 책을 만들고자 합니다.